Karl-Heinz Büschemann

CRASHTEST

Karl-Heinz Büschemann

CRASHTEST

Deutsche Autobauer
ohne Plan
und Strategie

HANSER

FSC
Mix
Produktgruppe aus vorbildlich bewirtschafteten Wäldern und anderen kontrollierten Herkünften
Zert.-Nr. GFA-COC-001262
www.fsc.org
© 1996 Forest Stewardship Council

Das für dieses Buch verwendete FSC-zertifizierte Papier Munken Premium liefert Arctic Paper Mochenwangen GmbH.

Bibliografische Information der Deutschen Nationalbibliothek
Die Deutsche Nationalbibliothek verzeichnet diese Publikation in der Deutschen Nationalbibliografie; detaillierte bibliografische Daten sind im Internet über http://dnb.d-nb.de abrufbar.

1 2 3 4 5 6 13 12 11 10

Internet: http://www.hanser.de
Lektorat: Martin Janik
Herstellung: Ursula Barche
Umschlaggestaltung: Keitel & Knoch, Kommunikationsdesign München, unter Verwendung eines Bildmotivs von © ullstein bild-dpa
Satz: Manuela Treindl, Laaber
Druck und Bindung: Friedrich Pustet, Regensburg
Printed in Germany

ISBN 978-3-446-42067-0

Inhalt

KAPITEL 1

Mit Volldampf gegen die Wand gefahren

Manchmal ist die Zukunft schon zu Ende, bevor sie begonnen hat. Zum Beispiel in Blue Springs im US-Bundesstaat Mississippi, knappe 100 Meilen südlich der Stadt Memphis. Eine neue Autofabrik sollte Wohlstand in den Südstaat bringen, der zu den ärmsten der USA gehört. Nahe der Interstate-Autobahn nach Süden haben die Behörden riesige Waldflächen für den Aufschwung gerodet. Die Schilder am Zaun verheißen noch immer Großes: Hier baut Toyota eine Fabrik. Toyota! Der erfolgreichste Autokonzern der Welt. 2010 sollte die Produktion des Modells Prius anlaufen. 2 000 neue Jobs für die unterentwickelte Region, die jeden Arbeitsplatz dringend braucht. Doch daraus wird nichts. Der Konzern hat es sich anders überlegt. Die Krise, der schwache Markt, die hohen Verluste, die Toyota einstecken musste, führten zur Meinungsänderung. Es wird hier kein neues Toyota-Werk geben.

Die Japaner haben die Hallen noch zu Ende gebaut, doch Fließbänder stellen sie keine mehr hinein. Jetzt haben die Politiker ihre liebe Not, das Drama zu erklären. „Wir sind enttäuscht", sagt Gouverneur Haley Barbour. Zwei Jahre zuvor wurde der Lokalpolitiker noch dafür gelobt, dass er diesen angesehenen Arbeitgeber hierher geholt hatte. Die 200 Millionen Dollar sind verloren, die Mississippi den Japanern als Anreiz zahlte. Der Boom in der armen Region bleibt aus. Zum Trost hat Toyota dem Gouverneur versprochen, Mississippi in den nächsten zehn Jahren 50 Millionen Dollar für das Bildungssystem zu zahlen. Viel Geld für einen Staat, der so klamm ist, dass er sogar erwägt, 500 Strafgefangene frühzeitig zu entlassen, um Geld zu sparen.

Die schwere Autokrise ist selbst in Mississippi angekommen, wo bisher kein einziges Auto gefertigt wurde. Der Staat wurde aus den Träumen gerissen und auf den Boden der Tatsachen zurückgeworfen, kaum dass im September 2008 die US-Investment-Bank Lehman Brothers pleitegegangen und die Weltwirtschaft in die größte Depression seit 80 Jahren gestürzt war. Die Entscheidung der Japaner wirft aber auch ein Schlaglicht auf eine Industriebranche, die am Anfang des neuen Jahrhunderts in einer schweren Struktur- und Identitätskrise steckt.

Branche unter Schock

Die Lage der Autoindustrie ist miserabel. Unternehmen wie General Motors oder Chrysler sind in die Pleite geschliddert. Deutsche Edelmarken wie Daimler und BMW ringen mit Verlusten und können sich nur mit Mühe über Wasser halten. VW macht keinen Gewinn mehr und konnte den Absturz ins Minus nur mit letzter Kraft und mit der Hilfe der Bundesregierung vermeiden. Die hatte Anfang 2009 ein Programm zur Förderung des Autoabsatzes aufgelegt, die sogenannte Abwrackprämie, die den Kauf eines Neuwagens mit 2 500 Euro pro Stück belohnte. Vor der Krise hatten die Wolfsburger für 2009 noch einen Gewinn von sieben Milliarden Dollar eingeplant. Am Ende des Jahres waren sie froh, dass sie keinen Verlust machten. Der Sportwagenhersteller Porsche war so unter die Räder der Finanzkrise geraten, dass er beim VW-Konzern Unterschlupf finden musste. Opel, die deutsche Tochtergesellschaft von General Motors, stand am Rande der Pleite und musste von der Bundesregierung mit einem Schnellkredit von 1,5 Milliarden Euro vor dem Sturz ins Nichts bewahrt werden. Peugeot Citroën holte sich bei der Regierung in Paris einen Hilfskredit von drei Milliarden Euro. Renault, das zum Teil dem französischen Staat gehört, steht ohnehin im Notfall unter dem Schutz des Staatspräsidenten. Der Fiat-Konzern, der seit Jahrzehnten in schwacher Verfassung ist und zwischen Erholung und

Absturz taumelt, verband sich in der Krise mit dem maroden US-Konzern Chrysler. Die frühere Kultmarke Saab hat wohl keine Zukunft mehr. Niemand wollte das Schwedenfabrikat noch geschenkt haben. Der US-Konzern Ford ist so klamm, dass er seine schwedische Marke Volvo verzweifelt nach China verkaufte.

Es muss schlimm um die Branche stehen, wenn sogar Toyota ins Schlingern kommt. Der japanische Konzern, der wegen seiner herausragenden Qualität und seiner Profitabilität als der bestgeführte Autokonzern der Welt gilt, machte 2008 und 2009 Milliardenverluste. Der Unternehmenschef wurde entlassen. Das hatte es bei Toyota zuvor nie gegeben. Der neue Chef, Akio Toyoda, der 53-jährige Enkel des Firmengründers, sieht die Zukunft für das Unternehmen so schwarz, dass er es nur einen Schritt entfernt sieht „von Irrelevanz oder Tod“.

Die globale Wirtschafts- und Finanzkrise, die 2007 als amerikanische Immobilienkrise begann, hat die gesamte Weltwirtschaft in die größte Depression seit dem großen Krach von 1929 gerissen. Keine Industrie wurde von diesem Absturz so brutal erwischt wie die Autobranche. Weltweit lag der Verkauf von Autos 2009 rund 20 Prozent unter dem Wert des letzten Vorkrisenjahres 2007. In Amerika, der Autonation Nummer eins der Welt, war der Absatz von Personenwagen im Laufe der Krise um rund 40 Prozent zurückgegangen. Düster war auch das Bild auf dem europäischen Markt. Die Zulassungen gingen 2008 um 15 Prozent zurück und Anfang 2009 stürzte der Markt noch einmal um ein Viertel ab. In Deutschland fand der Markt wegen der von der Regierung gezahlten Abwrackprämie zeitweilig eine Stütze. Doch das half nichts auf den wichtigen Auslandsmärkten. Die deutschen Hersteller, die stets ein besonderer Motor für den Export der Bundesrepublik waren, lieferten 2009 eine Million Autos weniger ins Ausland als 2007.

Manches Unternehmen musste 2009 einen Absatzeinbruch um ein Viertel verkraften. Ein solcher Absturz führt ein Unternehmen üblicherweise in die Pleite. Doch weltweit griffen die Regierungen ein und unterstützten ihre Autokonzerne mit Milliarden. Nie zuvor hatte es in der ganzen Welt solche Rettungsaktionen gegeben. Es sah aus, als hänge von den Autokonzernen das Wohl der Volkswirtschaften ab. Allein die USA pumpten Kredite und Überbrückungshilfen von etwa 70 Milliarden Dollar in ihre Autoindustrie. Das entscheidende Erlebnis für die schockierten Automanager war, dass alle Märkte der Welt gleichermaßen betroffen waren. Überall ging das Geschäft ruckartig zurück.

„Die Automobilmärkte haben eine Talfahrt genommen, die in dieser Geschwindigkeit und Ausprägung noch nie vorher stattgefunden hat", stellte der Präsident des Verbandes der Automobilindustrie (VDA), Matthias Wissmann fest. Martin Winterkorn, der Vorstandsvorsitzende von Volkswagen fand die Heftigkeit des Absturzes, „besorgniserregend". Dieter Zetsche, der Chef von Daimler, ernannte angesichts der Katastrophe das Jahr 2009 zum „Darwin-Jahr" der Branche. Nur die Fittesten hätte eine Chance, diesen Absturz zu überleben. Der BMW-Boss Norbert Reithofer schwor mit gesetzten Worten in einer Vorstandssitzung seine Kollegen auf einen langen und mühevollen Weg aus der Krise ein. „Wahrscheinlich ist nur der erste Teil asphaltiert." Carlos Ghosn, der erste Mann bei Renault, kam zu der Erkenntnis, 2009 werde „das ökonomisch schwierigste Jahr in der Nachkriegsgeschichte".

Die Jahre 2008 und 2009 waren für die Automanager eine Zeit des Schocks. Zeitweilig haben die Unternehmenschefs nur noch gebannt auf ihre Verkaufsstatistiken geblickt, die rasant und scheinbar ungebremst nach unten rasten. Dann machten die Regierungen weltweit mit ihren Milliardenspritzen dem Absturz ein vorläufiges Ende. Am Schluss des Jahres 2009 war in der Industrie sogar schon wieder von Erholung die Rede. Die Weltbörsen waren 2009 wieder stark gestiegen. Die Volkswirtschaften verbuchten wieder positive Wachstumszahlen. Die Krise schien nach weniger als zwei Jahren zu Ende zu sein.

Das Bild täuscht. Die Krise wird der Autoindustrie noch lange zu schaffen machen. In der ganzen Welt bereitet sich die Branche mit brutalen Maßnahmen auf die Zukunft vor.

Überall wird der Rotstift angesetzt. In fast allen Autokonzernen werden Arbeitsplätze gestrichen. In den USA werden Fabriken reihenweise dichtgemacht. Kurz vor Weihnachten 2009 machte Ford 40 000 Mitarbeitern ein Abfindungsangebot. „Wir haben mehr Leute, als wir brauchen", sagte eine Firmensprecherin.

Auf dem deutschen Markt ist die Lage extrem schwierig. Die fünf Milliarden Euro Abwrackprämie, mit denen die deutsche Bundesregierung den einheimischen Markt 2009 stützte, wird eine unangenehme Nachwirkung haben: Zunächst hat die Finanzspritze gewirkt. Mitten in der Krise hatte diese massive Subvention zur Folge, dass 2009 für manche Hersteller sogar ein Superjahr wurde. 3,8 Millionen Autos wurden zugelassen. Das war das drittbeste Ergebnis in der deutschen Nachkriegsgeschichte. Nur in den Nachwendejahren 1991 und 1992, als sich scheinbar ganz Ostdeutschland mit Westautos eindeckte, wurden mehr Fahrzeuge verkauft. Dafür sind die Aussichten für 2010 katastrophal. „Es wird der größte Einbruch werden, der jemals im deutschen Automarkt zu beobachten war", sagt das Center Automotive Research (CAR) an der Universität Duisburg-Essen. „Das Jahr 2010 wird grausam." Weil sich inzwischen so viele Autobesitzer mit einem Neuwagen versorgten, wird in den Läden erst einmal Ruhe einkehren. Nach den Erwartungen von CAR werden die Zulassungen 2010 um etwa eine Million Autos zurückgehen. Das ist ein Minus von etwa 25 Prozent. Der größte Verlierer auf dem deutschen Markt wird der Untersuchung zufolge der VW-Konzern sein, gefolgt von Opel und Ford. Sie alle werden etwa 25 bis 30 Prozent ihres Inlandsgeschäfts einbüßen. Auf dem deutschen Markt ist die Krise noch lange nicht zu Ende. Die staatlichen Verkaufshilfen haben die Wirkungen der Krise nur verschoben.

Auch auf den Auslandsmärkten wird die Erholung noch auf sich warten lassen. Warum, zeigt das Beispiel Amerika. Auch dort melden die Hersteller schon wieder positive Wachstumsraten. Aber damit belügen sie sich selbst und die Öffentlichkeit. Das Krisenland Amerika wird den einheimischen und ausländischen Herstellern 2010 etwa 14,2 Millionen Autos abnehmen. Das sind knapp zwei Millionen mehr als 2009. Aber wie tief die Krise den Markt getroffen ist, zeigt der Vergleich mit dem Jahr 2000. Damals wurden in den USA fast 20 Millionen Fahrzeuge verkauft. Davon ist das Land heute um katastrophale 25 Prozent entfernt. Auch Westeuropa wird noch Jahre brauchen, um die Krise hinter sich zu lassen. Der Einbruch der zurückliegenden Jahre war zu groß.

Der einzige Hoffnungsträger der Branche ist China. Die aufstrebende Industrienation wird in den kommenden Jahren ihre Autonachfrage gewaltig ausweiten. Allerdings nur unter der Voraussetzung, dass es in dem Riesenland keine politische Krise gibt und dass die gewaltige Kreditblase, auf der die stürmische Entwicklung des Landes beruht, nicht platzt und alle Hoffnungen auf eine Erholung des Automarktes in Luft aufgelöst werden.

Kein Weiter-so

Die Autoindustrie ist an Krisen gewöhnt wie kaum eine andere. Alle sieben bis acht Jahre wird diese Branche im normalen Konjunkturverlauf von einer Flaute getroffen. Die Hersteller können sich auf dieses regelmäßige Auf und Ab einstellen. In der Schwächephase werden in der Regel die Kosten gedrückt, Arbeitsplätze wegrationalisiert und es wird für den Aufschwung gespart. Der lahmende Autoverkauf wird mit Rabatten angekurbelt und die Gewinne gehen zurück. Doch sobald die sich die Erholung einstellt, geht es wieder weiter wie zuvor. Überstunden und Sonderschichten sind die Regel, bis in einigen Jahren der nächste Abschwung kommt. Fundamental ändert sich in der Industrie nichts, nur weil die Konjunktur die Nachfrage um ein paar Prozent drückt.

Das wird dieses Mal anders sein. Denn diese Jahrhundertkrise ist mit früheren Schwächephasen nicht vergleichbar. Sie brachte nicht nur den massivsten Absturz der Autohersteller der Geschichte in Friedenszeiten. Jetzt wurden zusätzlich weltweit die bedrohlichen Schwächen einer Industrie offengelegt, die trotz konjunktureller Schwankungen in der Vergangenheit nur einen Aufwärtstrend kannte. In dieser Krise aber zeigt sich, dass diese Industrie erst wieder von Wachstum träumen kann, wenn sie sich stark verändert. Sie steht vor einem gewaltigen Technologie- und Strukturwandel. Die zunehmende Knappheit des Erdöls und die Klimakrise verlangen von der Branche neue Autos, die weniger oder gar keine fossilen Treibstoffe mehr brauchen. Doch darauf ist sie nicht vorbereitet. Sie hat in ihrer 100-jährigen Geschichte nie grundlegende Veränderungen vornehmen müssen. Sie kam mit ihrer Strategie des ewigen „Weiter-so" und mit bestenfalls kleinen Veränderungen und Verbesserungen an ihren Autos stets eine Konjunkturrunde weiter. Das Auto wird im Grunde heute noch genauso wie vor 100 Jahren gebaut. Es hat einen Verbrennungsmotor, ein Getriebe, und die Kraft der Maschine wird über schwere Wellen, Gelenke und Lager an die Räder übertragen.

Mit diesem Konzept steht die Branche jetzt da wie eine Industrie, die für die Zukunft nicht gerüstet ist. Sie leidet nicht nur unter Nachfrageschwäche, Preiskämpfen und Überkapazitäten, sondern auch unter den Folgen einer verfehlten Modell- und Entwicklungspolitik. Fachleute sprechen brutal von einer Strukturkrise, wie es sie in den 60er-Jahren im deutschen Bergbau gab oder 20 Jahre später in der Stahlindustrie. Die Autohersteller könnten weltweit mühelos 70 bis 80 Millionen Fahrzeuge im Jahr fertigen. Doch 2009 verkauften sie nicht einmal 50 Millionen Stück. Weltweit sind daher Millionen von Arbeitsplätzen in Autofabriken bedroht. Die Politiker schlagen weltweit Alarm und greifen mit massiven Hilfen ein, um einer Branche zu helfen, die keine Werte mehr schafft. Im Jahr 2008 hat die Autoindustrie weltweit noch mit Mühe und Not drei Milliarden Euro verdient. Das sind pro Auto nur schwache 46 Euro. Ein lausiger Wert für eine der tragenden Säulen der Weltwirtschaft. Und es wurde noch schlimmer. Nach Berechnungen der amerikanischen Beratungsgesellschaft AlixPartners machte diese Industrie 2009 weltweit pro ausgeliefertem Auto einen Verlust von 1 800 Euro. Das ist mehr, als ein Kunde für den indischen Billigwagen Tata Nano bezahlen muss. Eine der größten Industrien der Welt hat nicht nur aufgehört, Wohlstand zu schaffen. Sie ist zum globalen Wertvernichter geworden. Der bekannte amerikanische Princeton-Ökonom und Nobelpreisträger Paul Krugman, der für seine radikalen, aber klaren Thesen bekannt ist, hat bereits das Ende der amerikanischen Autoindustrie vorhergesagt. „Sie wird wahrscheinlich verschwinden", sagte er Reportern in Stockholm, wo ihm gerade der Nobelpreis verliehen worden war.

Nach vielen Monaten der Krise dämmert selbst den ignorantesten Automanagern allmählich, dass sich mit dieser Krise vieles ändern muss, dass sie ihre Strategien gründlich überdenken müssen. Sie brauchen ganz neue Autos. Die Kunden haben entschieden, sie kaufen wegen gestiegener Spritpreise und wegen des wachsenden Umweltbewusstseins zunehmend Fahrzeuge, die weniger Sprit verbrauchen als bisher. Doch darauf ist die Branche nicht eingestellt. Sie hatte eine so schnelle Umorientierung der Käufer nicht erwartet. Bei BMW sehen die Verkaufsmanager mit Unbehagen, dass ausgerechnet der Verkauf der wichtigen 3er- und 5er-Modelle stockt, dagegen aber der kleine 1er, ein Auto in der Golf-Klasse, bei den Kunden an Beliebtheit gewinnt. Das aber bringt einen entscheidenden Nachteil für den Konzern. Je kleiner das Auto ist, desto kleiner ist auch der Gewinn, den es abwirft. Mit dem 1er, den es seit 2004 gibt, macht BMW entweder gar keinen oder nur wenig Profit.

Trend zum Kleinwagen

Die heutigen Modelle der Industrie sind zu groß. Sie verbrauchen zu viel Sprit, stoßen Unmengen an Kohlendioxid aus. Sie sind auch zu teuer und zu luxuriös. Das macht der globale Trend zum Kleinwagen deutlich, der wie eine Art Protest der Kunden zu verstehen ist. Die Autohersteller haben bisher zu wenig beachtet, dass in den Industrieländern die Gruppe der

Wenigverdiener wächst, die sich die von den klassischen Anbietern gebotenen Autos kaum noch leisten können. In Europa hat im Jahr 2009 kein Hersteller ein solches Wachstum erreicht wie die rumänische Renault-Tochter Dacia, die mit ihren Billigautos für rund 7 000 Euro in den ersten drei Quartalen im Verhältnis zum Vorjahr ihren Absatz um 25 Prozent steigerte. Mercedes und BMW stürzten in dieser Zeit auf dem europäischen Markt um etwa 18 Prozent ab. Die Zeichen sind klar. Die Kunden orientieren sich um. In den Schwellenländern wächst inzwischen eine ganz neue Klientel heran, die ein Auto kaufen will, die aber zunehmend auf Anbieter aus den eigenen Ländern zurückgreift, weil die echte Billigautos anbieten, die den schmalen Einkommensverhältnissen der Länder angepasst sind. Die Menschen in den Schwellenländern sind die wichtigsten Kunden von morgen, aber die etablierten Autohersteller haben Fahrzeuge für weniger als 10 000 Euro kaum im Angebot. Sie produzieren viel zu teuer und technisch zu anspruchsvoll für diese Zukunftsmärkte.

Am gefährlichsten ist: Sie wissen nicht, wie der Antrieb des Autos von morgen aussieht, sie haben keine Alternativen zum Verbrennungsmotor, der heute in praktisch jedem Auto der Welt steckt. Sollte morgen eine Megastadt in der Welt wegen des Klimaschutzes den Zugang für konventionelle Autos sperren, könnten sie dort keine Fahrzeuge mehr verkaufen. Sollte eines Tages der aus Erdöl gewonnene Sprit teuer oder knapp werden, hätten die herkömmlichen Hersteller keine Lösung anzubieten. Das ist fatal. Denn das Ende des Ölzeitalters steht bevor. Selbst die Automanager, die das drohende Austrocknen der Ölquellen lange bestritten, nehmen diese unausweichliche Entwicklung inzwischen, wenn auch nur zähneknirschend, zur Kenntnis. Aber die weltweite Finanz- und Wirtschaftskrise macht diese Schwäche der Industrie deutlich, die über viele Jahrzehnte die Entwicklung neuer Motoren versäumte: Die Kunden teilen ihnen mit, dass sie nicht mehr bereit sind, die Spritfresser zu akzeptieren.

In den früheren Aufschwungzeiten war die beginnende Umorientierung der Kunden noch kaum aufgefallen. Das

Geld saß noch locker, der Absatz war zufriedenstellend. Es gab scheinbar keinen Grund zum Umdenken. Jetzt aber, wo die Kunden Ernst machen, werden die Fehler deutlich und die Chefs beginnen einzusehen, dass diese Industrie vor einem gewaltigen Umbruch steht, der sogar ganze Unternehmen gefährden kann. Der Aufbruch der Autoindustrie in ein neues technologisches Zeitalter wird aber extrem teuer. Der Weg wird manchen Konzern an die finanziellen Grenzen bringen. „Unsere gesamte Branche befindet sich in einem tiefen Umbruch", beschreibt sehr nachdenklich der BMW-Chef Norbert Reithofer die schwierige Situation. „Die weltweite Wirtschaftskrise stellt in ihrer Komplexität und Dramatik für alle Unternehmen eine enorme Belastung dar." Diese Krise macht den Managern aber gleichzeitig brutal deutlich, dass sie keine andere Wahl haben, dass sie die Änderungen anpacken müssen, wenn ihre Unternehmen in ein paar Jahren noch konkurrenzfähig sein wollen. Selbst Martin Winterkorn, der Vorstandsvorsitzende von VW, der lange allem skeptisch gegenüberstand, was vom Verbrennungsmotor wegführte, hat inzwischen seine Meinung geändert. „Langfristig steht die Autoindustrie mit der Elektromobilität vor einer technologischen Zeitenwende." Das klingt einfach. Aber es ist eine Herausforderung, die darauf hinausläuft, die über 100 Jahre alte Kultur der Autoindustrie völlig umzukrempeln. Kaum eine Industrie ist so konservativ wie diese.

Es war verwirrend zu beobachten, wie unvorbereitet diese Krise die Manager traf. Die Herren an den Unternehmensspitzen, die es gewöhnt sind, ihr Geschäft im Griff zu haben, die scheinbar stets wissen, was zu tun ist, waren im Herbst 2008 mit ihrem Latein am Ende. Sie wussten nicht mehr, wie sie noch gegensteuern sollten. Bei der Talfahrt schien es keinen Boden zu geben. Jeder Tag brachte noch mehr Horrornachrichten von den Händlern. Bei den Nutzfahrzeugherstellern war es so schlimm, dass es Tage und Wochen gab, in denen nicht ein Bus oder Lastwagen verkauft wurde. Wann hört der Absturz auf und auf welchem Niveau wird sich das Geschäft einpendeln, wenn die Talfahrt vorbei ist? Reicht es, ein paar Wochen Kurzarbeit einzuführen, oder müssen wir Personal entlassen? Stehen ganze Fabriken auf dem Spiel? Was machen die Konkurrenten? Wie geht es unseren Zulieferern, die auch schon unter den verringerten Aufträgen anderer Hersteller zu leiden haben. Gehen sie pleite, ist die Versorgung der eigenen Fließbänder mit Zulieferteilen noch gesichert? Die Unternehmensführer hatten nichts mehr zu führen. Sie hatten keine Kriterien mehr für ihr Handeln. Die Finanzchefs, die es gewohnt sind, für Analysten und Medien in normalen Zeiten ungefähre Prognosen über den vermutlichen Geschäftsverlauf und die Gewinnentwicklung in den nächsten zwölf Monaten zu machen, wagten plötzlich keine Voraussagen mehr für einen einzigen Monat. „Wir fahren auf Sicht", war in jenen Tagen der meistgehörte Satz in der Autoindustrie. Übersetzt heißt der: Wir haben keine Ahnung, wohin die Fahrt geht.

Aber auch, als etwa Mitte 2009 eine Beruhigung einsetzte und der freie Fall beendet war, wussten die Manager noch immer nicht, was zu tun wäre. „Niemand hat ein Patentrezept", sagte ein Automanager über seine Kollegen. Vieles war jetzt anders. In früheren Zeiten konnten die Verkaufschefs die Autos von einem Markt in den anderen umleiten, wenn irgendwo eine Flaute ausbrach. Meist konnte wenigstens ein bescheidener Ausgleich gefunden werden. Der Zukunftsmarkt China konnte immer aushelfen. Vor allem große Luxus-Limousinen fanden bei den reichen Chinesen stetigen Absatz. Das fernöstliche Riesenreich hatte so hohe Wachstumsraten, dass es immer ein dankbarer Abnehmer war, wenn in Amerika nichts mehr ging. Aber jetzt streikten sogar die asiatischen Kunden.

Eine Welle der Erleichterung ging durch die Führungsetagen, als wenigstens die Talfahrt gestoppt war. Die Chefs wussten zwar noch immer nicht, was zu tun wäre, aber sie begaben sich erst einmal ans Großreinemachen. Von Krisenmanagement konnte noch nicht die Rede sein. Das wichtigste Ziel war, die Verluste zu minimieren. Die nächste Frage war: Wie viel Kapital ist noch da, wie lange halten wir durch? Jeder rechnete mit dem Schlimmsten. Bloß nicht zahlungsunfähig werden wie GM und Chrysler. Alle versuchten mit gewaltigen Rabatten ihre überfüllten Lager zu räumen, um wenigstens ein wenig Geld in die leeren Kassen zu bekommen. Selbst Mercedes verschleuderte Anfang 2009 seine auf den Höfen herumstehenden Modelle zu Kampfpreisen, um liquide zu bleiben.

Doch welche langfristigen Strategien für die Märkte notwendig sind, ist nicht klar. Ob der Elektroantrieb zum treibenden Element der Branche wird? Vieles spricht dafür. Wird der Hybrid eine Rolle spielen oder reicht es, wie bisher den Verbrennungsmotor immer weiter zu verbessern und sparsamer zu machen? Niemand weiß es. „Die sind ratlos", sagt ein Automanager über die verunsicherte Branche. Keiner habe einen überzeugenden Plan, sagt er. Jetzt seien die Unternehmensführer in der Pflicht. „Die Mitarbeiter suchen nach Orientierung von den Chefs, aber sie bekommen keine." Eckard Minx, ein Zukunftsforscher, der früher in Diensten des Daimler-Konzerns stand, und der die Branche sehr genau kennt, glaubt in dieser Lage bei den Managern regelrechte Furcht zu erkennen. „Die haben die Hosen voll."

Eine Blase wie bei den Banken

Jetzt sind in den Führungsetagen Typen gefragt, die über den Tellerrand hinausdenken und die offen sind für neue Ideen. Der Blick in die Vergangenheit hilft nicht mehr weiter, denn bis 2007 war das Autogeschäft geradezu fantastisch gelaufen. Weltweit. Amerikanische, europäische und chinesische Kunden kauften Autos wie selten zuvor. Die Aussichten waren blendend. Auch Indien hatte sich als neuer Markt angeboten und den Managern Hoffnungen auf weitere Geschäfte für Jahrzehnte gemacht. Die mit dem Fall des Eisernen Vorhangs in Gang gekommene Globalisierung brachte der Industrie plötzlich neue Chancen. Der gesamte frühere Ostblock bot sich als dankbarer Markt an. Ganze unversorgte Erdteile standen den etablierten Autoherstellern aus Amerika, Europa, Japan und Korea scheinbar völlig offen gegenüber. Bislang mussten sich die Unternehmen mit ihren Heimatmärkten und vielleicht ein paar benachbarten Exportmärkten zufriedengeben. Jetzt aber war die ganze Welt ein Riesenmarkt geworden. Die Autoaktien stiegen und das Ende der Autokrisen schien in Sicht zu sein. Was sollte schiefgehen angesichts offener Märkte, niedriger Zinsen, eines stürmischen weltweiten Wirtschaftswachstums und der Aussicht auf die Versorgung von weiteren Milliarden Menschen, die noch auf ein Auto warten. Jedes Jahr konnten die Manager bei GM oder bei VW einen zunehmenden Umsatz einplanen. Allein das Asiengeschäft wuchs regelmäßig mit zweistelligen Wachstumsraten. Das billige Geld brachte glänzende Geschäfte. Die Nationalbanken hielten die Zinsen niedrig und günstige Kredite sorgten, ähnlich wie auf dem amerikanischen Häusermarkt, für beste Stimmung auf den Automärkten. Damit prügelten die Autokonzerne über ihre eigenen Banken den Absatz von Neuwagen über jedes normale Maß hinaus. Mit günstigen Zinsen oder Leasingraten wurden die Geschäfte so angeschoben, dass sich selbst Menschen mit geringem Einkommen große Limousinen leisten konnten. Die Leasingraten, mit denen manche Unternehmen die Kunden in die Läden lockten, waren so niedrig, dass es eine Dummheit gewesen wäre, ein kleines Auto zu bestellen, wenn ein großes so billig zu haben war. Die Finanzvorstände der Unternehmen hatten aber nicht bedacht, dass die Rechnung für diese scheinbar vorteilhaften Geschäfte nach drei Jahren kommt. Wenn das Leasingauto zum Händler zurückkommt und der echte Marktpreis des Rückkehrers weit unter dem künstlichen Wert liegt, mit dem er noch in den Büchern steht. Dann entstehen mit ein paar Jahren Verzögerung gewaltige Verluste. Nicht nur die Banken haben in den Boomzeiten große Räder mit Scheingewinnen gedreht und damit die weltweite Finanzkrise ausgelöst. Auch die angeblich seriöse Realwirtschaft war in solche Scheingeschäfte verstrickt. Vor allem die Vierräderbranche. „Die Autoindustrie hat sich mit billigen Krediten und Leasingraten ihre eigene Blase geschaffen“, sagt ein ehemaliger Automanager. „Die wissen doch gar nicht mehr, wo der natürliche Bedarf ist.“

Auf den internationalen Märkten wurden auf Pump mehr Autos gekauft, als der natürliche Bedarf hergegeben hätte. So musste eines Tages die Abkühlung kommen. Und die Belastung für die Bilanzen. Allein den BMW-Konzern haben die niedrigen Leasingraten, mit dem die Münchner den Absatz ihrer Modelle in die Höhe puschten, und Kreditausfälle im Jahr 2008 etwa zwei Milliarden Euro gekostet. Das war reine Verschwendung. Für dieses Geld hätten die BMW-Entwickler ein ganz neues Auto entwerfen können.

Aber in der Autoindustrie war so etwas wie ein Wachstumswahn ausgebrochen. Toyota und General Motors wetteiferten mit ihren Stückzahlen um die Rolle des größten Autokonzerns der Welt. Bezeichnenderweise fiel Toyota genau in dem Moment in die Verlustzone, als dieser zweifelhafte Rekord erreicht war. Merkwürdig genug, dass sich die Japaner auf dieses dubiose Rennen einließen.

Zuvor galten sie in der Autoindustrie als der profitabelste Konzern der Welt und sie wurden dafür sogar von den deutschen Luxusherstellern bewundert. Auch VW bedient sich inzwischen dieser seltsamen Wachstums- und Rekordideologie. Bis 2018 wollen die Wolfsburger wiederum Toyota von der Weltspitzenposition verdrängt haben. Als gäbe es für diesen Spitzenplatz eine Belohnung. GM hat die jahrzehntelange Topposition in der Welt nicht davor bewahrt, in die Insolvenz zu gehen.

Aber hinter dem Wettlauf um eine möglichst große Produktion ließen sich die Fehler der Branche lange gut verstecken. Die Autoindustrie kümmerte sich nur um ihre Absatzzahlen, die Wünsche der Kunden waren den Managern egal. Ob die Autos ökologisch waren und sparsam, interessierte sie kaum. Ob sie für die Märkte im Ausland oder die Kunden im Inland noch die richtigen Autos anboten, wurde in den Hintergrund gedrängt. Sie machten es so wie immer. „Die drückten einfach in die Märkte, was sie hatten", macht sich ein ehemaliger Automanager über die rabiaten Verkaufsmethoden seiner Ex-Kollegen lustig. „Den Erfolg hielten sie dann für das Ergebnis ihrer Tüchtigkeit." Auch die Autoexperten der Beratungsgesellschaft Roland Berger sehen einen Grund für die massive heutige Schieflage in der falschen Selbsteinschätzung der Automanager. Sie seien zum Opfer der eigenen Verkaufserfolge und der Rekordgewinne von 2007 geworden. „Die Welle, auf der sie gesurft sind, war so schön, dass sie keinen Grund hatten, ihr Geschäftsmodell zu ändern", sagt ein Berger-Mann. „Die wurden von der Entwicklung überrollt."

Automanager pflegen mit Hingabe die Legende vom mündigen Autokäufer, der ganz allein selbst bestimmt, was ihm gefällt. VW-Chef Martin Winterkorn behauptete noch 2007, die Kunden seien schuld gewesen, dass sich VW am allgemeinen Aufrüsten der Autoindustrie und am weltweiten Rattenrennen um immer größere Motoren und höhere Geschwindigkeiten beteiligt habe. VW könne nichts dafür. „Die Kunden haben ihre Ansprüche an ein Fahrzeug deutlich verändert." Dass die Industrie selbst mit millionenschwerer Werbung ihre Produkte beim potenziellen Kunden anpreist und diese Bedürfnisse erzeugt, sagen die Manager dagegen nicht. Auch dass sie mit Preisnachlässen nachhelfen, wenn sich die Kunden zurückhaltend zeigen, bestreiten sie, als wären Rabatte ein anstößiges Absatzinstrument. Über nichts wird in der Autoindustrie so systematisch geschwiegen wie über die Preisnachlässe, die oft versteckt gewährt werden. In Wahrheit sind sie das gängigste Marketinginstrument einer ganzen Branche, die von sich behauptet, sie werde von der Technik ihrer Autos bestimmt. Wie stark sich das Schmiermittel Rabatt aber in der Praxis verschleißt, zeigt der rührige Professor Ferdinand Dudenhöffer von der Universität Duisburg-Essen. Der hat ermittelt, dass es Ende 2009 auf dem deutschen Automarkt Preisnachlässe bis zu 49 Prozent gab. Selbst Mercedes-Modelle gingen mit knapp 20 Prozent Nachlass vom Hof. Vor dem Beginn der großen Autoflaute im Sommer 2008 lag der höchste Rabatt auf dem deutschen Markt noch bei knapp 30 Prozent für einen kleinen Citroën.

Auch massive Rabatte werden den von dem Duisburger CAR-Institut erwarteten Verkaufsrückgang von einer Million Autos 2010 in Deutschland nicht verhindern.

Für den bequemen Weg entschieden

Die Autoindustrie hat versagt. Diesen Vorwurf kann man der Branche nicht ersparen. Auch wenn unfair sein mag, kluge Hinweise auf Versäumnisse zu geben, wenn es längst zu spät ist. Aber diese Industrie ist schon seit mehr als 30 Jahren gewarnt. Sie wurde von der jetzigen Flaute nicht komplett überrascht und hätten vieles anders machen können. Das geben viele Manager sogar in kleiner Runde zu. Sie haben viele Anzeichen, die große Veränderungen für die Fahrzeugbranche anmahnten, nicht ernst genug genommen. Stattdessen entschieden sie sich für den bequemen Weg und sie taten, was sie am besten können: Sie haben ihre Autos und die Motoren verbessert und den Verkauf mit Rabatten angekurbelt, wenn der Absatz stockte. Dabei haben sie aber Wesentliches aus den Augen verloren: ihre eigene Zukunft.

Ende 1973 war die Welt zum ersten Mal von einer gewaltigen Machtdemonstration der Organisation Erdöl exportierender Länder (OPEC) schockiert worden. Die Industrienationen waren an billiges Öl gewöhnt. Sie glaubten, die Ölproduzenten seien für alle Zeit bereit, diesen wertvollen Rohstoff billig abzugeben. Jetzt wurde die Empfindlichkeit der Industrieländer spürbar. Sie waren erpressbar. Die zentrale Botschaft der OPEC aber war: Das Öl ist endlich. Es wird nicht beliebig lange zur Verfügung stehen. Die Autoindustrie reagierte zunächst nervös und versprach Besserung. Aber selbst nach dem weiteren Ölpreisschock von 1981 setzte bald der alte Schlendrian wieder ein. Das Ölproblem schien nur von kurzfristiger Natur gewesen zu sein. Die Preise lagen zwei Jahrzehnte lang unter den Notierungen der zweiten Ölkrise. Erst 2003 hatte der Barrelpreis wieder das Niveau von 1981 erreicht. Dann aber zog er rapide nach oben, und als in Deutschland Mitte 2008 die Benzinpreise über 1,50 Euro standen, änderten die Autokäufer ihr Verhalten. Sie wollten mit kleineren Autos zugleich Geld und Kraftstoff sparen. Seitdem ist der Traum vom dauerhaft billigen Öl verflogen.

Auch die Warnungen aus der Gesellschaft hat die Industrie stets locker in den Wind geschlagen.

Kampf gegen alles

Zum Beispiel in den 80er-Jahren. Damals ging die Autoindustrie durch ein Fegefeuer von umweltpolitischen Kampfdebatten. In jener Zeit wurden in Deutschland hitzige Diskussionen über das Waldsterben und den sauren Regen geführt. Das Auto galt als der wichtigste Killer der Atmosphäre. Die ganze Industrie stand am Pranger. Sie wurde der umweltpolitischen Ignoranz verdächtigt. Autofahren galt in den 80er-Jahren für breite Bevölkerungskreise als politisch nicht mehr korrekt. In der Hitze der damaligen Ökologiedebatte entstand die Grüne Partei, die einem weitverbreiteten Lebensgefühl in der Bevölkerung eine politische Heimat gab. Das Auto war als Statussymbol umstritten, die Industrie lief Gefahr, gleich neben die Chemieindustrie gestellt zu werden, die ebenfalls als umweltpolitisch untragbar galt. Doch die Autoindustrie zog keine Lehren aus der Erfahrung. Gerade die deutschen Marken haben sich als umweltpolitisch wenig vorausschauend erwiesen. Sobald die Politiker mit schärferen Gesetzen drohten, um die Abgase zu reduzieren, schossen die mächtigen Bosse zurück und drohten mit dem Abbau von Arbeitsplätzen und der Abwanderung ins Ausland.

Sie bekämpften mit brachialer Gewalt in der Mitte der 80er-Jahre die Einführung des Katalysators, mit dem die Autoabgase gesäubert werden konnten. Die Kunden seien nicht bereit, dafür zu bezahlen. Es gebe für diese Abgastechnik nicht den richtigen Sprit. Nichts von dem traf zu. Die Kunden wollten den Kat. Und kurz nach dem heftigen Streit war die Säuberungstechnik in allen Neuwagen serienmäßig eingebaut. Genau 20 Jahre später wiederholten die Autobosse den verheerenden Fehler, als die französische Konkurrenz die Abgase ihrer früher rußenden Dieselmotoren mit Partikelfiltern säuberte. Wieder stellten sich BMW, VW und

Daimler gegen diese Neuerung, die von den Umweltpolitikern sofort aufgegriffen wurde. Sie könnten die Abgase mit besserer Motortechnik effizienter reinigen als mit dem Filter im Auspuff, behaupteten die Manager. Doch die Kunden verlangten nach dem Filter. Die deutschen Hersteller standen mal wieder als Nörgler und Umweltfrevler da. Inzwischen ist der staubfreie Diesel mit Partikelfilter der Normalfall.

Die nächste Pleite kam für die Branche, als sich 2007 herausstellte, dass die europäische Autoindustrie ihre eigenen Umweltziele verfehlen würde. Sie hatte der Europäischen Kommission ein paar Jahre zuvor angeboten, den durchschnittlichen Kohlendioxid-Ausstoß ihrer Fahrzeugflotten auf 140 Gramm pro Kilometer zu senken. Sie schaffte es nicht, vor allem, weil die deutschen Luxushersteller die Durchschnittswerte nach oben zogen. Selbst Bundespräsident Horst Köhler sah sich damals veranlasst, die wichtigste deutsche Industrie anzugehen. Es stehe fest, dass sie „mit Blick auf die ökologische Entwicklung dieser Erde kein Ruhmesblatt geschrieben hat“, sagte das Staatsoberhaupt. Das saß. Aber die Sturheit blieb. Nach langem Gezerre mit der Autolobby verlangt die EU-Kommission jetzt einen Grenzwert von 120 Gramm bis 2015. Brüssel wollte diese Marke eigentlich schon früher haben. Aber die mächtigen Deutschen hatten sich mal wieder gesträubt. Das hätte Arbeitsplätze gekostet, war damals der reflexartige Konter der Manager. „Die Europäische Kommission war drauf und dran, die Zukunft einer ganzen Industrie zu gefährden“, sagte damals der VW-Chef Martin Winterkorn. Dann gäbe es, so behauptete der Manager, „bald keine großen Autos mehr, keinen Audi A8, keine S-Klasse von Mercedes, keinen 7er von BMW.“ Dass selbst ein Winterkorn inzwischen anders denkt und mehr Verständnis hat für den Klimaschutz als noch 2007, zeigt, dass die Autoindustrie lernfähig ist. Aber diese Fortschritte kommen nur erstaunlich langsam und meist nur unter Zwang. Ohne die massive Wirtschaftskrise hätten sich die Manager mit Sicherheit weniger bewegt.

Die chinesische Falle

Manchmal fragt man sich, was für die Automanager wichtiger ist, die Märkte der Zukunft oder die schnellen Gewinne von heute. China und Indien sind die größten Hoffnungsmärkte der Autokonzerne, sie brachten ihnen zuletzt extreme Wachstumsraten. Doch ist erstaunlich, dass die Autohersteller offenbar überhaupt nicht darüber nachdenken, wie man angesichts dieses Szenarios langfristig sein Geschäft machen will. Glauben die Herren wirklich, dass dieses Fernostgeschäft auf die Dauer mit der konventionellen Autotechnik der westlichen Industrieländer gemacht werden kann? Sind sie der Ansicht, dass sie noch für Jahrzehnte ihre Vier-, Sechs- oder gar Zwölfzylindermotoren in die ganze Welt verkaufen können. Schon heute bei einem Bestand von weltweit etwa 800 Millionen Autos ist der Autoverkehr mit seinem Ausstoß des Klimagiftes Kohlendioxid die größte Bedrohung der Erdatmosphäre. Aber was soll werden, wenn die Wachstumsträume der Industrie wahr werden und sich schon in ein paar Jahrzehnten die Zahl der Autos auf dem Weltmarkt verdoppelt haben wird? Allein in China wurden im Jahr 2009 etwa zehn Millionen Autos verkauft. Damit ist das Riesenreich inzwischen der größte Automarkt der Welt geworden und jedes Jahr wächst dort der Absatz um sechs bis sieben Prozent. Allein in Peking werden jeden Tag 1 500 neue Autos angemeldet. Die chinesische Regierung reagiert schon jetzt mit drastischen Beschränkungen auf die zunehmende Dunstglocke über der Hauptstadt. Angesichts dieses Szenarios muss man kein Autofachmann sein, um zu erkennen, dass die Fahrzeuge von morgen nicht mit Verbrennungsmotoren angetrieben werden dürfen. Das Klima würde unter der Dunstglocke der Abgase zugrunde gehen.

Die Autohersteller stecken in der Falle, in die sich selbst hineinmanövriert haben. Sie können in dieser fundamentalen Krise nicht, wie früher in einem Abschwung, einfach abwarten und am Ende der Flaute mit neuen Modellen und gesteigerter Produktivität das Rennen gegen die Konkurrenten wieder aufnehmen. Jetzt kommen für sie viele Probleme zusammen und die Herren in den Chefetagen werden umlernen müssen. Noch nie waren ihre Aufgaben so komplex und niemals zuvor standen sie so unter Zeitdruck. Verluste und Preiskämpfe schwächen ihre Handlungsfähigkeit. Gleichzeitig müssen sie ihre Forschung und Entwicklung so massiv ankurbeln wie nie zuvor. Die Forscher müssen die Verbrennungsmotoren mit Milliardenaufwand verbessern, weil der Druck der Umweltauflagen drastisch steigt und die Spritpreise langfristig nach oben gehen werden und die Umweltauflagen zunehmen. Sie müssen aber zugleich ganz neue Antriebe für die Zeit nach dem Öl entwickeln. Das ist besonders teuer und riskant. Denn niemand weiß, ob das batteriegetriebene Elektroauto die Lösung ist, der Antrieb mit Wasserstoff oder die Hybrid-Technik, die Elektro- und Verbrennungsmotor kombiniert. Vielleicht ist es auch eine Mischung aus allem. Aber die Entwicklung der Zukunftstechnik kostet extrem viel Geld genau in der Zeit, in der die Branche nichts mehr verdient. Schlimmer konnte es kaum kommen. Norbert Reithofer, der Vorstandschef von BMW, räumt ein, wie schwer es ist, in dieser Situation ein Unternehmen durch die Krise zu manövrieren. „Wir müssen unser Unternehmen einigermaßen in der Gewinnzone halten und gleichzeitig dafür sorgen, dass wir 2014 nicht technologisch an der Wand stehen.“

Wo ist das Ende?

Jetzt warten alle darauf, dass erst einmal diese akute Krise wieder abzieht, und sich das Geschäft normalisiert. Die Aussichten auf eine baldige Rückkehr zum vermeintlichen Normalstand der Jahre bis 2007 sind aber gering. Dazu war der Absturz zu groß. Der Industrie fehlen über alle Märkte hinweg nach zwei Jahren der Krise mindestens 20 Prozent ihres normalen Geschäfts. Das auszugleichen wird Jahre dauern. Nur wenige Fachleute glauben, dass die Erholung schnell kommen wird. „Das Geschäft bleibt rau“, sagt der

VW-Chef Winterkorn voraus. „Das Jahr 2010 wird schwieriger werden als 2009." Und 2009 war schon hart genug. Matthias Wissmann, der als Präsident des Verbandes der deutschen Automobilindustrie ein berufsmäßiger Optimist sein sollte, sieht die Entwicklung mit Sorge und stimmt die Öffentlichkeit auf harte Zeiten ein: „Das Jahr 2010 wird für die gesamte Autoindustrie eine erneut enorme Belastungsprobe bereithalten." Die Investmentbank Merrill Lynch rechnet 2010 mit einem Rückgang der Zulassungen in Deutschland um etwa 25 Prozent. Das wird wahrscheinlich zahllose Händler in die Pleite treiben. „Die Krise wird nicht einfach vorbeigehen so wie frühere Abschwünge", ist auch das Urteil des Berliner Autoexperten sowie Mobilitäts- und Zukunftsforschers Eckard Minx.

Auch Wolfgang Reitzle, der früher im Vorstand von BMW saß und heute Konzernchef bei Linde sowie Aufsichtsratsvorsitzender des großen Hannoveraner Autozulieferers Continental ist, macht eine wenig optimistische Rechnung. Das berichten enge Mitarbeiter des Managers, der noch immer über die Vorgänge in der Autoindustrie bestens informiert ist. Der Manager habe auch schon Bundeskanzlerin Merkel auf einer Serviette den von ihm erwarteten kommenden Konjunkturverlauf aufgemalt. Demnach werde es in dieser Krise keinen schnellen Aufschwung geben, sondern einen sogenannten Double Dip. Nach dem ersten Aufschwung werde es schon bald einen neuen Absturz geben. Der Grund sei, dass die Märkte noch immer mit viel zu viel staatlichen Konjunkturmaßnahmen gestützt würden. Diese Effekte müssten noch vergehen, bevor wieder normale Verhältnisse auf den Märkten einkehrten. Reitzle erwartet demnach in der Autoindustrie die Spitzenzahlen von 2007 erst wieder für 2014. Erst dann werde das Wachstum weitergehen. Ein Mitarbeiter zitiert den Manager mit den Worten: „Diese Krise hat eine solche Wucht und sie richtet in der Realwirtschaft solche Schäden an, dass die Welt nachher nicht mehr dieselbe ist."

KAPITEL 2

Das ganze Ausmaß

Richard Wagoner war bestens vorbereitet. Der hochgewachsene Chef von General Motors hatte einen dicken Papierstapel mit nach Washington gebracht. Damit wollte er die Politiker im Kongress beeindrucken, die alle Chefs der drei großen amerikanischen Autokonzerne nach Washington zitiert hatten.

Vorsorglich hatte Wagoner zuvor ein Forschungsinstitut beauftragt, ihm brisantes Material an die Hand zu geben. Er wollte den Politikern möglichst drastisch demonstrieren, was auf dem Spiele steht, wenn General Motors, der größte Autokonzern der USA, pleitegeht. Seine Botschaft sollte sein: GM darf nicht sterben. Der Staat müsse den taumelnden Riesen retten.

Die Folgen des Endes von GM, so drohte Wagoner in seiner sonoren Singsangsprache, gingen weit über die weltweit 240 000 Arbeitsplätze des Unternehmens hinaus. Die Pleite wäre das Ende einer ganzen Region. „Der Zusammenbruch von General Motors würde Michigan und andere Bundesstaaten des Mittleren Westens zerstören." Das hätte für die gesamte amerikanische Wirtschaft „katastrophale Auswirkungen", malte Wagoner den Teufel an die Wand. Zulieferer und Transportunternehmen, Rohstofflieferanten, Technologie- und Dienstleistungsanbieter, Händler, sogar die GM-Banken und andere finanzielle Institutionen würden reihenweise pleitegehen. Selbst andere Autohersteller könnten einknicken, wenn GM in den Abgrund stürzte. Drei Millionen Arbeitsplätze in ganz Amerika würden gemeinsam mit den Bach hinuntergehen. Auch Alan Mulally und Robert Nardelli, die Bosse von Ford und Chrysler, malten vor den Abgeordneten und Senatoren ein düsteres

Bild Amerikas für den Fall, dass die US-Regierung den drei großen taumelnden Autokonzernen keine massive Hilfe aus Steuergeld gewährte.

Die Botschaft kam an. Die US-Regierung zögerte erst ein wenig, dann startete sie ein riesiges Rettungsprogramm für die frühere Vorzeigeindustrie der größten Wirtschaftsnation der Welt. General Motors und Chrysler wurden durch ein vom Staat gesteuertes Insolvenzprogramm geschickt und von ihren Schulden befreit. Ford wurde mit Krediten vor dem Absturz bewahrt. Der gerade gewählte Präsident Barack Obama gründete eilig eine Taskforce zur Rettung der drei Großen. 70 Milliarden Dollar pumpte Washington auf einen Schlag in die Branche, die unter besonderem Schutz steht, weil sie in der Nachkriegszeit das Symbol schlechthin für den Aufstieg der Auto- und Wohlstandsnation USA war. Auf keinen Fall durfte einer der großen drei zusammenbrechen. „Wir können, dürfen und werden unsere Autoindustrie nicht verschwinden lassen", erklärte der neue Präsident.

Weltweit arbeiten neun Millionen Menschen in Autofabriken oder bei Zulieferern und Ökonomen rechnen gern vor, dass jeder Arbeitsplatz in der Autoindustrie fünf weitere Jobs in anderen Sektoren der Wirtschaft nach sich zieht, entweder bei Rohstofflieferanten oder beim Bäckermeister, der in einer Stadt wie Wolfsburg seine Brötchen backt. Autos brauchen Stahl, Eisen, Aluminium, Glas, Kunststoffe, Holz, Textilien, Computerchips, Gummi und vieles mehr. Das Auto ist das wahrscheinlich wichtigste Produkt der internationalen Wirtschaft. Der Fahrzeugbau war bis 2007 eine globale Aufstiegsbranche. Von 1995 bis 2005 ist diese Industrie weltweit um 30 Prozent gewachsen und sie wird – trotz der Krise – auch langfristig wieder eine Wachstumsbranche werden. Dafür sorgt der große Nachholbedarf einer Welt, die zum größten Teil noch nicht motorisiert ist.

Starke Industrie, ganz schwach

Wenn die Autoindustrie in eine Krise gerät, werden Regierungen unruhig. Weltweit. Dazu ist sie zu wichtig. Sie gilt in allen Industrieländern als Schlüsselbranche. Wenn die Fahrzeughersteller in die Knie gehen, sind die Folgen für die Volkswirtschaften nicht mehr kalkulierbar. Aber die wuchtige Krise, die in der zweiten Hälfte von 2008 über die Weltwirtschaft hereinbrach, hatte eine besondere Wirkung: Sie brachte die alte Ordnung durcheinander. Die stolze Autoindustrie verlor ihre schöne Maske. Jetzt gilt nicht mehr, was bisher über sie gesagt wurde. Sie ist plötzlich nicht mehr Zugpferd der Wirtschaft. Sie muss durch die Regierungen massiv angeschoben werden. Die Autoindustrie ist gar nicht stark, sie gerät in der Krise ins Taumeln wie keine andere Industrie. Die Krise und der weltweite Rückgang der Nachfrage nach Autos decken die Schwächen dieses Wirtschaftssektors gnadenlos auf. Sie wackelt wie in den 80er- und 90er-Jahren die Stahlindustrie.

Eine ernüchternde Erfahrung. Der Wohlstandsbringer der Nation, der sich in der Nachkriegszeit zum Aushängeschild der deutschen Exportwirtschaft entwickelte, wurde nicht nur zum Almosenempfänger, er stellte plötzlich eine Bedrohung für die Arbeitsplätze dar. Wenn die Autoindustrie einknickt und in eine lange wirkende Krise fährt, haben alle zu leiden. Es erwischt zugleich die lange Reihe der Zulieferer und wiederum deren Lieferanten. Die Folgen sind in der ganzen Volkswirtschaft zu spüren. Wo die Autoindustrie zur Krisenbranche wird, droht der Verlust von Wohlstand. Die Automanager müssen sich dieser Verantwortung bewusst sein. Sie haben bisher zum Export und Wachstum der Wirtschaft beigetragen, wie es andere kaum konnten. Jetzt droht das Risiko, dass die Fahrzeugindustrie zum Bremsklotz der Wirtschaft wird, der Jobs vernichtet. Mercedes hat bereits angekündigt, die Fertigung der C-Klasse zum Teil nach Amerika zu verlagern, und damit die Belegschaft auf die Barrikaden getrieben. Und es könnte sein, dass viele Autos, die demnächst in Europa zugelassen werden, aus China kommen werden. Der massenweise Exodus von deutschen Autoarbeitsplätzen droht.

Die Krise der Autoindustrie ist nicht nur eine nationale, sondern eine internationale Katastrophe. Auf der ganzen Welt leben etwa 50 Millionen Menschen vom Fahrzeugbau, wahrscheinlich sind es sogar deutlich mehr. Nach einer groben Faustformel kommt auf ein in der Welt gebautes Auto etwa ein Arbeitsplatz. Autos werden nicht nur in vielen Ländern gebaut, sie müssen von Händlern verkauft, an Tankstellen betankt und in Werkstätten repariert werden. Wenn eine solche Branche in eine Krise fährt, spürt es die ganze Welt.

Von allen Produktionssektoren wird die Autoindustrie zudem am deutlichsten von den Menschen wahrgenommen. Leistungen der Chemieindustrie fallen dem Normalmenschen nicht auf, was die Maschinenbauer können, bleibt dem Mann auf der Straße in der Regel verborgen. Das Industrieprodukt Auto jedoch hat den größten Aufmerksamkeitswert. Unsere Straßen sind voll von Autos. Viele Menschen träumen davon, ein Auto zu besitzen, sie sind stolz, wenn sie sich ein eigenes Fahrzeug leisten können. Ganze Batterien von Zeitschriften in allen Sprachen der Welt berichten über Autos und das gesamte Drumherum. In den USA gibt es seit mehr als zwei Jahrzehnten eine traditionsreiche landesweite Radio-Talkshow am Samstag, in der sich die Hörer eine Stunde lang mit zwei Experten über die Erfahrung mit ihren Wagen unterhalten. Was die Autoindustrie hervorbringt, sorgt auch in Zeiten der Furcht vor dem Klimawandel bei vielen Menschen für Faszination. Dafür sorgen schon die Wochenendbeilagen der Zeitungen und die PS-Magazine mit ihren meist kritiklosen Berichten über neue Autos. Das Auto ist viel mehr als ein Fortbewegungsgerät, das aus Eisen, Plastik, Glas und ein paar Schrauben besteht. Es erlaubt den Menschen, sich individuell zu bewegen, es gibt ihnen Unabhängigkeit. Das eigene Auto ist ein weltweites Symbol für Wohlstand und es macht so starke Änderungen des Lebensstils möglich, wie es andere technische Erfindungen kaum vermochten. Ein Auto öffnet in armen Regionen der Welt den Weg zu ärztlicher Versorgung oder zu Arbeitsplätzen, die früher hätten ausgeschlagen werden müssen. Menschen zeigen den Mitmenschen ihren Wohlstand durch ihre neue Limousine und Staaten machen es ähnlich: Sie schaffen sich eine Autoindustrie an, wenn sie demonstrieren wollen, zu welchen Leistungen sie fähig sind. Eine eigene Autofertigung ist der Beleg für fortgeschrittene ökonomische Entwicklung und je mehr Autos auf den Straßen rollen, desto größer ist der nationale Wohlstand.

Gefährliche Symbiose

Dass die Autoindustrie für eine Volkswirtschaft auch brandgefährlich sein kann, liegt an einer Besonderheit. In keiner Industrie ist das Verhältnis von denjenigen, die das strahlende Endprodukt liefern, und denen, die nur kleine Teile zum großen Ganzen beisteuern, so eng und zugleich so brisant. Die eigentlichen Autohersteller und ihre Lieferanten leben in einem inzwischen krankhaft symbiotischen Verhältnis. Geht ein Autobauer in die Knie, droht sogleich eine Serie von Pleiten bei den Teilefertigern, ohne die kein Großer auskommt. Die Lieferanten haben oft nur einen oder zwei Kunden. In vielen Fällen sind sie nur noch verlängerte Werkbänke der Großen, die sich den Vorgaben des Riesen komplett zu unterwerfen haben. Sich in diesem Ausmaß von einem oder zwei Kunden abhängig zu machen gilt in anderen Industrien als heller Wahnsinn und als kapitaler Managementfehler. In der Autoindustrie ist diese Abhängigkeit normal. Deswegen kommt es immer wieder vor, dass Autohersteller einen Teilelieferanten, den sie vorher mit massivem Druck zu Preiskonzessionen gezwungen haben, mit fetten Geldspritzen vor der Pleite bewahren müssen. In keiner Branche sind die Schicksale vieler kleiner Fische von so wenigen großen Haien abhängig.

Kaum ein Kunde, der sich einen BMW oder einen VW-Golf anschafft, macht sich klar, wie viele Teile nötig sind, um ein Auto zusammenzusetzen, und noch weniger interessiert sie, woher die Teile kommen. Der Normalkunde nimmt wahrscheinlich an, dass fast alles im Auto von VW oder BMW stammt, vielleicht mit Ausnahme der Reifen, des Radios der Scheinwerfer, auf denen manchmal deren eigene Markennamen zu sehen sind. Die Wahrheit ist ganz anders und ernüchternd. Bei manchem Hersteller kommen bis zu 80 Prozent der durchschnittlich 10 000 Teile, die für ein Auto gebraucht werden, von auswärtigen Lieferanten. Meist stammen nur der Motor, das Getriebe und die Karosserie aus eigener Fertigung der großen Hersteller und oft nicht mal das. Seitenspiegel, Sitze, Klimaanlage, Schiebedächer, Anlasser – fast alles kommt von draußen, meist von Unternehmen, die sich mit Haut und Haar der Knechtschaft ihres Kunden ausgeliefert haben. Die Lieferanten müssen ihre Teile auf die Minute genau am Band des Herstellers absetzen, damit den mächtigen Herstellern bloß keine Lagerkosten entstehen. Andernfalls droht eine Vertragsstrafe. Dieses Verfahren haben sie den Japanern abgeguckt, bei denen die minutengenaue Zusammenarbeit mit den Zulieferern zum viel gelobten Erfolgsprinzip erhoben wurde. Lästige Lagerkosten sollen andere tragen. Längst sind Zulieferer und Hersteller einander so nahe gerückt, dass manche Zulieferfirmen ihre Mitarbeiter sogar ans Montageband der Autobauer stellen, wo sie die gleiche Arbeit leisten wie die Konzernarbeiter, aber meist weniger verdienen. Einige Teilehersteller haben ihre Fabriken auf dem Gelände der großen Hersteller gebaut. Das sorgt für kurze Wege. In Deutschland arbeiten 770 000 Menschen in der Autoindustrie, die Hälfte davon bei Zulieferern. Doch im Gegensatz zu den wenigen großen Autokonzernen sind die Lieferanten meist kleine oder mittlere Unternehmen, und wenn die großen mal vorübergehend ins Schlingern kommen oder unter Kostendruck geraten, droht den kleinen schnell die Pleite.

Manchmal ist das Verhältnis von Hersteller und Zulieferer der Sklaverei ähnlich. Die meisten Teilefertiger sind die armen Hunde der Autoindustrie. Die großen Autohersteller entwickelten sich zu reinen Markenartikelanbietern, die immer größere Anteile der Produktion aus dem Haus geben, um Kosten und Risiken zu drücken, und die sich zudem auf den technischen Sachverstand des Zulieferers verlassen. Es ist in der Branche normal, dass Zulieferer gnadenlos gegeneinander ausgespielt werden. In dieser Industrie gilt brutaler Preisdruck aber nicht als ehrenrührig. Eher das Gegenteil ist richtig: Jeder Teilehersteller ist stolz, wenn er nach langem Gefeilsche gnädig von der großen Marke als Lieferant ausgewählt wird. Oft sind die Lieferanten ihren hochnäsigen Großkunden technologisch haushoch überlegen. Das Know-how des Autobaus wandert zunehmend in die Betriebe der Zulieferer. Trotzdem müssen sie dulden, dass die großen Hersteller sogar in ihre Bilanzen und Kostenrechnungen schauen und dieses Wissen gnadenlos bei den Preisverhandlungen nutzen. Forderungen nach einer Reduzierung der Preise von fünf bis sieben Prozent pro Jahr sind in dieser Industrie oft sogar Teil des Liefervertrages. Zudem drücken die mächtigen Kunden ihren Lieferanten zunehmend die Kosten für Forschung und Entwicklung auf. Das spart Geld und verschiebt das Risiko auf Schwächere. Selbst der Stuttgarter Elektronikhersteller Bosch, mit 280 000 Beschäftigten weltweit der größte Lieferant für Autoelektronik und einer, der es sich sogar leisten könnte, gegenüber Autoherstellern selbstbewusst aufzutreten, ist in dieser Krise zum ersten Mal in seiner 123-jährigen Geschichte in die Verlustzone geraten.

Doch wer unter der Knute von Autoherstellern steht, kann kaum finanzielle Reserven für schlechte Zeiten schaffen. Das macht die Autoindustrie für eine Volkswirtschaft so gefährlich. Die Eigenkapitalbasis vieler Zulieferer ist extrem schwach. Fällt mal ein Großauftrag weg, weil ein Konkurrent billiger war, droht schnell die Insolvenz. Mit gravierenden Folgen für andere. Hängt noch ein anderer Autohersteller an diesem Lieferanten, steht möglicherweise dessen Produktion in wenigen Tagen still. Zudem müssen sich Lieferanten oft auf brutale Zahlungsbedingungen einlassen. Die inzwischen insolvente und von VW zum Teil gerettete Osnabrücker Firma Karmann, die über Jahrzehnte sehr erfolgreich bestimmte Nischenmodelle wie Cabrios für Volkswagen, Audi oder Daimler baute, die aber auch Cabriodächer lieferte, beklagte nach ihrem Gang zum Insolvenzrichter im Sommer 2009 die Zahlungsmoral ihrer Kunden. Karmann bekomme von BMW das Geld für ein Cabrioverdeck erst, wenn der mächtige Münchner Konzern das Auto an einen Kunden verkauft hat, berichtet ein Manager. Stehen in einer Krise die fertigen Autos aber wochenlang auf den Lagerplätzen der Hersteller unverkauft herum, kann dem Lieferanten schnell der Atem ausgehen.

Bloß keine Schwächen zeigen

Als Opel in die Krise ging, waren Kanzlerin Angela Merkel und Bundesregierung so alarmiert, als stünde die Nation vor dem Untergang. Schnell gab es in der auslaufenden Großen Koalition einen regelrechten Wettbewerb darum, wie dem schlingernden Unternehmen aus Rüsselsheim zu helfen sei. Einig waren sich fast alle, dass es irgendeine Hilfe geben müsste. Das Verschwinden des fast 150 Jahre alten Traditionsunternehmens, das pro Jahr zuletzt 1,4 Millionen Autos machte, war für alle Regierungspolitiker gleichermaßen unvorstellbar. Die Traditionsmarke war vor über 80 Jahren vom amerikanischen GM-Konzern übernommen und aus schwerer Not befreit worden. Verluste sind bei Opel also keineswegs neu. Opel blieb aber trotz seiner langen Geschichte unter dem Dach des GM-Konzerns ein Teil der bundesdeutschen Wiederaufbaugeschichte und wurde zum Mythos, der nicht sterben darf, ohne die Republik zu verändern.

Die Autoindustrie ist in diesem Land ein Symbol für den hohen Lebensstandard der Deutschen. Wenn dieser Wohlstandsbringer in Gefahr gerät, fürchten Politiker Risiken für die gesamte Nation. Dann geht die Furcht vor dem Verlust von Arbeitsplätzen um, die Angst, Deutschland könne innerhalb Europas seine führende Wettbewerbsposition verlieren. Der Verlust eines Autoherstellers wäre im Industrieland Deutschland so schwerwiegend wie in der Schweiz das

Wegbrechen einer großen Bank. Es wäre das Eingeständnis, dass ausgerechnet in der Kernindustrie etwas nicht stimmt. Das muss verhindert werden. Eine wichtige Industrienation darf keine Schwäche zeigen. Sonst geht der Nimbus der Unschlagbarkeit verloren. Zudem geht bei den Politikern die Sorge um, dass nach einem Pleitefall die Steuereinnahmen sinken, die Haushalte noch stärker aus den Fugen geraten und die ohnehin angespannten Sozialsysteme tiefer in die Bredouille geraten könnten. Deutschland lebt vom Export, ein großer Teil des Wohlstands der Deutschen wird im Ausland verdient, vornehmlich mit Autos. Wo der Exportmotor aber ins Stottern gerät, sind Arbeitsplätze in Gefahr.

Die Autoindustrie ist der wichtigste Industriezweig in Deutschland. Sie steht für ein Fünftel der Industrieumsätze und ebenso groß ist ihr Anteil an den Exporten. Deutsche Autohersteller haben 2008 im Inland 5,5 Millionen Autos gebaut, mit ihren Auslandswerken lieferten sie sogar 14 Millionen Fahrzeuge. Die deutschen Konzerne Volkswagen, Daimler und BMW haben mit ihren verschiedenen Marken im Ausland einen Marktanteil von etwa 17,4 Prozent. Diese starke Wettbewerbsposition bringt die Dollars und andere Auslandswährungen ins Land, mit denen die Deutschen in Saudi-Arabien ihr Öl, in Russland ihr Erdgas oder in China ihre billigen Stereoanlagen, Computer und Turnschuhe kaufen können. Geht es dieser Industrie schlecht, bekommen es alle zu spüren.

In Deutschland hängt jeder siebte Arbeitsplatz direkt oder indirekt am Auto, das sind ungefähr fünf Millionen Jobs, sagt der Verband der Automobilindustrie. Es steht viel auf dem Spiel, wenn sich diese Industrie vom Wachstumsmotor in eine Krisenbranche verwandelt. Die Bundesbank hat Anfang 2009 ausgerechnet, dass die Krise in der Autoindustrie die gesamte deutsche Wirtschaft etwa ein Prozent des Sozialprodukts kosten wird. Das klingt nicht beeindruckend, doch bezogen auf die Arbeitsplätze kommt das in Deutschland dem Verlust von 400 000 Jobs gleich.

Zum Glück ist die Fahrzeugfertigung in Deutschland regional einigermaßen gut verteilt. Mögen Rüsselsheim oder Wolfsburg typische Autostädte sein, die völlig von Opel und Volkswagen abhängig sind, aber es gibt in Deutschland keine Region mehr, die im Falle einer lang anhaltenden Autokrise vom völligen Niedergang so bedroht wäre wie der amerikanische Bundesstaat Michigan, in dem die Stadt Detroit liegt.

Trotzdem gibt es auf lange Zeit in Deutschland für die Autoindustrie keinen Ersatz. Viele Industrien sind bereits abgewandert. Die Pharmaindustrie hat sich zum großen Teil schon ins Ausland abgesetzt. Die Fotoindustrie hat sich in den 70er- und 80er-Jahren in die Bedeutungslosigkeit manövriert. Zur gleichen Zeit kamen auch die zahlreichen heimischen Anbieter für Unterhaltungselektronik unter die Räder der globalen Konkurrenten. Große Teile der chemischen Industrie sind inzwischen in andere Länder gezogen, nicht zuletzt wegen scharfer Umweltgesetze zu Hause. Das ging ohne große Reibungen vonstatten. Das Zerbröseln der Autoindustrie wäre in Deutschland aber ungleich schwerer zu verkraften. Die so entstehende Lücke ließe sich von anderen Branchen kaum problemlos schließen.

Aber schon lange gibt es Anzeichen dafür, dass die Branche ihrer Rolle als Jobmotor nicht mehr recht nachkommen konnte. Auch die Pkw-Bauer verlagern seit Jahren große Teile ihrer Fertigung ins Ausland, wo die Löhne billiger sind, allen voran der VW-Konzern, der längst bedeutende Kapazitäten in Osteuropa, Lateinamerika und China hat. Die deutschen Fahrzeughersteller, die auf ihre Technik so stolz sind, haben zu wenig Innovationen entwickelt, um die Nachfrage nach ihren Modellen so zu steigern, dass sie weiter die erfolgreiche Jobmaschine der Vergangenheit sein könnten. Schon in den Jahren vor dem großen Crash hatte die Zahl der Arbeitsplätze in der Autoindustrie abgenommen. Die Unternehmensberatung McKinsey behauptet, die deutschen Branchenvertreter hätten zu wenig getan, um den Kunden neue Technologien zur Verringerung des Spritverbrauchs und des Abgasausstoßes anzubieten. Mit besserer Technik hätten sie höhere Preise für ihre Autos verlangen können und sie hätten mehr Chancen gehabt, neue Jobs zu schaffen.

Stattdessen gerieten sie unter den Kostendruck der aggressiven neuen Konkurrenten.

Krisenstab im Weißen Haus

Amerikas Präsident Barack Obama dürfte sich den Beginn seiner Amtszeit anders vorgestellt haben. Der Hoffnungsträger aus Chicago war als Kandidat für das Weiße Haus angetreten, um das angeschlagene Ansehen Amerikas in der Welt wieder zu heben, die Beziehungen zu Europa wieder zu verbessern und eine internationale Friedensdiplomatie einzuleiten. Stattdessen wurde der neue Mann im Oval Office zum obersten Konkursverwalter der Nation. Statt über Afghanistan oder die angespannten Beziehungen zu Westeuropa nachzudenken, verbrachte er die ersten Monate seiner Präsidentschaft damit, Strategien und Partnerschaften für General Motors, Ford und Chrysler zu ersinnen. „Wir können, dürfen und werden die Autobranche nicht einfach untergehen lassen", erklärte der Präsident.

Die Autoindustrie war für Amerika mehr als ein halbes Jahrhundert die Versicherung für Aufstieg und Erfolg zur führenden Wirtschaftsmacht in der Welt. Sie wurde zum größten Risiko in der industrialisierten Welt. Für den Präsidenten war heikel, dass er einen großen Teil seines Wahlsieges vom November 2008 den großzügigen Wahlkampfspenden der mächtigen Autogewerkschaft United Auto Workers (UAW) verdankte. So etwas verpflichtet. Er konnte die Autoarbeiter und damit eine ganze Region nicht einfach fallen lassen, wie es ihm manche Wirtschaftsexperten geraten hatten. Für den Mann im Weißen Haus wird nicht zuletzt von dieser Industrie abhängen, ob er 2012 wiedergewählt wird.

Aber die Rettung der großen Konzerne ist ein schwieriger Job, in dem er nicht viel gewinnen kann, aber hohe Risiken eingeht. Hätte er die Konzerne ihrem Schicksal überlassen, wäre er als fahrlässiger Jobkiller kritisiert worden, der die Interessen Amerikas nicht im Auge habe. Mit seiner Entscheidung zur Rettung der Unternehmen setzte er gigantische Summen an Steuermitteln ein, ohne zu wissen, ob die Jobs in Detroit dadurch sicherer werden. Aber GM, Ford und Chrysler sind nicht irgendwelche Namen der US-Wirtschaft. Alle drei Autokonzerne sind Ikonen der Amerikaner. General Motors war die meiste Zeit im zurückliegenden Jahrhundert der größte Autokonzern der Welt und das wichtigste Aushängeschild der US-Wirtschaft. In den 60er-Jahren kam jedes zweite Auto, das auf amerikanischen Straßen fuhr, von GM. Ford ist ohnehin ein besonderer Name in der Autoindustrie. Der Firmengründer Henry Ford baute erstmals Autos auf dem Fließband und ist der wahrscheinlich wichtigste Unternehmer in der US-Wirtschaftsgeschichte. Er hat sogar Weltbedeutung, weil er mit der Fließbandproduktion dafür sorgte, dass die Fertigung drastisch billiger wurde und sich sogar Arbeiter einen eigenen Wagen leisten konnten. Durch ihn wurde Amerika die Autonation, in der heute statistisch sieben von zehn Amerikanern einen eigenen Wagen besitzen. Ohne Henry Ford wäre Amerika wahrscheinlich ein anderes Land geworden.

Chrysler war zwar stets kleiner als die beiden großen Brüder und das Unternehmen war oft vom Untergang bedroht. Aber eine Ikone wurde das Unternehmen mit dem Sitz in Auburn Hills bei Detroit trotzdem. Als Chrysler Ende 1979 unter dem legendären Firmenchef Lee Iacocca auf die Pleite zuschlitterte, griff die Regierung in Washington in die Kasse und sicherte das Überleben mit Bürgschaften und mit dem Auftrag zum Kauf von Pick-up-Fahrzeugen für das Militär. Der extrovertierte Iacocca, der zuvor zweiter Mann bei Ford gewesen war, der sich aber mit Firmenchef Henry Ford II überworfen hatte und vor die Tür gesetzt worden war, wollte unbedingt beweisen, dass er es besser kann als sein alter Arbeitgeber. Er wurde dafür belohnt, dass er sich öffentlich mächtig für die amerikanische Autoindustrie in die Bresche geworfen hatte und mit kraftvollen Sprüchen („Wenn du ein besseres Auto findest, kaufe es“) eine Welle des Autopatriotismus auslöste, die gegen die mächtig auftrumpfenden japanischen Konkurrenten gerichtet war.

Heute ist die Lage viel schwieriger als zu Iacoccas Zeiten und der US-Präsident steht vor einem Riesenwagnis. Niemand hatte bisher ein Patentrezept zur Rettung der ganz Großen in der amerikanischen Autoindustrie. Sie galten lange als „Too Big to Fail“, als viel zu groß, um sie einfach untergehen zu lassen. Aber kann die Regierung sie in Chapter Eleven gehen lassen, wie das amerikanische Insolvenzverfahren im allgemeinen Sprachgebrauch heißt? Oder muss man sie mit Krediten und direkten Zuwendungen komplett am Leben erhalten? Niemand konnte Obama sagen, was zu tun wäre. Der Präsident wählte den Mittelweg, den Pfad der kontrollierten Insolvenz, die es im deutschen Recht nicht gibt. Bei diesem Verfahren bleibt das Management im Amt, das Unternehmen wird von seinen Schulden entlastet, es kann seine drückenden Pensionsverpflichtungen beim Staat abladen und anschließend in geschrumpfter Version weitermachen. GM wurde danach auch noch verstaatlicht. An Chrysler beteiligte sich die amerikanische Regierung ebenfalls, sie bestand jedoch darauf, dass der italienische Fiat-Konzern zum neuen Großaktionär und faktischen Eigentümer wurde.

Obama musste befürchten, dass mit dem völligen Zusammenbruch der drei großen Konzerne Tausende von Zulieferbetrieben mit in den Pleitestrudel gerissen würden. Ein Tsunami von Firmenzusammenbrüchen würde über Michigan hinweggehen. Welch eine Entscheidung für einen unerfahrenen Präsidenten! Dagegen war die Chrysler-Rettung vor 30 Jahren ein Kinderspiel. Damals ging es nur um den kleinsten der drei Großen. Jetzt standen alle drei US-Autohersteller gleichzeitig am Rande der Pleite. Gut 200 000 Menschen arbeiteten 2009 in den amerikanischen Fabriken von GM, Ford und Chrysler. Rund 600 000 sind bei Zulieferern beschäftigt. Etwa 700 000 Menschen leben vom Handel mit den Traditionsmarken. Wenn die alle ihre Arbeit verloren haben, ist noch nicht die Rede gewesen von 800 000 Rentnern, die ihre Altersversorgung von den drei Konzernen beziehen, und von den inzwischen zwei Millionen Menschen, die über GM, Ford und Chrysler krankenversichert sind und die sofort in Not geraten, wenn diese Konzerne ins Trudeln kommen.

Slowakei: Das Detroit des Ostens

Auch Osteuropa hofft auf die Autoindustrie, besonders gilt das für Tschechien und die Slowakei, die wegen der Dichte der Autoindustrie gelegentlich als das Detroit des Ostens apostrophiert werden. Die Slowakei, das Armenhaus der früheren Tschechoslowakei, hat sich seit dem Fall des Eisernen Vorhangs zu einem neuen Wirtschaftszentrum in Osteuropa entwickelt. Sie entwickelte sich zu einem Schwerpunkt der Autoindustrie. Das koreanische Unternehmen Kia hat hier 2006 ein neues Werk für Kompaktautos in Betrieb genommen. Der VW-Konzern baut in Bratislava Gelände- und Allradautos, einschließlich großer Teile des Luxus-Offroaders Porsche Cayenne. Etwa 50 Kilometer nordöstlich von Bratislava produziert Peugeot Citroën Kompaktlimousinen und Minivans. Schnell galt die Region in den Medien als Musterbeispiel für wirtschaftlichen Aufschwung. 20 Jahre nach dem Ende des Sozialismus und 15 Jahre nach der Trennung der Slowakei von Tschechien hatte der nordwestliche Streifen der Slowakei mit seiner Autoindustrie die Zukunft auf seiner Seite. Bis die Krise kam. Jetzt hat Detroit Ost ähnliche Sorgen wie die große Autohauptstadt in den Vereinigten Staaten. Kia hat die Arbeitszeit pro Schicht von acht auf sechs Stunden heruntergefahren. Die Produktion wurde um 15 Prozent gekürzt. Volkswagen hat die Fabrik in Bratislava im Frühjahr 2009 zeitweilig ganz geschlossen. Peugeot Citroën feuerte sechs Prozent der 3 500 Beschäftigten. Das mag im Verhältnis zu dem, was in Nordamerika passiert ein Klacks sein. Aber für die Slowakei ist dieser Rückgang ein harter Schlag. In dem kleinen Land leben nur 5,4 Millionen Menschen und 80 000 davon arbeiten entweder bei Autoherstellern oder bei namhaften Zulieferern wie Visteon, Delphi oder US Steel. In dem kleinen Land ist die Autofertigung noch weit wichtiger als in Deutschland.

Insgesamt sind nach Angaben des slowakischen Automobilverbandes 500 000 Arbeitsplätze im Land von der Fahrzeugindustrie abhängig. Im Jahr 2008 lieferten die Slowaken 590 000 Autos in die ganze Welt. Das ist die höchste Zahl an produzierten Autos pro Kopf in der Welt. „Wir spüren die Wirkung der Krise“, sagt Peter Ziga, der junge Staatssekretär im Wirtschaftsministerium der Slowakei. Die Produktion ging im Jahr 2009 auf 500 000 Einheiten zurück. Die Wirtschaft schrumpfte in dem Jahr um etwa fünf Prozent. Die Arbeitslosigkeit ist in der Slowakei von 8,7 Prozent Ende 2008 auf über zehn Prozent ein Jahr später gestiegen. Inzwischen wird es für die Slowaken schwer, noch neue Investoren anzulocken, ohne die es keinen wachsenden Wohlstand gibt. In dem Land macht sich längst das Gefühl breit, die Slowakei habe sich zu stark an die Autoindustrie gebunden. Jetzt versucht die Regierung verstärkt andere Industrien ins Land zu ziehen. Sie tut es mit gutem Grund. Die starke Abhängigkeit von der Autoindustrie wird dafür sorgen, dass es in Zukunft in der Wirtschaft nicht mehr die Wachstumsraten gibt wie in den guten Zeiten der Vergangenheit. Das glaubt zum Beispiel die Deutsche Bank. Die sagt, die Autofabriken der Slowakei seien zwar modern. Doch das Land sei stark abhängig von der Konjunktur in Europa und in den anderen Ländern. Das lasse „keine rasche Rückkehr zu zweistelligem Wachstum erwarten“.

Verpasste Chance für Russland

In der größten Krise der Geschichte der Automobilindustrie wird auch Russlands mächtigster Mann, Ministerpräsident Wladimir Putin, zunehmend nervös. Der Mann, der seine ersten politischen Erfahrungen zu Sowjetzeiten beim Geheimdienst KGB machte, wurde angesichts der wachsenden Wirtschaftskrise, die Russlands stürmischen Aufbruch der vergangenen Jahre jäh stoppte, im Hintergrund mächtig aktiv. Es sollte niemand merken, was er unternahm, um die Wirkung der Krise auf die russische Autoindustrie in Grenzen zu halten. Aber seine Hand war nicht zu übersehen. Als der deutsche General-Motors-Ableger Opel die Bundesregierung um Hilfe anrief und einen internationalen Investor suchte, zögerte der frühere Präsident nicht. Er ließ seine Kontakte spielen und spannte sofort die staatliche Sberbank für seinen Plan ein. Er wolle mithilfe des österreichisch-kanadischen Autozulieferers Magna die kranke GM-Tochter Opel unter seinen Einfluss bekommen.

Die Chance war einmalig. Er sah die Möglichkeit, mit der deutschen Traditionsmarke seiner maroden heimischen Autoindustrie zu helfen und einen beispiellosen Technologietransfer in sein Land zu organisieren. Magna hatte schon aus früheren Geschäften beste Beziehungen nach Moskau geknüpft. Der Unternehmer und Putin-Freund Oleg Deripaska hatte sich vor einiger Zeit bei Magna eingekauft. Der junge Oligarch musste die Aktien aber bald wieder verkaufen. Seine Unternehmen waren in der Wirtschaftskrise erheblich in Schwierigkeiten geraten. Zum Beispiel der Autohersteller Gaz in Nischni Nowgorod. Den hatte Putin seinem Freund Deripaska verkauft, der das marode Unternehmen auf Vordermann bringen sollte. Das Experiment war aber gescheitert, der Staat musste die Aktien zurücknehmen. Als Opel aber in die Krise rutschte, erkannte der Moskauer Regierungschef blitzschnell seine neue Chance, Gaz zu modernisieren. Putin gab seiner staatlichen Bank Sberbank den Auftrag, die Übernahme von Opel durch Magna zu finanzieren. Die Kreml-Bank sollte sogar einen Teil der Opel-Aktien übernehmen.

Der Plan war raffiniert und verwegen. So günstig war es für die Regierung in Moskau noch nie, dem maroden Gaz-Konzern, der völlig veraltete Autos der Marke Wolga baut, Zugang zu westlicher Autotechnik zu verschaffen. Putin hatte wohl gehofft, er könne die Technologie von Opel und GM geräuschlos nach Russland transferieren. Der Plan ging schief, GM roch den Braten und blockierte im Herbst alle Versuche der Russen, auf billige Weise und sogar mit massiver Unterstützung der deutschen Bundesregierung an Opel-Patente heranzukommen.

Doch General Motors behielt Opel überraschend und machte Putins schönen Modernisierungsplan zunichte.

Auch in Russland hängen Hunderttausende von Arbeitsplätzen von der Autoindustrie ab. Ganze Städte oder Regionen sind auf die Fahrzeugfertigung angewiesen. Für die russische Regierung ist der Pkw-Bau neben der Öl- und Gasindustrie sowie der Rüstungsproduktion einer der wesentlichen Wirtschaftszweige und Putins großer Generalplan ist es, die drei Autounternehmen AvtoVAZ, Gaz und den Lkw-Bauer Kamas zu starken Spielern der russischen Fahrzeugindustrie zu machen. Nicht zuletzt geht es auch um seine eigene politische Zukunft. Als er noch Staatspräsident war, hatte Putin vor einigen Jahren bezeugt, wie ihm der Autobauer Gaz, der zweitgrößte Hersteller des Landes, am Herzen liegt. Er ließ sich das Modell Wolga Gaz 21, das in den 50er- und 60er-Jahren von dem Staatsunternehmen gebaut wurde, originalgetreu nachbauen. In Schneeweiß. Gelegentlich taucht er mit seinem neuen Oldtimer auch in der Öffentlichkeit auf. Einmal durfte sogar der US-Präsident George W. Bush das Auto fahren. Die Zeit drängt für Gaz. Die viel zu große Belegschaft, von den etwa 100 000 Gaz-Beschäftigten bauen etwa 40 000 Autos, hält sich derzeit mit dem Bau von Kleinlastern notdürftig über Wasser. Doch das kann nicht mehr lange gut gehen. Die Pleite droht. Das wäre für die Stadt Nischni Nowgorod eine Katastrophe. Die zu Sowjetzeiten für Fremde nicht zugängliche Stadt war, weil die dort ansässige Auto- und Rüstungsindustrie vor den neugierigen Augen des Westens geschützt werden sollte, in den nachsowjetischen Zeiten zur Krisenregion geworden und zur Gefahrenzone für die Regierung in Moskau. Nischni Nowgorod ist ein heißes Pflaster für den Kreml. In der Stadt wurde schon gegen Putin und seine Politik protestiert. „Die Stadt stirbt“, schrieb die *Süddeutsche Zeitung* über Putins Motiv, den Autohersteller Gaz zu retten.

Japanische Ballungsräume

Selbst Japan hat es in dieser massiven Krise erwischt. Die Nation ist schockiert. Toyota, der von den Fachleuten in der ganzen Welt am meisten bewunderte Autokonzern, machte im Geschäftsjahr 2008/2009 einen Milliardenverlust und suchte bei der staatseigenen Japanischen Bank für Internationale Zusammenarbeit um Hilfe nach. Der Schock war so groß, dass es bei Toyota zu einem eiligen Wechsel in der Konzernführung kam. Bisher galt eine Verlustbilanz bei Toyota als undenkbar. Toyota und Honda, auch der von Renault geführte Autohersteller Nissan, standen als internationale Markenzeichen für Erfolg und Zuverlässigkeit der japanischen Autoindustrie. Kommen diese Unternehmen ins Schleudern, wackelt die ganze Volkswirtschaft. In dem fernöstlichen Land mit seinen etwa 127 Millionen Einwohnern leben mehr als fünf Millionen Menschen vom Auto, von der Herstellung über den Verkauf bis zum Kundenservice. Diese Industrie macht ein Fünftel des Exports der noch immer wichtigsten asiatischen Industrienation aus. Wenn dieser Strom kleiner wird, leidet der Lebensstandard der Nation.

Die elf großen japanischen Autohersteller sorgen zudem wegen einer Besonderheit für die erhöhte Aufmerksamkeit der Politiker. Die Autokonzerne haben traditionell um ihre Firmenzentren herum auch ihre Zulieferer angesiedelt und sorgen damit für regelrechte Toyota-, Nissan- oder Mazda-Regionen. Der Grund für diese Konzentration ist historisch bedingt: In den Anfängen der Autoindustrie Japans war das Straßennetz mangelhaft. Da war die Belieferung der Autofabriken schwierig. Nur wer in der Nähe der großen Autobauer seine Teile produzierte, hatte eine Chance auf einen der lukrativen Aufträge. Später wurde aus diesem Clusterbild ein Standortvorteil der Japaner. Ihr in den 90er-Jahren weltweit bewundertes Just-in-time-Prinzip, das minutengenaues Anliefern der Zulieferteile ans Band erlaubte, brachte ihnen Wettbewerbsvorteile. Die Konkurrenten in der ganzen Welt waren schockiert von dieser Disziplin, sie glaubten, die Japaner seien unschlagbar. Heute zeigt sich, dass diese Konzentration auch Nachteile hat. Geht es der Autoindustrie schlecht, konzentrieren sich in Japan die Beschäftigungsprobleme plötzlich in elf Regionen.

Besonders bekommt die japanische Stadt Toyota City die Krise zu spüren. Vor 100 Jahren hieß der Ort noch Komoro und war nichts weiter als ein Bauernkaff. Anfang 1959 nannte sich der Ort um in Toyota-Stadt. Hier hat der größte japanische Autohersteller seinen Sitz und seit der Umbenennung ging es hier nur noch bergauf. Das kann sich ändern, wenn das Unternehmen nicht rechtzeitig die Kurve kriegt. Die Stadt hat 423 000 Einwohner und schon macht das Wort vom Toyota-Schock die Runde, weil jeder fünfte Bewohner in der Autoindustrie arbeitet. Die Stadt hat sieben Werke von Toyota mit 26 000 Beschäftigten und noch einmal 400 Zulieferbetriebe, die nur den Marktführer beliefern. Die erste Welle von Entlassungen ist bereits über die Stadt hinweggegangen. Einst war Toyota City die reichste Stadt Japans. Jetzt hat sie die höchste Arbeitslosenquote.

Eine neue Erfahrung für eine Nation, in der die Menschen traditionell bei den großen Unternehmen eine lebenslange Anstellung hatten. Noch sind von den Entlassungen nur sogenannte Leiharbeiter betroffen, meist sind es Einwanderer, die hofften, eines Tages auch zu den auf Lebenszeit Beschäftigten zu gehören. Um die größte Gefahr abzuwenden, hat die Regierung in Tokio der Autoindustrie erst einmal mit einer Art Abwrackprämie unter die Arme gegriffen, die den Kauf von umweltfreundlichen Autos und den Erwerb von Elektro- sowie Hybrid-Autos bezuschusst. Fachleute der Autowirtschaft glauben jetzt, dass sich der Absturz der Autoindustrie in Japan in Grenzen halten wird und sich die Industrie in einigen Jahren mit besonders umweltfreundlichen Fahrzeugen zurückmelden wird. Aber sicher ist das nicht.

KAPITEL 3

Die Zukunft hat erst begonnen

Die Frage entrüstet den VW-Chef Martin Winterkorn. Ob er weiterhin an dem Plan festhalte, in der amerikanischen Stadt Chattanooga/Tennessee eine neue Autofabrik zu bauen, in der eine Limousine nur für den amerikanischen Markt gebaut werden soll. „Aber selbstverständlich", gibt er gereizt zurück. „Anders können wir die Nachfrage nach unseren Autos in Amerika nicht befriedigen." Hat er denn gar keine Angst, mit dem neuen Werk eine weitere Fabrik in einen Markt zu setzen, der schon so von Überkapazitäten geprägt ist, dass es einen brutalen Preisdruck gibt. Jetzt wird Winterkorn ernst und der Manager hält dem lästigen Frager einen kleinen Vortrag über internationale Automärkte und die gefährliche Wirkung der Währungskurse. „Wir brauchen dieses Werk." Schon wegen des schwachen Dollars, sagt er. „Beim jetzigen Wechselkurs können wir kein Auto aus europäischer Fertigung in Amerika mit Gewinn verkaufen", gibt Winterkorn zurück und schüttelt im Weggehen den Kopf über eine so dumme Journalistenfrage. 2011 soll es losgehen in Tennessee. Winterkorn will schon 2018 eine Million Autos der Marken VW und Audi auf dem US-Markt verkaufen. Dreimal so viel wie heute. Das geht leichter, wenn man ein eigenes Werk auf dem US-Markt hat. Die Amerikaner honorieren nach aller Erfahrung die Produktion in ihrem Land mit dem verstärkten Kauf der Autos. Daher investiert VW eine Milliarde Dollar in das neue US-Werk, das 62. des Konzerns insgesamt. Überkapazitäten? Die mag es woanders geben, aber nicht bei VW, sagen die Wolfsburger Manager.

Trotz dieser Zuversicht: Der Blick auf die Autoindustrie ist ernüchternd. Man könnte den Eindruck gewinnen, die Branche sei am Ende, sie ersticke an ihren überflüssigen

Fabriken. Wo soll die Zukunft einer Industrie liegen, die auf Schrumpfkurs ist, deren Absatz einbricht und in der gleich mehrere Anbieter am Rade der Pleite stehen. Überall auf der Welt werden Autofabriken geschlossen. Die Medien schreiben es, Professoren behaupten es: Die Autoindustrie steckt in einer Strukturkrise, sie sei eine Branche von gestern wie die Stahlindustrie oder die Textilbranche.

In den Kinderschuhen

Indes, die Gerüchte über den unmittelbar bevorstehenden Tod der Autoindustrie sind übertrieben. Sie sind sogar absurd.

Die Wahrheit ist, dass diese Industrie ihre Zukunft noch vor sich hat, ihre große Zeit noch kommt. Die Experten der internationalen Beratungsgesellschaft Booz & Company drücken das so aus: „Die Autoindustrie, die 100 Jahre alt ist, hat gerade die Kinderschuhe verlassen." Autohersteller, die bereit seien, neu über ihre Märkte und ihr Geschäft nachzudenken, könnten demnächst „von der größten Expansionswelle profitieren, die diese Industrie je erlebt hat". Es gibt heute auf der Welt etwa 800 bis 900 Millionen Autos. Die könnte man als den Beitrag der Autoindustrie zur Motorisierung der Welt in den ersten 100 Jahren ihrer Geschichte bezeichnen. Heute leben auf der Erde etwa 6,5 Milliarden Menschen, schon bald werden es acht Milliarden sein. Der größte Teil der Erdenbewohner wartet demnach noch auf sein erstes Fahrzeug. Das sorgt für bisher unbekannte Perspektiven. Die angeblich in der Krise steckende Autoindustrie kann in diesem Jahrhundert auf einen Absatz von 1,5 bis zwei Milliarden Autos hoffen. Das sind dreimal so viele Autos, wie heute auf den Straßen unterwegs sind. Wenn das keine Aussicht ist. Aber dieses Geschäft wird zum großen Teil nicht mehr mit Autos gemacht, die von Verbrennungsmotoren getrieben werden. Das würde die Atmosphäre nicht aushalten. Die Autos der Zukunft werden anders angetrieben sein als die bisher bekannten Fahrzeuge.

Wieso gibt es dann aber Überkapazitäten? Zu viele Fabriken gibt es nur in Ländern, in denen die Automärkte gesättigt sind und die Nachfrage nur noch wenig oder gar nicht mehr wächst. Das sind die Industrieländer Westeuropas, Nordamerikas und Japan. Es gehört zu den Absurditäten dieser Industrie, dass sie ihre Märkte und ihre Kunden nicht gut genug kennt, um sich rechtzeitig auf die Verstopfung der Märkte einzustellen. Dass die Industrieländer schon bald kein Wachstum mehr verzeichnen würden, das hätte den Managern eigentlich schon lange klar sein müssen. Sie planen systematisch falsch und haben deshalb weit mehr Fabriken gebaut, als nötig wären. Warum dieser Überschuss im Autobau praktisch die Regel ist, darüber rätseln die Experten. Ein Grund aber ist, dass sich die Verantwortlichen in den Konzernen für fähiger halten, als sie sind. Sie glauben, stets mehr Autos verkaufen zu können, als es der Markt zulässt.

Können und Wollen

Genaue Angaben gibt es nicht, aber Fachleute vermuten, dass die Autoindustrie der ganzen Welt mühelos 80 bis 90 Millionen Autos pro Jahr produzieren könnte. Das ist eine Zahl, die sie nicht einmal ansatzweise in ihren besten Jahren hätte verkaufen können. Die jährliche Nachfrage nach Fahrzeugen liegt heute weltweit bei etwa 50 Millionen Stück. Das war schon mal besser. Noch 2007 wurde sie 59 Millionen Einheiten los. Aber auch das war weit weniger, als die Fabriken hätten hergeben können. Trotzdem war die jüngste Vergangenheit eine Phase, in der mancher Manager glaubte, die Gesetze des Marktes seien inzwischen ausgehebelt. Abschwünge und Krisen seien überwunden. So etwas gebe es nicht mehr, jetzt beginne eine lange Phase des Aufschwungs. Allein Länder wie China, Russland oder Indien, deren sagenhaft schnell wachsender Autobedarf den Karren stets aus dem Dreck zog, wenn die wichtigen Märkte in Europa oder Amerika mal wieder nicht liefen, versprachen beste Geschäfte für Jahrzehnte.

Trotz dieser Länder der großen Hoffnung werden aber die Überschusskapazitäten nicht verschwinden. Es wird weiter gebaut. Experten rechnen vor, dass die Fabriken im Jahr 2013 weltweit schon etwa 113 Millionen Autos ausspucken könnten. Der Bedarf aber wird dann bei höchstens 100 Millionen Stück liegen. Das ist – gemessen an der heutigen Nachfrage – ein sensationell hoher Wert. Weil aber die Fabriken auch künftig schneller wachsen werden als der Bedarf, werden die Autokonzerne weiterhin in brutale Preiskämpfe verstrickt sein, die ihre Gewinne schmälern oder sie in die Verlustzone drücken. Die Möglichkeit, unter diesen Umständen finanzielle Reserven für schlechte Zeiten zu schaffen, wird weiter gering sein. Denn nichts ist teurer als eine neue Autofabrik, die mit modernsten Robotern und Anlagen ausgerüstet ist und leicht eine Milliarde Euro kostet, aber keine oder zu wenig Autos ausliefert. Der hohe Einsatz von Kapital in den hoch automatisierten Fabriken macht im Grunde eine 100-prozentige Auslastung nötig. Die ist aber nur theoretisch erreichbar und deshalb sind Autounternehmen in der Praxis ständig unter Druck.

Die Last der Überkapazitäten

Die Überkapazität und ihre Dauerhaftigkeit der Autoindustrie ist eines der größten Mysterien der internationalen Wirtschaft. In keiner Branche wird so viel über die überschüssigen Produktionsmöglichkeiten lamentiert wie beim Auto, abgesehen von der hoch subventionierten Landwirtschaft, die in Europa tiefe Milchseen und hohe Butterberge erzeugt. Nur mögen es die Automanager überhaupt nicht, wenn man mit ihnen über das Thema spricht. Sie gestehen zwar bereitwillig zu, dass es einen Überhang an Fertigungskapazitäten gibt. Aber selbstverständlich gäbe es die nur bei der Konkurrenz! Für das eigene Unternehmen gelte dieser Überfluss selbstverständlich nicht. Die in den eigenen Fabriken gerade nicht genützten Spielräume würden schon in kurzer Zeit gebraucht, behaupten sie. Für die neuen Modelle. Die

Nachfrage nach den eigenen Fahrzeugen nehme ja ständig zu. Dafür müsse man vorsorgen.

So sehen aber alle Hersteller auf ihre Fabriken, und schon hat die ganze Industrie ein dickes Problem. In der Autoindustrie zeigt sich wie in kaum einem anderen Wirtschaftszweig, dass die berühmte unsichtbare Hand des Marktes, die nach den Vorstellungen des Ur-Marktwirtschaftlers Adam Smith das Gleichgewicht von Angebot und Nachfrage auf elegante Weise herstellt, keineswegs funktioniert. Der Ausgleich von Angebot und Nachfrage kommt zwar irgendwann zustande. Aber er lässt lange auf sich warten und äußert sich abrupt in massiven Krisen und die Anpassung ist extrem schmerzhaft.

In der Autoindustrie wird stets groß gedacht. Das liegt nahe, in dieser Branche herrscht der Primat der Millionen. VW produziert über sechs Millionen Autos im Jahr, Toyota schaffte zuletzt neun Millionen. Das ist heute normales Maß für Weltkonzerne. Porsche mit weniger als 100 000 Autos im Jahr wird in der Branche nur wahrgenommen, weil diese Marke einen Mythos verkörpert. Wirtschaftlich ist sie unbedeutend. Der frühere Unternehmenschef Wendelin Wiedeking kokettierte sogar damit, indem er sagte: „Wir bauen Autos, die kein Mensch braucht." Wer in dieser extrem umkämpften Industrie mit ihrem harten Wettbewerb den Gewinn steigern will, muss wohl oder übel die Produktion ausweiten. Über Preissteigerungen ist die Profitabilität schon lange nicht mehr zu erhöhen. So erklärt sich die besondere Sklaverei der Economies of Scale in dieser Industrie. Je größer die Stückzahl, desto billiger lässt sich ein Auto herstellen. Folglich gibt es eine Neigung bei jedem Hersteller, die erwartete künftige Nachfrage in den Planungen betont hoch anzusetzen. Noch bis unmittelbar vor der jüngsten Wirtschaftskrise erwarteten alle Autohersteller der Welt den Zuwachs ihrer Produktion um fünf bis acht Prozent pro Jahr. Dabei waren die ersten Zeichen einer Abschwächung längst am Horizont zu erkennen. Doch solche Indizien für eine kommende Krise werden meist einfach ignoriert.

Daniel Goeudevert, der langjährige Vorstandsvorsitzende von Ford Deutschland und Markenchef von Volkswagen, schilderte in seinen Erinnerungen (*Wie ein Vogel im Aquarium*) wie Automanager denken, wenn sie Prognosen für die Marktaussichten eines neuen Automodells machen. Demnach tun die Planer so, als gebe es gar keine Konkurrenten. Das ist einigermaßen kurios, denn ihre wichtigste Aufgabe ist es doch, gerade die Konkurrenten aus dem Feld zu schlagen. Die Entwickler eines neuen Autos sowie die Marketingleute eines Autokonzerns sind selbstverständlich überzeugt, dass ihr neues Modell der Hit der Saison wird und alle Verkaufsrekorde schlagen wird. Dass die Konkurrenz sich etwas Ähnliches ausdenken könnte, oder gar etwas Besseres, kommt in ihren Köpfen scheinbar nicht vor. Goeudevert beschreibt diese unrealistische Planung daran, wie dem Vorstand in einem großen Autokonzern das Geld für ein neues Fahrzeugmodell aus dem Rippen geleiert wird.

Für ein neues Automodell müssen die Planer ihren Bossen zuvor Zahlen über die zukünftigen Aussichten des Neulings präsentieren. Sonst dürfen sie das Auto nicht entwickeln. Die tatsächlich vorliegenden Werte, so die Erfahrung des Praktikers Goeudevert, reichen meist aber nicht aus, um das Investitionsvolumen zu decken. Also werden die Marketingleute angewiesen, den zu erwartenden Absatz höher anzusetzen. „Dieses Zahlenspiel konnte ich in allen Unternehmen beobachten“, schreibt Goeudevert. Dann kommt das Problem: Sobald die Entwicklung begonnen wurde, schnellen in der Regel die Kosten nach oben, oft genug gehen sie in unerwartete Höhen. Also müssen die Marketingleute die Schätzungen noch einmal nach oben korrigieren und die in Aussicht gestellten Verkaufszahlen abermals höher ansetzen. Wenn eines Tages das neue Modell marktreif ist, stehen die Strategen vor der Aufgabe, die zunächst unrealistisch angenommenen Mengen tatsächlich in den Markt zu drücken. Die Anlagen verlangen nach kostengünstiger Auslastung. Das geht oft nur mithilfe von Kampfpreisen. In Wahrheit haben die wenigsten Autohersteller so begehrte Modelle, dass die Kunden sie ihnen aus den Händen reißen. Ein Blick auf den Automarkt führt schnell zu der Erkenntnis, dass sich die Modelle der einzelnen Hersteller in den jeweiligen Klassen nur marginal unterscheiden. Wer vorne liegen will und keine technischen Finessen bieten kann, die der Kunde bei der Konkurrenz bekommt, unterliegt dem gnadenlosen Preiskampf der Märkte. Autos sind zum größten Teil reine Massengüter, die gehandelt werden wie Rohstoffe, ganz allein nach Angebot und Nachfrage. Und wenn sich die Designer getäuscht haben und ein Modell auf den Markt brachten, das den Kunden nicht gefällt, ist die Not schnell groß, und zwar für lange Zeit. In der Autoindustrie ist es schwer, eine einmal getroffene Entscheidung für ein Automodell zu korrigieren. Dazu sind die Entwicklungskosten und die Ausgaben für die Maschinen zu ihrer Produktion zu hoch. Sie gehen für ein neues Modell leicht in den Bereich von einer Milliarde Euro. Die Korrektur einer Fehlentscheidung ist oft erst möglich, wenn nach drei bis vier Jahren die neue Serie überarbeitet und in Details modifiziert wird. Oft aber ist für die langen sieben oder acht Jahre, die ein Auto produziert wird, nichts mehr zu machen. Das macht Entscheidungen in der Autoindustrie so riskant.

Es gäbe eine Idee, die Fabriken besser zu nutzen, aber das würde ein komplettes Umdenken in der Autoindustrie nötig machen. Das aber ist auf lange Zeit nicht zu erwarten. Die Unternehmensberatung McKinsey propagiert die Idee, die Hersteller sollten ihre eigenen Fabriken aufgeben. Sie sollten nur noch Fertigungsanlagen von externen Anbietern nutzen, ohne sie selbst zu besitzen. Das spare Geld und Managementkraft. Auf Fabriken spezialisierte Unternehmen könnten viel besser die optimale Produktionstechnik entwickeln.

Aber dieser Vorschlag wird von den Autokonzernen als so absurd abgetan, als hätten die Berater vorgeschlagen, demnächst Autos ohne Räder oder Motoren zu verkaufen. Mit diesem Prinzip, das die Nutzung einer Fabrik durch mehrere Hersteller bedeuten könnte, ließe sich aber ein Teil des Problems lösen. Schon heute nutzen manche Konzerne die Fabriken anderer, um wenigstens einen Teil der Fertigung auszulagern. Porsche machte es so mit dem kleinen Sportwagen Boxster, der bisher zum Teil bei dem finnischen Unternehmen Valmet gebaut wird und der vermutlich in der nächsten Generation bei Karmann in Osnabrück gefertigt werden soll. Die Kunden erkennen nicht, ob ihr Flitzer in Zuffenhausen oder in Finnland vom Band lief. Es ist ihnen auch gleichgültig. Porsche konnte sich so den Bau eines teuren Werkes sparen, als die Nachfrage nach dem Roadster in die Höhe schnellte. Umgekehrt musste kein Porsche-Mitarbeiter entlassen werden, als der Bedarf erwartungsgemäß nach ein paar Jahren wieder zurückging. Ähnlich machen es auch große Marken, die sogenannte Nischenmodelle bei anderen Firmen bauen lassen. So laufen die Allradmodelle der Mercedes-Pkw bei Magna im österreichischen Graz vom Band. Dort wurden auch die Saab-Cabrioversionen gefertigt.

Die McKinsey-Strategen verweisen auf das Beispiel der Computerindustrie, in der das Prinzip der Lohnfertigung gang und gäbe ist. Den Kunden interessiere nicht, welche Firma seinen Laptop produziert hat. Lohnfertiger könnten die Fabriken aber besser auslasten, behaupten die Strategen der größten Beratungsgesellschaft der Welt. Sie könnten von mehreren Seiten Aufträge hereinholen. Aber die stolzen Automacher wollen nicht mitmachen. „Das ist für uns keine Lösung“, sagt ein hoher BMW-Mann. Automanager fühlen sich nicht wohl, wenn sie nicht die Herren der Fabriken sind. In dieser Industrie, so die Faustregel der Branche, wird das Geld in den Fabriken verdient, nicht beim Verkauf. Wer die günstigste Produktion hat, der gewinnt. Die Autobauer fürchten auch um ihre Kernkompetenz, wenn sie ihr Wissen zur rationellen Autofertigung anderen überlassen müssen. Bei BMW zum Beispiel ist der Chef der Produktion stets der angesehenste Mann im Vorstand und der natürliche Kandidat für den Chefposten. Bernd Pischetsrieder, Joachim Milberg und der heutige Unternehmenschef Norbert Reithofer waren für die Fabriken zuständig, bevor sie ins Chefbüro einzogen. Die Marktexperten oder die Verkäufer, also die Menschen, die wissen, was die Kunden wollen, haben in dieser Industrie einen weit weniger guten Ruf und im Grunde nichts zu sagen.

Regierungen drängen sich auf

Zu den großen Beförderern von Überkapazitäten in der Autoindustrie gehören ironischerweise Regierungen dieser Welt. Die sorgen einerseits mit kräftigen Zuschüssen dafür, dass in ihren Grenzen neue Autowerke gebaut werden, andererseits helfen sie wieder mit Steuergeld, wenn es darum geht, ein überflüssiges Werk dichtzumachen. Wenn es ums Auto geht, sind Regierungen meist zu allen Sündenfällen fähig. Nur zu einem sind sie meist nicht bereit – zur Verringerung von Überschusskapazitäten. Wie Regierungen ihre Aufgaben gründlich missverstehen, zeigte der Fall Opel in Europa. Die Regierung in Berlin, die vor einer Bundestagswahl stand und um Wählerstimmen fürchtete, war von Anfang an entschlossen, alle vier Werke von Opel in Deutschland zu retten. Sie stellte dafür 4,5 Milliarden Euro an Krediten zu Verfügung und verband diese Zusage mit einer Bedingung: Kein Werk dürfte in Deutschland geschlossen werden. Eine Forderung, die an Absurdität kaum zu übertreffen ist. Die Regierung will einem Unternehmen helfen, verhindert aber, dass überschüssige Fabriken dichtgemacht werden, die jeden Gewinn ausschließen. Die Logik der Deutschen: Sollen doch die Werke in England oder Belgien dichtgemacht werden. Kein Wunder. Sofort brach ein Riesenkonflikt mit den Regierungen in London und in Brüssel aus. „Die Deutschen wollen sich Arbeitsplätze kaufen", schimpfte die Wettbewerbskommissarin Neelie Kroes in Brüssel über die Sturheit der Deutschen, die mit Steuergeld die Rettung von Arbeitsplätzen auf Kosten anderer EU-Länder betrieben. Aber diese Kritik anderer EU-Länder und der Brüsseler Kommission prallte an der Regierung in Berlin ab.

Auch in Amerika hat die Regierung Autofabriken gerettet, die keine Zukunft haben. Aber US-Präsident Barack Obama ist an die Unterstützung der drei Großen von Detroit anders herangegangen. Von Washington gab es finanzielle Unterstützung nur, wenn Fabriken stillgelegt werden. Dennoch verhinderte er, dass eine noch stärkere Anpassung erzwungen wurde und eine größere Bereinigung stattfinden konnte. Streng genommen ist für den amerikanischen Markt ein Unternehmen wie Chrysler komplett überflüssig. Die zwei Millionen Autos, die das Unternehmen jährlich auf den Markt bringt, würden die amerikanischen Kunden kaum vermissen. Viele Fachleute sagen, es wäre besser gewesen, auch GM zugrunde gehen zu lassen. Die Autos des Riesen aus Detroit sind seit Jahrzehnten von minderer Qualität, und es wäre ein Wunder, wenn sich das unter der Staatseigentümerschaft ändern würde.

Aber Regierungen drängen Autokonzernen ihre Hilfe gerne auf. Sie laden sogar regelrecht dazu ein. Sollte ein Autokonzern darüber nachdenken, irgendwo in der Welt ein neues Werk zu bauen, so tut er gut daran, seine Absicht über die Medien zu veröffentlichen. Dann kann er warten, bis die Hilfsangebote von Regierungen der Nationen oder Bundesstaaten eintreffen, die sich Vorteile von einem neuen Autowerk versprechen. Die haben für Industrieansiedelung reiche Etats. Für Autokonzerne ist es inzwischen normal, dass Politiker ihnen den Bau eines Werkes belohnen, sie das Grundstück geschenkt bekommen oder von den Erschließungskosten befreit werden. Das ist die weltweit anrüchige, wenn auch gängige Praxis, auch im Zeitalter von Strukturkrise und Überflusskapazität. Keine Regierung hat bisher verraten, was sie einem Autokonzern für den Bau eines Werkes zahlte. Solche Zahlen werden gerne vernebelt und verschwiegen. Als der BMW-Konzern Anfang des Jahrhunderts ein neues Werk plante, startete er ein regelrechtes Preisausschreiben und richtete ein eigenes Büro ein, das die zahllosen Angebote der internationalen Interessenten bewertete. Dabei waren die Vorzeichen völlig verdreht. Nicht BMW bewarb sich in einer Stadt. Es war umgekehrt. Eine interessierte Stadt oder eine Region musste sich bei BMW erst einmal einen großen Fragebogen abholen. Dann prüfte BMW gnädig die Bauplätze in Deutschland, Frankreich und Tschechien und die Zuschüsse der Bewerber. Alle Regionen überboten sich, den angesehenen Arbeitgeber für sich zu gewinnen. Am Ende wurde es Leipzig. Welch schöner Zufall für BMW, dass sich das neue Werk so perfekt mit den anderen Fabriken in Deutschland ergänzte. Das erklärte BMW schnell zum Hauptgrund für die Wahl des ostdeutschen Standorts. Die Wege nach München, Dingolfing oder nach Regensburg seien angenehm kurz. Das macht den Austausch von Teilen und die Zusammenarbeit leicht. Das BMW-Management war hochzufrieden, man wurde den Eindruck nicht los, dass der Neubau immer im Inland geplant war.

Übrigens, die tschechische Stadt Kolin, die intensiv für BMW mitgeboten hatte, wurde kurze Zeit später mit einem Werk von Toyota, Citroën und Peugeot entschädigt. Natürlich auch gegen finanzielle Leistungen. Bei BMW indes gilt intern schon lange als sicher, dass der Bau der wahrscheinlich letzten Autofabrik in Deutschland ein Fehler war. Sie wurde in Zeiten geplant, als bei BMW von Krise noch keine Rede war. Fertig wurde die Fabrik im Jahr 2005 und nur drei Jahre später kam auch bei BMW die Kurzarbeit.

Die Märkte von morgen

In der großen Misere bleibt ein Trost für die Branche: Die Nachfrage nach Autos wird wieder steigen. Man muss nur einen Blick auf ein paar Rahmendaten werfen. Komischerweise scheinen die Chefs der westlichen Autokonzerne das nicht zu tun, nur so ist ihre Mutlosigkeit zu erklären, die ihren Grund darin hat, dass in Westeuropa und Nordamerika die Automärkte so verstopft sind wie die Straßen und es kaum noch Aussichten auf neue Wachstumsschübe gibt. In den klassischen Industrieländern, in denen etwa eine Milliarde Menschen leben, wird nur noch der Ersatzbedarf befriedigt. Für Wachstum ist kein Raum mehr. Nicht zuletzt, weil die Qualität der Autos ständig verbessert wurde und die Fahrzeuge heute problemlos zehn bis 15 Jahre gut funktionieren, bleibt für die Industrie in den entwickelten Regionen das Geschäft auf die Dauer flau. Aber woanders wird sich gewaltige Dynamik zeigen. Vor allem gilt das für Boomländer wie Brasilien, Russland, Indien und China, die sogenannten BRIC-Staaten. In diesen Regionen werden in Zukunft jährliche Wachstumsraten von 13 Prozent erwartet. In jenen Ländern werden in fünf Jahren schon 20 Millionen Fahrzeuge pro Jahr abgesetzt, fast das Doppelte des heutigen Absatzes in den USA. Der Nachholbedarf dieser Regionen ist riesig.

In Deutschland, das nach dem Krieg eine mehr als 60-jährige Phase der Wohlstandsentwicklung hat, kommen 535 Pkw und Nutzfahrzeuge auf 1 000 Einwohner. Statistisch hat jeder zweite Deutsche ein Auto. In Amerika kommen sogar 800 Autos auf 1 000 Bewohner. Die Aufrüstung einer Gesellschaft mit Autos folgt zunächst offenbar dem Wohlstand. Das belegt das Fürstentum Monaco, in dem sogar 835 Autos auf 1 000 Einwohner kommen. Nicht einmal steigender Wohlstand lässt hier noch Mehrabsatz erwarten.

Bis zum Jahr 2020, das behaupten Experten, werde der Automarkt der Entwicklungsländer genauso groß sein wie der in den heutigen Industrienationen. Schon 2008 hatte China die USA als den größten Automarkt der Welt abgelöst und unter Fachleuten gilt als sicher, dass es in den Schwellenländern in nächster Zukunft einen enormen Kaufkraftanstieg geben wird. Für die Automanager sind solche Aussichten wie ein Blick ins Paradies.

Der größte Hoffnungsträger der Automanager ist China, das fast so groß ist wie die anderen BRIC-Länder zusammen, und alle geraten ins Schwärmen, wenn sie von diesem Land sprechen. Das 1,3-Milliarden-Volk in Asien hat sich seit den wirtschaftspolitischen Reformen unter Deng Xiaoping in den 80er-Jahren vom harten Kommunismus zu einem streng geregelten Kapitalismus bekannt, der unter der Führung der Kommunistischen Partei im ersten Jahrzehnt des neuen Jahrtausends zum großen Sprung in die motorisierte Welt von morgen angesetzt hat. Die chinesische Wirtschaft ist in den zurückliegenden Jahren mit so atemberaubendem

Tempo gewachsen, dass es bereits ein Rückschlag war, als das Wachstum in der jetzigen Weltwirtschaftskrise kurzfristig offiziell unter zehn Prozent gefallen war. Im ersten Krisenjahr 2008 war China bereits der zweitgrößte Automarkt der Welt hinter den USA und weit vor Japan und Deutschland. Der chinesische Automarkt hat einen solchen Sog, dass er noch zunahm, als 2009 fast alle Automärkte der Welt zusammenklappten. „Das Marktpotenzial in China scheint unwiderstehlich zu sein für die internationale Autoindustrie", schwärmt in unnachahmlicher Prosa der BMW-Konzern in einer schriftlichen Analyse der Märkte von morgen. „Allein bis die weltweit durchschnittliche Motorisierung erreicht ist, können 160 Millionen Fahrzeuge verkauft werden", begeistert sich der Münchner Konzern, der selbst in China eine eigene Fertigung aufgezogen hat und dort gerade ein zweites Werk plant. Das Forschungsinstitut Global Insight sagt für das Riesenreich bis 2013 ein Wachstum auf dem Fahrzeugmarkt von jeweils mehr als acht Prozent voraus. Das sind für die gebeutelten Automanager regelrechte Traumwerte.

Alle großen Autohersteller der Welt von Volkswagen über Ford bis zu den Japanern haben sich mit eigenen Fabriken in China niedergelassen und hoffen, von einem langen Boom zu profitieren. Der VW-Konzern, der schon in den 80er-Jahren den großen Sprung nach China wagte, will bis 2011 in China vier Milliarden Euro investieren, gerade so, als gäbe es keine Krise. Das ursprünglich für 2018 angepeilte Ziel, den Absatz in China auf zwei Millionen Autos zu verdoppeln, will VW schon früher erreichen.

Allerdings ist die wirtschaftliche Entwicklung Chinas nicht ohne Risiken und es kann sein, dass sich manche große Hoffnung der Automanager auch wieder in Luft auflöst. Das politische System Chinas, das kurioserweise von einer starken kommunistischen Partei höchst autoritär sehr kapitalistisch geführt wird, ist nicht ohne Risiken. Die rasante Entwicklung des Riesenreiches hat die Partei mit gewaltigen Problemen konfrontiert. Stadt und Land entwickeln sich extrem unterschiedlich. Verarmenden Landregionen stehen stürmisch wachsende Städte gegenüber, die von Arbeit suchenden Ex-Bauern überflutet werden. China hat inzwischen 140 Städte mit mehr als einer Million Einwohner. Das Hyperwachstum der vergangenen Jahre konzentrierte sich auf vier der zwölf Regionen des Landes. Die Schere zwischen ökonomischer und sozialer Entwicklung klafft zunehmend auseinander. Das macht es für die Regierung extrem schwierig, die politische Lage im Lande stabil zu halten. Es kann politische Verwerfungen in dem Riesenreich geben, es kann im Superwachstumsland des Ostens auch eine echte Krise entstehen. Schon heute gibt es Anzeichen dafür, dass die wirtschaftliche Entwicklung des Milliardenvolkes auch durch konjunkturelle Einbrüche gestoppt oder gebremst werden kann. Auch im Wunderland China wird es kein ewiges Wachstum geben.

Die sozialen und politischen Gefahren, die in diesem Land lauern, ändern aber nichts daran, dass China für die Automanager das Land der Träume ist.

Wachsender Wohlstand in Russland

Der Deutschland geografisch nächstliegende Hoffnungsmarkt ist Russland, das sich nach dem Ende der Sowjetunion durch seine gewaltigen Vorräte an Erdgas und Öl in die Reihe der aufstrebenden Nationen vorgeschoben hat. Der schnell gewachsene Wohlstand des Landes mit seinen 142 Millionen Menschen ist auf den Straßen bereits zu besichtigen. Die Fahrzeuge, die in großen Städten wie Moskau oder St. Petersburg unterwegs sind, lösen beim westlichen Besucher schnell Schwindelgefühle aus. Nur selten sieht man so viele Luxusautos aus europäischer oder japanischer Produktion wie im neureichen Russland. Obwohl es bezogen auf die Einwohnerzahl das kleinste der BRIC-Länder ist, hat Russland die größte Autodichte in dieser Gruppe. Jeder fünfte Russe besitzt inzwischen ein Auto. Wollten die Russen ihr Motorisierungsniveau aber auf westeuropäische Höhe treiben, könnte die Autoindustrie 50 Millionen weitere Autos liefern. Das ist das, was derzeit auf der ganzen

Welt in einem Jahr verkauft wird. Solche Zahlen lassen Automanager ins Schwärmen kommen. Das internationale Forschungsinstitut Global Insight erwartet auf dem russischen Automarkt bis 2013 Wachstumsraten von 6,5 Prozent jährlich. Das Schöne ist dabei für die etablierten Hersteller, dass die Russen gerne die teuren Marken aus Deutschland und Japan kaufen, nicht zuletzt, um ihren Reichtum zu zeigen. Porsche, Daimler, Mercedes oder Audi müssen die Autos nicht einmal verändern, um den Geschmack der Russen zu treffen, der dem der Europäer nahekommt.

Bleibt die große Frage, ob der weite russische Markt den geplagten Opelanern beim Verkauf an Magna hätte helfen können. Da sind die meisten Experten wenig optimistisch. Der Grund ist, dass die russischen Autokäufer in erster Linie nach Luxus-und Prestigefahrzeugen suchen. Die hat Opel aber nicht im Programm. Das größte Opel-Fahrzeug ist der Insignia, der zwar luxuriösen Komfort bietet, aber kein Imageträger ist wie ein BMW, ein Mercedes oder ein Lexus. Zum anderen hätte die Gefahr bestanden, dass Opel im unteren Segment, also bei den Corsas, Merivas oder Astras, von der eigenen Muttergesellschaft General Motors attackiert worden wäre. Die hat Kleinwagen unter der Marke Chevrolet selbst im Programm und im russischen Königsberg sowie in St. Petersburg eigene Fabriken. GM hätte den gewaltigen Markt Russlands der ungeliebten deutschen Tochter Opel nicht ohne Weiteres überlassen.

Aufstrebender Subkontinent

Der zweite große asiatische Hoffnungsmarkt, Indien, gibt sich noch zurückhaltend. Aber die Automanager, die längst von den Geschäften mit China süchtig sind, suchen bereits nach dem nächsten Supermarkt der Welt für ihre Produkte und nach einem Ausgleich für die verstopften Märkte zu Hause. Schon heute verspricht der aufstrebende Subkontinent mit etwa einer Milliarde Menschen die größten Wachstumsraten der Industrie. Bis 2013 wird die Nachfrage nach

Autos jedes Jahr um etwa 15 Prozent wachsen, schätzen Experten.

Die Regierung selbst hat die stürmische Bewegung eingeleitet, als sie Anfang der 90er-Jahre die Wirtschaft des Landes weitgehend für ausländische Investoren öffnete. Indien, das vom Westen traditionell als Märchenland oder als Armenhaus Asiens betrachtet wird, macht sich inzwischen daran, zum Wirtschaftswunderland zu werden. Das Sozialprodukt pro Kopf wird sich nach Schätzungen der Deutschen Bank bis zum Jahr 2020 auf etwa 5 000 Dollar zubewegen. Indien hat sich – kaum beachtet – längst in die Gruppe der zehn größten Industrienationen der Welt geschoben. Schon in einem Jahrzehnt könnte Indien nach den USA und China zur drittgrößten Industrienation der Welt aufgestiegen sein. In manchen Industriezweigen wie der Pharmabranche oder der Informationstechnologie haben die Inder längst den Anschluss an die Welt gefunden. Viele internationale Konzerne sind in dem Subkontinent vertreten oder lassen dort ihre Datenverarbeitung erledigen.

Aber noch muss in dem großen Land ein Drittel der Bevölkerung von weniger als einem Dollar am Tag leben. Noch sind 40 Prozent der Menschen des Schreibens und des Lesens nicht kundig. Aber es bildet sich nach knapp 20 Jahren der wirtschaftlichen Öffnung inzwischen langsam eine Schicht von jungen gut verdienenden Konsumenten heraus, für die ein Handy von Nokia ebenso selbstverständlich ist wie eine Handtasche von Benetton, Zigaretten von Benson & Hedges, Turnschuhe von Rebok oder Kleidung von Lacoste. Im klassischen Land der Teetrinker tauchen inzwischen Kaffeebars nach nordamerikanischem Vorbild auf, in denen indische Yuppies ihren überteuerten Latte macchiato genießen. Die Economist Intelligence Unit erwartet, dass in den nächsten sechs Jahren etwa 550 Millionen Inder in die Mittelklasse aufsteigen werden, auch wenn diese Zahl im Westen als kaum realistisch erscheint. Das würde bedeuten, dass in wenigen Jahren die halbe Bevölkerung Indiens zu der Klasse mit mittleren Einkommen gehören würde. Trotz eines kaum funktionierenden Straßennetzes erwarten die Ökonomen, dass es in Indien demnächst einen gewaltigen Bedarf an Autos geben wird. In 15 Jahren, das behaupten Fachleute, wird Indien einer der größten Automärkte der Welt sein, der zudem eine gewaltige Zulieferindustrie im Schlepptau hat. Schon heute sind in Indien günstige Kleinwagen der große Renner, auch in der weltweiten Rezession. Die Motorisierung hat begonnen, die erst einmal auf zwei Rädern stattfindet. Derzeit werden in Indien nach Schätzungen des Duisburger Forschungsinstituts CAR jedes Jahr 6,5 Millionen motorisierte Zweiräder verkauft und 1,3 Millionen Pkw. Das gilt als Anlass zu größten Hoffnungen. Denn eines Tages werden bei wachsendem Wohlstand die Motorräder und Mopeds in Autos umgetauscht. Die Menschen wollen auch im indischen Straßenverkehr ein Dach über dem Kopf haben. Im Juli 2009 nahm der 59-jährige Zollbeamte Ashok Raghunath Vichare als erster Käufer den Schlüssel für seinen neuen Tata Nano in Empfang. Er zeigte sich sehr glücklich über das Auto, das bei der Mobilisierung des Subkontinents eine große Rolle spielen wird. Schon jetzt kommt der Hersteller Tata mit der Produktion des simplen Kleinwagens nicht nach, der ohne Steuern nur etwa 1 500 Euro kostet und der den westlichen Autoherstellern demonstrieren wird, dass auch ein einfaches Fahrzeug ohne jedes Extra einen Markt haben kann. Es klingt wie eine Drohung. Aber der Nano, der ein echter Fünfsitzer ist, wenn auch vielleicht ein enger, soll mit seinem sparsamen 33-PS-Motor, der wie beim alten VW Käfer aus der Nachkriegszeit im Heck des Autos sitzt, im Jahr 2011 auch in Europa auf den Markt kommen.

Und schon haben die Automanager die nächste Gruppe von Ländern im Blick, die langfristig gute Aussichten versprechen. Auch in relativ wohlhabenden Ländern wie Malaysia, Argentinien, Mexiko, der Türkei, Thailand, Iran und Indonesien denken Millionen von Familien über den Kauf des ersten Autos nach. Noch sieht es nicht so aus, als seien die etablierten Autobauer von General Motors bis Volkswagen in der Lage, die Chancen zu nutzen, die der Weltautomarkt ihnen bietet. Denn bisher haben sich die großen Konzerne der Welt darauf beschränkt, die Autos, die in den Industrieländern gut verkauft werden, auch in die Märkte der Dritten Welt zu liefern, notfalls mit ein paar kleinen Anpassungen oder ein paar Vereinfachungen, um die Preise für die Märkte in den armen Ländern zu senken. Das war das Rezept der ersten 100 Jahre in der Autogeschichte. Etwa 80 Prozent der weltweit verkauften Autos stammen aus Nordamerika, Westeuropa oder Japan. Doch dieses Rezept, die großen Abnehmerländer der Dritten Welt als die dankbaren Abnehmer für veraltete Technik zu sehen, die in den Industrieländern keinen Absatz mehr findet, hat keine Zukunft. Die internationalen Märkte verändern sich und zunehmend zeichnen sich Unterschiede ab auf den ausländischen Absatzfeldern. Zukunftsforscher haben große Bedenken, ob die etablierten Autokonzerne an dem gewaltigen Wachstum auf den Automärkten werden teilnehmen können, wenn sie weitermachen wie bisher. Wahrscheinlich ist, dass sie sich umstellen müssen und stark auf die wandelnden Bedürfnisse in den Schwellenländern eingehen müssen. Die Autos für diese Regionen müssen simpel sein, aber zuverlässig. Sie müssen einfach zu reparieren sein und trotzdem modernen Abgasnormen entsprechen. Und sie müssen bezahlbar sein. Das wird die größte Hürde für Unternehmen wie VW oder Toyota, wenn die auf Märkte stoßen, in denen die Einkommen deutlich geringer sind als in den Industrieländern. „Die gegenwärtigen Geschäftsmodelle der Autoindustrie sind keineswegs geeignet, um diese Märkte zu erobern", sagen die Berater von Booz & Company und sie deuten damit an, dass die etablierten Autohersteller auf die große Herausforderung der Wachstumsmärkte von morgen nur mangelhaft vorbereitet sind.

Ein Markt mit Aussichten

Die Hersteller müssen sich in Zukunft mehr Mühe geben, die neuen Märkte zu verstehen. Schon heute stehen die etablierten Autobauer fassungslos vor den sogenannten Billigautos, wie sie in Indien vom Tata-Konzern angeboten werden. Ein Auto für umgerechnet nur 1 500 Euro oder weniger können sich europäische Hersteller nicht vorstellen. Sie rümpften bisher die Nase darüber. Solche Kisten seien nicht sicher und hätten keinen Komfort, sagen sie. Aber diese Sicht wird sich ändern müssen. Denn für Inder, die es bisher gewohnt sind, mit der ganzen Familie auf einem Moped unterwegs zu sein, ist ein sogenanntes Billigauto ohne Airbag und elektronische Bremskontrollen immer noch sicherer als das alte Zweirad. Aus diesem Grund hat sich Volkswagen Ende 2009 mit 20 Prozent an dem japanischen Autohersteller Suzuki beteiligt, der sich auf das Geschäft im Billig- und Kleinwagensegment versteht, der auf dem asiatischen Markt gut etabliert ist und in Indien eine starke Position hält. Damit will der VW-Konzern schaffen, was er bisher nicht hinbekommen hat, weil die Wolfsburger Ingenieure immer nur an Spitzentechnik in Autos denken, die ihre Modelle besser machen als die der Konkurrenz, aber in ihrem Ehrgeiz schnell die Kosten aus den Augen verlieren. Dass indische Familienväter weniger für ein Auto ausgeben können als europäische, hat sich bis Wolfsburg noch nicht recht herumgesprochen.

Allerdings befassen sich einige große Konkurrenten bereits intensiv mit Autos für die Kunden mit kleinem Geldbeutel. Sie wollen auch in diesem schwierigen Feld erfolgreich sein. Dazu gehört der GM-Konzern, der unter der Marke Chevrolet in Korea günstige Kleinwagen baut. Toyota ist mit dem Auris im Discount-Markt unterwegs, aber auch Renault ist sehr aktiv: Die rumänische Tochtergesellschaft Dacia liefert seit Jahren den Logan in Industrie- und Schwellenländer. Alle haben ein internationales Vertriebsnetz und Chancen, erfolgreich zu sein. Die Prognosen sind vielversprechend. Der Autozulieferer Bosch, der wesentliche Teile für die Einfachautos liefert, rechnet damit, dass 2014 weltweit schon zwölf Millionen der sogenannten Billigautos verkauft werden, die zwischen 3 000 und 8 000 Euro kosten.

Da wird die stolze Autobranche gewaltig umdenken müssen, denn bisher haben sich viele etablierte Hersteller mit diesem Zukunftssegment kaum beschäftigt. VW hätte es ähnlich machen können wie Renault. Die Wolfsburger hatten sich schon gleich nach dem Ende des Ostblocks den tschechischen Anbieter Škoda gesichert. Aber statt Škoda konsequent zur Niedrigpreis- und Einfachmarke für Osteuropa oder sogar für Asien zu machen, haben die VW-Strategen beschlossen, diese Neuerwerbung technisch aufzuwerten und zu einer ebenfalls anspruchsvollen Marke zu machen.

KAPITEL 4

Stärker, größer, schneller

VW hält Hof. Bescheidenheit ist nicht die Stärke des Wolfsburger Konzerns, auch nicht in der Krise. Es ist der Abend vor dem Beginn der Internationalen Automobilausstellung von Frankfurt im September 2009. Ein paar Hundert Journalisten warten in der Jahrhunderthalle auf die neuesten Großleistungen des Wolfsburger Konzerns. Sie werden nicht enttäuscht. Sie bekommen wahrhaft Großes zu sehen: große Autos mit großen Motoren. Franz-Josef Paefgen hat heute gleich einen doppelten Auftritt. Der Bentley-Chef bahnt sich im blauen chauffeurgesteuerten Mulsanne vorsichtig den Weg durch die Menge. In der Mitte der Halle entsteigt er hinten rechts der rollenden Sänfte, die ungefähr 250 000 Euro kostet. Sogleich beginnt der Manager zu schwärmen. Das Juwel aus England habe einen V-Acht-Motor mit sechsdreiviertel Liter Hubraum. Wie er meint, genau das Richtige für die heutige Zeit. „Der Reichtum in der Welt nimmt zu“, doziert Paefgen und fügt arglos an: „Ungewöhnliche Menschen brauchen ungewöhnliche Autos.“ Wahrscheinlich merkt der Mann nicht einmal, wie merkwürdig dieser Satz gerade jetzt wirkt, wenn im ganzen Land die Sorge vor der Arbeitslosigkeit wächst und die zunehmende Armut um sich greift. Was der Mulsanne verbraucht, verrät Paefgen nicht. Nur, dass er „um ein Viertel sparsamer ist als der Vorgänger“. Beruhigend.

Der hochgewachsene Mann mit dem streng zurückgekämmten Haar ist auch Boss einer zweiten Luxusmarke von VW. Also darf er gleich auch noch den neuen Bugatti Sang bleu in die Halle steuern. Der rheinisch gefärbte Tonfall des gebürtigen Neussers wird bei der Präsentation dieses Zweisitzers zur Hymne: „Viel Leistung, viel Luxus, viel Fahrfreude“, verspricht Paefgen. Damit kein Zweifel aufkommt, dass dieses Sondermodell mit über 1 000 PS und einem Preis von 1,9 Millionen Euro sehr wohl einen Markt hat, teilt er sicherheitshalber mit: „Der Wagen ist übrigens verkauft." Beifall brandet auf, das Auto aus Aluminium und Kohlefasern stößt bei den versammelten Motorjournalisten auf Begeisterung. Auftritt Rupert Stadler. Der junge Audi-Chef, der immer zu lächeln scheint, lenkt ein knallrotes Geschoss aus Ingolstadt ins Zentrum der Halle: ein R8 Cabrio. „Braucht man hier viele Worte?", fragt er das Publikum, nachdem er federnd dem kantigen Roadster entstiegen ist. „Wohl nicht", gibt er selbst zu Antwort. „Lassen Sie die Augen einfach über die Linien gleiten." 525 PS, zehn Zylinder, Beschleunigung auf 100 Kilometer in 4,1 Sekunden. Spitze 313 Kilometer pro Stunde. Aluminium Space Frame, ein Supersoundsystem von Bang & Olufsen. „Premium durch und durch." Stadler ist sehr stolz.

Wummermusik, ein Lamborghini, auch diese Marke gehört zu VW, rollt mit betäubendem Lärm in die Halle. Silbergrau und sehr kantig. Am Steuer Lambo-Chef Stefan Winkelmann, der mit seiner Mähne als italienischer Dressman durchgehen könnte. Unter der Kuppel wird er von zwei sehr schlanken Ladys empfangen, die noch aus der Zeit zu stammen scheinen, als die Welt noch keine Frauenbewegung kannte und die Autos mit Testosteron bewegt wurden. Die Models mit den knappen Kleidchen machen aus der Mehr-als-500-PS-Flunder ein Zuhälterauto. Winkelmann dagegen hält es für „ein mobiles Kunstwerk". Spitze 330, in nur 3,4 Sekunden sei der Reventon Roadster auf 100 Kilometer. Preis 1,1 Millionen Euro. Dann prägt der Lambo-Mann den Zynismus des Abends: „Lamborghini will gerade in der Krise die Autos bauen, die träumen lassen."

Da wirkt es wenig überzeugend, wenn am Schluss der Veranstaltung Ulrich Hackenberg, der Chef der VW-Entwicklung, seinen Auftritt bekommt. Der darf geräuschlos einen kleinen elektrisch betriebenen E-Up in die Halle chauffieren. Nach dem Glanz der gerade gezeigten Prachtmodelle vermittelt der leuchtend gelbe Kleinwagen einen Hauch von Armut. Ist das die Mobilität von morgen? Hackenberg, ein Mann, der stets ein wenig missgelaunt wirkt und dem jede Art von Schönfärberei zuwider ist, macht sich erst gar nicht die Mühe, das neue E-Auto zu loben. Bis das Ding fertig sei, müsse man „noch einen Marathonlauf" absolvieren. Das Elektroauto sei noch in weiter Ferne. „Da werden noch technische Fragen auftauchen, die wir noch gar nicht kennen." Das klingt nach schweißtreibender Arbeit, nicht nach Begeisterung für ein sinnvolles Zukunftsprojekt.

Man möchte es kaum glauben. Die Branche steckt in einer tiefen Krise, sie steht unter Druck, weil sie Autos baut, die zu viel Sprit verbrauchen und im Übermaß das schädliche Klimagas Kohlendioxid ausstoßen. Die Autochefs versuchen in Reden oder Interviews, den Eindruck zu erwecken, sie hätten die Botschaft der Kunden verstanden, die PS-Aufrüstung würde beendet, sie suchten jetzt nach umweltfreundlichen Antrieben. Und dann liefert Europas größter Autokonzern eine Vorführung ab, die den Eindruck macht, als herrsche noch immer der Geist der 60er-Jahre, in denen die Autowelt nach Öl und Reifen roch und in denen das verchromte Statussymbol auf vier Rädern mehr Bewunderung auslöste als Kritik. Martin Winterkorn, der VW-Chef und begeisterte Autoentwickler, weist gleich nach der Präsentation jede Kritik an der Schau als Nörgelei von Spielverderbern ab: „Es macht aber doch Spaß."

Da hat der VW-Chef recht, die Begeisterung der Motorjournalisten in der Halle war deutlich. Aber muss nicht gerade er jetzt neue Akzente setzen? Sollte Winterkorn nicht demonstrieren, dass sein Konzern die Zukunft auf seiner Seite hat, dass er ganz andere Autos vorbereitet, von denen die Menschheit bisher nur träumt, nämlich Fahrzeuge, die das Kohlendioxid-Problem lösen helfen und trotzdem mit Spaß zu fahren sind. VW lässt die Chance verstreichen, ein starkes Signal zu setzen. Auch BMW leistet sich bei der IAA eine merkwürdige Präsentation, die mehr über das Denken in München verrät, als den BMW-Managern lieb sein mag. In der Pause einer Diskussionsveranstaltung auf dem

Messestand der Münchner enthüllt Klaus Draeger, der Entwicklungschef des Hauses, voller Stolz ein neues Auto, das die Fachleute eine Konzeptstudie nennen. Es ist mehr ein Blick in die Ideenwerkstatt des Hauses als auf die Modelle, die demnächst vom Band laufen werden. Die Zuhörer erwarten passend zum Diskussionsthema „Mobilität der Zukunft" die Enthüllung eines modernen, leichten und sparsamen City-Flitzers oder vielleicht eines Solarautos. Sie erwarten etwas Neues. Was unter dem weißen Seidentuch zum Vorschein kommt, trägt verheißungsvoll den Namen „Vision". Doch der Blick in die Zukunft misslingt. Die weiß-blauen Herren demonstrieren, dass sie nicht über ihren Schatten springen wollen. Der Neuling mit vier Sitzen hat 356 PS, er kann 250 Kilometer schnell rasen und schafft die Beschleunigung von null auf 100 in nur 4,8 Sekunden. Die BMW-Chefs sind ganz stolz, dass dieser Sportwagen mit Hybrid-Antrieb nur 3,8 Liter Diesel braucht. Das also gilt in München als ökologischer Fortschritt. Der Zuschauer wird den Eindruck nicht los, dass die BMW-Entwickler ihr Gehirnschmalz für sinnvollere Ideen verwenden könnten als für ein so überflüssiges Nischengefährt.

Besserung gelobt und nichts geändert

Die Autoindustrie lernt nicht. Noch immer präsentiert sie lieber ihre PS-Monster als die umweltschonenden Vehikel der Vernunft. Dabei hatte die Branche reichlich Zeit, sich auf den Bedarf von morgen vorzubereiten. Schon 1973 war die erste große Energiekrise über die Welt hinweggegangen, die die Botschaft verbreitete, dass der Sprit endlich ist und teuer wird. Fernsehbilder von leeren Autobahnen demonstrierten, dass Autofahren längst nicht so selbstverständlich war, wie die Bürger glaubten. 1979 folgte die nächste Ölverknappung der OPEC. Die machten noch einmal klar, dass sie nicht mehr bereit sind, ihren kostbaren Rohstoff Erdöl auf Dauer für Pfennigbeträge zu verschleudern. Schon 1972 hatte der Club of Rome in einer aufrüttelnden Analyse der globalen

Wirtschaftsentwicklung auf *Die Grenzen des Wachstums* hingewiesen und die These vertreten, Bevölkerungsentwicklung und begrenzte Rohstoffe seien eine Gefahr für das weltwirtschaftliche Wachstum. Auch dieser Bericht hatte eine Schockwelle rund um die Welt geschickt.

Die Manager versprachen Besserung. „Wir machen uns große Gedanken", sagte damals der BMW-Chef Eberhard von Kuenheim.

Daraus wurde nicht viel und gerade die Marke BMW gehörte zu den Schrittmachern einer Bewegung, die in die falsche Richtung führte. Die Autos wurden in den drei Jahrzehnten nach der Ölkrise zwar immer besser, sie verbrauchten weniger Benzin im Vergleich zu ihrer gewachsenen Leistung. Aber zum Ausgleich wurden die Fahrzeuge immer schwerer und größer. Der Spareffekt wurde durch mehr PS und Gewicht wieder ausgehebelt.

Die Ingenieure haben sagenhafte Arbeit geleistet. Sie haben die Verbrennungsmotoren in den letzten 30 Jahren so verbessert, dass bei gleicher Leistung der durchschnittliche Spritverbrauch von Pkw im Vergleich zu 1980 inzwischen um 70 Prozent zurückgegangen ist. Ein sensationeller Erfolg. Aber in der Praxis haben sie ihren Fortschritt falsch genutzt. Ein Blick auf die Straßen genügt, um diese Fehlentwicklung zu sehen. Der Opel Astra, einst ein Kleinwagen, ist bei der Modellerneuerung von 2006 auf rätselhafte Weise plötzlich um 15 Zentimeter gegenüber dem Vorgängermodell gewachsen. „Der Corsa ist zum kleinen Astra gereift", schrieb seinerzeit *Auto Bild* über das Wachstum des Kleinen. Bei VW ist der Polo, der mal das kleinste Angebot der Wolfsburger war, inzwischen vom großen Bruder Golf kaum noch zu unterscheiden. Der heutige Polo ist längst größer und schwerer als der erste Golf aus dem Jahr 1974. Nach einer Studie des VDI von 2008 hat sich das Gewicht eines durchschnittlichen Familienautos in den vergangenen 15 Jahren um 30 Prozent erhöht.

Der Golf von 1974 wog etwa 800 Kilogramm. Das heutige Modell Golf IV wiegt 1,2 Tonnen. Bei den anderen Marken gibt es ein ähnliches Wachstum der Modelle. Die S-Klasse von Mercedes, die 1972 noch mit 1,7 Tonnen zurechtkam, wiegt heute 30 Prozent mehr. Ein merkwürdiger Fortschritt, wenn man bedenkt, dass es inzwischen mit Kunststoffen und Aluminium viel leichtere Materialien im Autobau gibt als vor 30 Jahren.

Aber die Autohersteller haben den Ehrgeiz, ihre Autos mit allen Extras vollzupacken, die das Herz des potenziellen Kunden erfreuen könnten. Die Elektronik, von der man annehmen sollte, dass sie die Autos leichter macht, sorgt ironischerweise für mehr Gewicht. Heute sind Bremshilfen wie ASP, ESP oder Gurtraffer unentbehrliche Sicherheitselemente im Auto. Allradantrieb, Klimaanlagen und jede Menge Elektromotoren in Sitzen oder Außenspiegeln sorgen für Zusatzgewicht. Die Nachteile dieser Aufrüstung liegen aber auch auf der Hand. Als Faustregel gilt, dass ein um 100 Kilogramm schwerer gewordenes Auto den Spritverbrauch um einen halben Liter auf 100 Kilometer erhöht. Den gewaltigen technischen Fortschritt, den die Ingenieure bei den Motoren und Karosserien erzeugten, haben sie auch als Spielraum für Mätzchen genutzt.

Es gab auch gelegentlich Sparautos zu sehen. Zum Beispiel wurde auf der IAA 1999 eine richtige grüne Welle ausgerufen. Damals wurde von VW der Drei-Liter-Lupo vorgestellt. Das Kleinstauto wurde von den Wolfsburgern aber so teuer auf den Markt gebracht, dass er kein Verkaufserfolg wurde. VW präsentierte damals auch einen Öko-Golf. Das Auto kam später über das Erprobungsstadium nicht hinaus. Ein Ford Ecostar wurde präsentiert, ein Eco-Renault. Doch das auf die Kleinwagen geklebte Öko-Etikett war vor allem für die Medien bestimmt. Am liebsten kümmerten sie sich um ihre großen Autos. So auch auf der angeblich grünen IAA von 1999, auf der der Mercedes-Chef Werner Niefer („Wo wir sind, muss oben sein“) seinerzeit die Vorzüge der neuen S-Klasse präsentierte. Die hatte damals die Öffentlichkeit zuvor massiv erregt. Die ungeschlachte Luxuslimousine der Stuttgarter war in den Abmessungen so groß geraten, dass sie im Straßenverkehr wie ein Panzer wirkte und nicht einmal in eine normale Garage passte.

Immerhin versprach damals BMW, wohl als Reaktion auf die Wolfsburger, ebenfalls ein Dreiliterauto zu bringen. „Nach der Jahrtausendwende werden wir ebenfalls ein solches Auto im Angebot haben", tönten die Münchner damals. Das Versprechen haben sie bis heute nicht gehalten. Mercedes hatte ein Dreiliterauto, nach den Worten von Markenchef Niefer, schon viel früher versprochen, „für 1997, spätestens 1998". Es ist bei Mercedes noch immer nicht zu haben. Nicht einmal der Daimler-Kleinwagen Smart schafft diesen Traumwert.

Technologieführer Japan

Die Geschichte der Autoindustrie ist gespickt mit gebrochenen Versprechen und so kam es, dass die Branche im Herbst 2005 wieder kalt erwischt wurde. „Die deutsche Autoindustrie setzt mit ihrem technologischen Vorsprung Maßstäbe", hatte der damalige Chef des Verbandes der Automobilindustrie, Bernd Gottschalk, für die Frankfurter Autoschau des Jahres noch versprochen. Es wurde die bislang ungemütlichste Messe für die Deutschen. Sie standen da wie Ignoranten, die alle Zeichen der Zeit übersehen haben. Die Japaner hatten sie regelrecht vorgeführt. Während VW einen Golf R32 mit 3,2 Liter Hubraum und über 200 PS vorstellte, Audi mit dem Geländewagen Q7 aufkreuzte und Mercedes seine für den US-Markt gedachte monströse R-Klasse präsentierte, machten die Japaner Schlagzeilen mit Hybrid-Antrieben. Womit bitte? Hybrid? Die Zeitungen waren voller Jubelgeschichten über diese Kombination von Elektroantrieb und Verbrennungsmotor, die den Spritverbrauch drastisch senkt. Die deutschen Autohersteller reagierten beleidigt. Sie hatten nichts Vergleichbares zu bieten. Besserwisserisch behaupteten sie, mit deutschen Dieselmotoren seien viel bessere Abgaswerte zu erreichen als mit dieser merkwürdigen japanischen Technik, die nichts weiter sei als ein Marketing-Gag.

Das Ergebnis war für die Deutschen fatal. Es wurde klar, dass sie blind auf die Verbesserung ihrer Motoren achteten und alles aus dem Auge verloren, was sich an anderen Möglichkeiten ergab, den Spritverbrauch und den Kohlendioxid-Ausstoß ihre Fahrzeuge zu verringern. Während die Deutschen immer mehr PS aus ihren Aggregaten herauskitzelten, hatten die Japaner mit einem neuen Antriebsprinzip die Aufmerksamkeit auf sich gezogen. Sie galten jetzt als die Technologieführer. Die Deutschen wirkten wie Schlafmützen, die wesentliche Trends der Autoentwicklung übersehen hatten. Das Image der deutschen Autobauer, die sich für die besten der Welt halten, hatte ordentlich Kratzer bekommen.

Dass die deutsche Autoindustrie noch immer nicht gelernt hat, ihre technischen Fähigkeiten in führende ökologische Produkte umzusetzen, bewies sie auf der IAA 2009, genau 36 Jahre nach der ersten Ölkrise. Zum neuesten Symbol für die Kraftprotzerei der Branche wurde der neue Flügeltürer, der den Mercedes-Stand beherrschte. Das Foto des roten Flitzers zierte fast alle Titelblätter der Automagazine. Der Zweisitzer bietet dem Käufer, der 200 000 Euro bezahlen kann, einen 6,3-Liter-Motor mit 570 PS, ein echtes Rennauto. Er sollte an den Ur-SL von 1957 erinnern. In Wahrheit stellte er zur Schau, dass in der Autoindustrie viele noch immer denken wie vor 50 Jahren.

Für diese fragwürdige Entwicklung haben die Ingenieure zwei Standardantworten. Die erste ist: Der Kunde will es so. Die Autoindustrie könne nur anbieten, was bei den Käufern auf Interesse stoße.

Zum Zweiten sagen sie, die gesetzlichen Forderungen an die Sicherheit von Passagieren und Fußgängern sorgten in den Autos automatisch für erhöhtes Gewicht. Die erste Antwort kann nicht gelten. Die Autokäufer kaufen, was die Industrie ihnen bietet, vor allem wenn sie mit massiver Werbung zum Kauf angeregt werden. Die zweite Antwort ist nur zum Teil richtig. Der Schutz der Fußgänger ist zwar ein Anliegen der Politiker, das die Autos teurer macht. Aber dieser zusätzliche Aufwand kann das rätselhafte Wachstum der Karosserien nicht ganz erklären. Die Gewichtszunahme hat im Wesentlichen damit zu tun, dass die Autohersteller mit den zusätzlich eingebauten kleinen Spielzeugen einen wesentlichen Teil ihrer Gewinne machen. Verantwortliche Automanager geben in privatem Gespräch gern zu, dass sie mit Absicht die Basisversionen der Fahrzeuge besonders karg ausstatten, um den Bedarf nach Sonderausstattungen zu fördern. Der Mini, so sagt ein ehemaliger BMW-Manager, sei in seiner Einfachversion so nüchtern ausgestattet, „dass er praktisch nach Zusatzausstattung schreit“. Die langen Listen für die Sonderausstattungen aller Autohersteller verstärkten den Eindruck, dass dieses Geschäft extrem attraktiv ist.

Das lineare Denken

Autos sind Spielzeuge. Aber nicht nur für die Käufer, auch für die Ingenieure, die sie entwerfen. Die großen deutschen Autounternehmen VW, Daimler und BMW werden von Ingenieuren geführt. Und die haben ein besonderes Interesse am Innenleben der Fahrzeuge. Das gilt es ständig zu verbessern. Das haben sie so gelernt. Warum sollten sie nicht besser machen, was ohnehin schon weit entwickelt ist. Deutsche Motorentechnik ist berühmt. Das zu erhalten ist ein naheliegendes Anliegen. Doch Kritiker der Autoindustrie sehen im PS-, Geschwindigkeits- und Komfortehrgeiz der Autokonzerne die typische Folge von linearem Denken. Die Autoingenieure seien zu wenig in der Lage, neue Wege zu gehen und aus den alten Denkmustern auszubrechen. Stattdessen denken sie sich immer nur die Verbesserung des Bestehenden aus.

Die Ingenieure, die heute einen 100-PS-Motor bauen, entwickeln morgen einen mit 120 Pferdestärken, so der Vorwurf. Ein Auto, das heute eine Spitzengeschwindigkeit von 200 Kilometern schafft, muss in der nächsten Generation 220 Kilometer erreichen. „Die deutschen Autoingenieure sind Weltmeister im Optimieren“, kritisiert der Trendforscher David Bosshart vom Gottlieb Duttweiler Institut in Zürich. Es könne aber nicht mehr nur darum gehen, das Vorhandene immer besser zu machen, sondern neue Wege zu gehen, neue Blickwinkel zu finden. Die Autoindustrie stehe vor einem gewaltigen Technologiebruch. Dem müssten sich die Unternehmen stellen. „Die heutigen Unternehmen, die nur optimieren, werden nicht zu den Siegern gehören." Ihnen fehlte es schlicht an Kreativität, kritisiert auch ein ehemaliger Automanager. Solche Fähigkeiten seien in der Autoindustrie sogar nur beschränkt gefragt. Die Industrie sei extrem konservativ und sehr hierarchisch organisiert. In diesem Umfeld seien die Ingenieure besonders angesehen, die möglichst wenig vom Vorhandenen infrage stellen. „Die Autounternehmen haben nur noch profillose Manager der Komplexität", ist das vernichtende Urteil des früheren Branchenvertreters.

Das gilt besonders für den VW-Konzern. Unternehmensberater wie Automanager behaupten, dass gerade in Europas größtem Autokonzern besonders wenig über neue Antriebe jenseits des Verbrennungsmotors nachgedacht werde. Das sei die Folge der besonderen Stellung des Aufsichtsratsvorsitzenden Ferdinand Piëch, der vielleicht der beste Motoringenieur in der europäischen Autoindustrie ist, aber wenig Verständnis habe für neue Antriebe. Piëch hat bei VW viel mehr Einfluss als jeder andere Manager in einem Autokonzern. Piëch steuert den Wolfsburger Konzern praktisch im Alleingang von Salzburg aus, wo er mit zwei Assistenten sein Büro hat. Er braucht dazu nur ein paar Vertraute in Wolfsburg, die seine Vorgaben brav umsetzen. Der Porsche-Enkel schätzt keine strategischen Stäbe oder Querdenker. Der Denker von VW ist er selbst.

Für diesen Mann gibt es nur eines: Die Motoren immer besser machen. Wer soll diesem Mann widersprechen. Der ist Aufsichtsratschef, er war lange Vorstandsvorsitzender und zudem ist er als Mitglied der Porsche-Familie auch noch Miteigentümer von VW. Unternehmenschef Martin Winterkorn, der ein getreuer Anhänger „des Alten" ist und dafür gerühmt wird, die technischen Vorgaben Piëchs perfekt in die Praxis umzusetzen, hat schon behutsam begonnen, eigene Akzente zu setzen. Er fördert inzwischen den Elektromotor und hat weit mehr Verständnis für Entwicklungen jenseits des Verbrennungsmotors als sein Oberchef.

Allerdings ist VW mit dieser Piëch-Strategie bisher gut gefahren. Die Autos des Konzerns und seiner Tochtergesellschaften genießen technisch einen hervorragenden Ruf und VW steht mitten in der größten Krise der Branche relativ gut da. Das Finanzpolster der Wolfsburger ist beruhigend dick und sie planen schon wieder für das Wachstum nach der Krise. Aber der mächtige Konkurrent Toyota, den die Wolfsburger bis 2018 überholt haben wollen, bereitet sich auf die Zukunft besser vor. Er beherrscht nicht nur die Technologie der Verbrennungsmotoren. Er arbeitet schon viel länger am Elektroauto als die Wolfsburger, er versteht mehr vom Hybrid und auch von der Wasserstofftechnologie. Es ist riskant, wenn sich ein ganzer Konzern mit über 300 000 Mitarbeitern auf einen Mann wie Piëch verlässt. Die jetzige Phase des technologischen Umbruchs ist für den VW-Konzern, der sich vor allem auf die Perfektionierung seiner Motoren konzentriert, eine kritische Zeit.

Auch bei BMW können sich die meisten Ingenieure nicht viel anderes vorstellen, als aus ihren Diesel- und Benzinmotoren immer mehr Kraft herauszukitzeln. Ihr jahrzehntelanger Erfolg beruht ja gerade auf der Dynamik ihrer Antriebe. Die Münchner bieten ihre 7er-Modelle inzwischen mit einem Dutzend Zylindern an und ihre letzte automobile Verrücktheit ist ein merkwürdig anmutender Allradgeländewagen mit der schnittigen Karosserie eines Coupés. Dieses Unikum, das vor allem für den amerikanischen Markt gedacht ist, hat in der kleinsten Version 235 PS und bietet in der stärksten Variante 485 PS auf. Bei Daimler endet der PS-Wahn bei der S-Klasse inzwischen wenigstens bei einem Achtzylindermotor mit 525 PS. Aber wer mehr will, kann ja zum Maybach greifen, der die Daimler-Palette seit 2002 nach oben bereichert. Diese Superluxuslimousine bietet in der kleinsten Version 550 PS.

Inzwischen macht sich aber in den Chefetagen der deutschen Premiumhersteller eine gewisse Nachdenklichkeit breit. Die Chefs haben erkannt, dass ihre Oberklassemodelle in der bisherigen Motorisierung keine Zukunft mehr haben und sie auf dem alten Pfad nicht weitermachen können. Um sich wegen des Spritverbrauchs und des Kohlendioxid-Ausstoßes ihrer Großvehikel nicht völlig lächerlich zu machen und um den Durschnittsverbrauch der gesamten Flotte zu senken, haben die Strategen von BMW inzwischen ihren 7er sowie den hochbeinigen Kraftprotz X6 mit einem Hybrid-Antrieb ausgestattet, sodass ein Verbrauch von etwa elf Litern möglich sein soll. Der X6 ohne elektrisches Zusatzaggregat braucht 17 Liter auf 100 Kilometer. Auch Daimler versucht die Käufer der S-Klasse mit einem Hybrid-Aggregat milde zu stimmen. Die zahlungskräftigen Käufer der Oberklasse sollen wenigstens mit gutem Gewissen unterwegs sein.

Selbstkritische Töne sind bei den deutschen Autoherstellern noch selten.

Viele Manager erlauben sich nur im kleinen Kreis einen Blick zurück im Zorn. „Ja, wir waren gewarnt“, sagt ein deutscher Konzernchef. Es nütze aber nichts, über die Fehler der Vergangenheit zu lamentieren. „Jetzt müssen wir mit der heutigen Situation umgehen.“ Wesentlich deutlicher sind kritische Worte in Amerika zu hören. Dort findet Alan Mulally, der Chef des US-Konzerns Ford, der als einziger US-Autohersteller nicht in die Insolvenz ging, harsche Worte für das Verhalten seines Unternehmens in der Vergangenheit. „Wir haben als Unternehmen wie als Industrie erhebliche Fehler gemacht und haben manches falsch berechnet“, sagt der Manager. Der hat allerdings den Vorteil, dass er nicht in der Autoindustrie aufgestiegen ist, sondern erst 2006 vom Flugzeughersteller Boeing nach Detroit gekommen war. Deshalb fällt ihm ein so klares Urteil leichter als manchem Kollegen: „Diese Industrie muss sich aggressiv umstrukturieren.“ Das aber ist in der Autoindustrie schon lange bekannt.

Der Feind aus der Schweiz

Einer, der das Zeug hatte, die Autoindustrie auf den Kopf zu stellen, war der Schweizer Unternehmer Nicolas Hayek. Der Mann, der in den 80er-Jahren die Swatch-Uhr kreierte und mit diesem schräg-bunten Modeartikel die stolze Uhrenindustrie seines Heimatlandes vor dem sicheren Untergang bewahrte, hätte es sich zugetraut, auch der selbstbewussten PS-Branche eine Lektion in Kreativität zu erteilen. Hayek ist einer der erfolgreichsten und interessantesten Unternehmer der Welt und er steckt auch mit inzwischen über 80 Jahren noch voller Witz und Energie.

In den 90er-Jahren hatte Hayek die Vorstellung von einem völlig neuen Kleinwagen, der mit neusten Fertigungsmethoden gebaut werden und der einen Antrieb bekommen sollte, den es bisher nicht gab. Die Autoindustrie hat seinen Vorschlag systematisch zerstört. Der Schweizer war für die etablierten Unternehmen nur ein weiterer Störenfried, den es abzuschütten galt. Wie soll ein Mann in dieser konservativen Industrie akzeptiert werden, der so einen Satz von sich gibt: „Wer nicht verrückte Ideen verfolgen kann wie ein Kind, der kann nicht in einer Führungsposition arbeiten."

Der gebürtige Libanese, der in seinem Heimatland eine französische Schule besuchte und später Mathematik, Physik und Chemie studierte, war erst mit 21 Jahren in die Schweiz gekommen. Hayek arbeitet eine Zeit lang als Unternehmensberater und als er sich an die kranke Uhrenindustrie heranwagte, wählte er ganz andere Wege als diejenigen, die schon vor ihm versucht hatten, die Industrie zu retten. Er nahm den Kampf gegen die billigen Japan-Importe nicht dadurch auf, dass er die Fertigung ins Ausland verlegte oder die Löhne drückte. Er standardisierte die Teile für eine Uhr und drosselte ihre Anzahl drastisch. So konnten Roboter die Zeitmesser im eigenen Land günstig zusammensetzen. Sein Baukastensystem machte die Produkte nicht nur billig, es bot auch die Chance, sie zum Modeartikel zu machen. Die Swatch wurde in den 80er-Jahren ein Welterfolg und ausgerechnet dieser Plastik-Chronometer rettete die Schweizer Uhrenindustrie, die zuvor so stolz war auf ihre handwerkliche Präzision. Heute gehören 18 Marken von Tissot bis Omega zu Hayeks Uhrengesellschaft SMH. Auch Luxusfabrikate wie Blancpain, Glashütte oder Breguet gehören zu Hayeks Erfolgsgesellschaft, die insgesamt 20 000 Beschäftigte hat. Grund genug für den energischen Unternehmer, der in den 80er-Jahren am liebsten mit einem halben Dutzend Uhren am Arm herumlief, auch noch die Autolandschaft aufzumischen.

Hayek hatte sich Ende der 80er-Jahre einen kleinen Zweisitzer ausgedacht und bald stürmte der Dynamiker damit in die Büros der großen Autohersteller, um sie von seiner Idee zu begeistern. Die steckten nach dem Fall des Eisernen Vorhangs gerade mal wieder in einer Krise und drohten endgültig unter die Räder der japanischen Konkurrenten zu geraten. Hayek stellte seine Kreation bei General Motors vor, bei Renault und beim VW-Konzern. Das neue Auto, das damals noch keinen Namen hatte, sollte viele Dinge können, die eigentlich selbstverständlich klingen, es aber nicht waren. Es sollte klein sein, modisch, vielleicht sogar knallbunt. Hayek konnte sich sein neues Auto sogar durchsichtig vorstellen, genau wie seine Uhren. Es sollte billig sein, zugleich qualitativ anspruchsvoll und er stellte sich genug Raum vor „für zwei Personen und einen Kasten Bier“. Das Wichtigste aber war ihm der Antrieb. Das Auto sollte mit einem Elektro- oder Hybrid-Motor betrieben werden. Ganz modern und umweltfreundlich. Sein Motto: „Biete deinem Kunden ein erstklassiges Produkt für wenig Geld und du verdienst trotz kleiner Gewinnspanne durch höheren Absatz ungleich mehr.“

Damals zeigte nur VW Interesse. Konzernchef Carl Hahn dachte ernsthaft über das Hayek-Modell nach. Doch Anfang 1993 kam Ferdinand Piëch als neuer Vorstandsvorsitzender nach Wolfsburg. Für diesen Ingenieur war das Schweizer Vehikel nur ein automobiler Witz, ein „Elefantenrollschuh“ wie er spottete. „Ein Zweisitzer mit lächerlichem Radstand.“ Das durfte nicht sein. „Sehr rasch nach meinem Amtsantritt wollte ich die Swatch-Sache vom Tisch haben“, sagte Piëch später regelrecht angewidert. Der Smart war erledigt. Wahrscheinlich war der größte Fehler des Kleinen, dass er nicht von VW erfunden worden war. So was können Wolfsburger Ingenieure besser, war sich Piëch sicher. Basta. „Wir lassen uns nicht von einem Uhrmacher erklären, wie man Autos baut“, so seine Antwort. In keiner Industrie der Welt werden Ideen von Branchenfremden so wenig geachtet wie in der Autoindustrie.

Die Ingenieure der Branche hatten damals in Hayek einen neuen Lieblingsgegner. Den Schweizer ärgerte wiederum, dass von allen industriellen Massenprodukten das Auto in den letzten 50 Jahren den geringsten Fortschritt gemacht hatte. Bei der Telekommunikation, in der Elektronik, beim Telefon, überall hätte es in jüngster Zeit technologische Revolutionen gegeben. Nicht aber beim Auto. Weder das Motorsystem noch die Mechanik hätten sich besonders verändert, maulte Hayek. Das liege an den handelnden Personen. „In der deutschen Großindustrie ist es üblich, dass man nichts mehr wagt“, so Hayek anno 1991. Das war genug, um wenigstens die Öffentlichkeit und die Medien für den neuen Swatch-Flitzer zu begeistern.

Hayek gab nicht auf und versuchte es beim Daimler-Konzern. Die Stuttgarter bissen an. Das Unternehmen wurde damals von Edzard Reuter geführt, einem nachdenklichen Mann, der dem Auto als Verkehrsmittel auch kritisch gegenüberstand und der unter dem Stern einen integrierten Technologiekonzern bauen wollte, der vom Pkw bis zum Airbus alles anbot, was zum Verkehr gehört. Auch der damalige Mercedes-Markenchef Helmut Werner ließ sich von Hayeks Enthusiasmus anstecken. Schnell schwärmte der hoch angesehene Mercedes-Mann von den neuen Möglichkeiten, die das neue Kleinauto bot, und er erlaubte sich sogar Gedanken, die in der Autoindustrie als verboten gelten. Er konnte sich vorstellen, dass die Menschen bald ein Auto nicht mehr besitzen, sondern bei Bedarf nur noch mieten wollen. „Die mobile Landschaft vom Auto übers Fahrrad bis zum Flugzeug bekomme ich wie mit einer Telefonkarte geboten, nur viel raffinierter.“ Das geschehe dann auch noch weltweit, schwärmte Werner. „Abgerechnet wird je nach Vertrag täglich oder monatlich." Hayek schien am Ziel zu sein.

Doch dann gewannen die Pragmatiker und die Hayek-Idee wurde doch noch ruiniert. Beim Daimler-Konzern putschte der Hyperdynamiker Jürgen Schrempp gegen Konzernchef Reuter. Die neuen Herrscher, zu denen auch der heutige Vorstandsvorsitzende Dieter Zetsche zählte, interessierten sich nicht sehr für Weitblick. Sie dachten nur an PS und Profit und wurden von den Analysten der Investmentbanken in der Idee bestärkt, den Konzern auf sein Kerngeschäft zu konzentrieren. In diesem Umfeld der Alphatiere und der großen Sprüche war für Hayeks Idee schnell kein Platz mehr.

Sie bauen zwar seit 1997 ein knuffig aussehendes Auto, das den Namen Smart bekam. Aber es wird konventionell mit einem Verbrennungsmotor angetrieben. Der von Hayek geplante Hybrid-Antrieb war den Daimler-Strategen zu kostspielig. Trotzdem wurde das Auto unter der Regie des Autokonzerns „doppelt so teuer wie ursprünglich geplant", berichtet ein Daimler-Manager aus der damaligen Zeit. Der Smart wurde zum Verlustbringer, nicht zuletzt, weil sich Daimler jede Menge Managementfehler leistete und ganze Managerriegen mit dem Smart verschliss. Erst mit den drastisch gestiegenen Ölpreisen des Jahres 2008 erreichte der Zweisitzer passable Absatzzahlen. Doch von dem alten Ziel, pro Jahr 200 000 Smart zu verkaufen, sind die Stuttgarter weit entfernt. Die beiden Welten passten einfach nicht zusammen. „Das ganze Konzept wurde bei Daimler getötet, weil der große Konzern nicht wollte, dass der kleine Hayek beim Smart den Ton angeben wollte", berichtet einer, der damals dabei war. „Die Autoleute denken stets, es sei Ketzerei, wenn einer am Auto etwas infrage stellt."

Keine Vision, nirgends

Sind die Manager nicht in der Lage zum langfristigen Denken, das ein Unternehmen für seine Zukunft braucht? Sind sie borniert oder werden sie für richtigen Weitblick schlicht nicht bezahlt? Es ist eine traurige Wahrheit, dass selbst große Unternehmen nicht über Zeiträume planen, die länger sind als 15 Jahre. Das ist etwa die Zeit, die notwendig ist, um eine Investition zu amortisieren. Leider gilt dieses kurzfristige Denken auch für die Autoindustrie und vieles spricht dafür, dass die Branche deshalb in dieser Wirtschafts- und Finanzkrise ein Riesenproblem hat. Sie hat sich zu wenig Gedanken über ihre Zukunft gemacht. Jetzt bekommt sie die Quittung. Besonders diese Branche braucht langfristiges Denken. Das zeigt sich gerade. Sie muss jetzt die Frage beantworten, mit welchen Motoren sie in 30 Jahren ihre Autos antreiben will. Sie muss jetzt entscheiden, welche Alternativen sie entwickeln will, um langfristig den Benzin- oder Dieselmotor abzulösen. Bisher sind die Vorstellungen noch erstaunlich vage. „Die Autoindustrie hat keine Vision", beklagt ein McKinsey-Mann. „Die Branche weiß nicht, wohin sie auf die Dauer gehen will."

Diese Industrie denkt nicht weit genug. In dem üblichen Planungszeitraum von 15 Jahren wird ein Automodell etwa zweimal erneuert. Für die Entwickler ist dieser Planungshorizont bereits schon eine enorme Herausforderung. Wer kann wissen, wie der Markt aussieht, wenn der Nachnachfolger eines heutigen Mercedes auf den Markt rollt?

Aber gerade die Autoindustrie hätte allen Grund, sich sehr viel längerfristige Gedanken zu machen. Denn sie will auch in einigen Jahrzehnten noch im Geschäft sein und niemand gibt ihr eine Garantie, dass in 20 Jahren noch genug Erdöl vorhanden ist, um die Autos anzutreiben. Doch die Vorbereitungen auf die unvermeidliche Ablösung des Diesel- oder Benzinmotors sind bestenfalls gerade erst angelaufen. Die Branche sitzt in der Falle.

Gleichzeitig muss sie schneller werden. Der Druck der Vorschriften zum Schutz des Klimas erlaubt nicht einmal mehr Planungen über 15 Jahre. Neue Techniken müssen schneller entwickelt, vorhandene Verfahren mit größerem Druck als bisher verbessert werden. Das aber ist gerade in der Autowelt schwierig.

Schon heute haben ihre Produkte eine lange Lebensdauer und sie werden mit großem Vorlauf konzipiert. Die Entwicklungsabteilung eines Autoherstellers beginnt etwa sechs Jahre, bevor das Fahrzeug auf die Straße kommt, über ein neues Modell nachzudenken. Ist der neue Typ serienfertig, läuft er etwa sechs bis acht Jahre lang vom Band. Vom ersten Gedanken an ein Auto bis zur letzten aus der Fabrik rollenden Einheit vergehen demnach etwa 15 Jahre. Die ausgelieferten Fahrzeuge sind danach aber noch einmal bis zu 20 Jahre auf der Straße unterwegs. Die Autoindustrie kann auch nur extrem langsam reagieren. Sie ist im Grunde eine Schwerindustrie mit extrem hoher Kapitalbindung. Die Entwicklung eines Autos kostet mindestens eine Milliarde Euro. Die teuren Maschinen für seine Herstellung sind für Jahre auf dieses Modell eingestellt. Wird es am Markt zum Misserfolg, kann der Fehler erst nach Jahren korrigiert werden.

Die Vordenker

Der Daimler-Konzern machte 1979 den richtigen Schritt. Gerade war die zweite Ölkrise über die Welt hinweggegangen, die Verunsicherung in der Autoindustrie war groß. Kurz vor seinem Ausscheiden aus dem Chefbüro gründete Unternehmenschef Joachim Zahn eine kleine Forschungsgesellschaft, die sich mit Zukunftsfragen befassen sollte. Wie weit reicht das Öl?, war damals die wichtige Frage. Was kommt nach dem fossilen Treibstoff? Was wird mit dem Verkehr in den Städten? Damals gab es im Unternehmen schon die Idee für ein reines City-Auto. Gute Voraussetzungen für eine kleine Denkfabrik. Die wurde in Berlin eingerichtet. Die Trend- und Zukunftsforscher sollten weit weg sein von den schwäbischen Autofabriken. Die Society and Technology Research Group residiert heute in einem modernen Stahl- und Glasgebäude mitten in Berlin am Potsdamer Platz, aber man fragt sich, warum es diese Einrichtung überhaupt noch gibt. Viel Einfluss haben die etwa 40 Forscher und Denker aller Disziplinen scheinbar nicht auf den Daimler-Konzern. Mit erkennbarer Wehmut denken die Wissenschaftler an jene Jahre zurück, in denen ihre Meinung noch gefragt war.

Die beiden Leiter des Instituts, Frank Ruff und Thomas Waschke, wirken zurückhaltend, sie vermitteln dem Besucher den Eindruck, sie könnten nicht völlig frei reden. Eine Pressedame bewacht das Gespräch und greift ein, wenn die Fragen zu kritisch oder die Antworten zu offen geraten. Jedes Zitat der beiden Wissenschaftler muss mit der Konzernzentrale abgestimmt werden. Das macht eine Diskussion schwierig. Bei mancher Frage verzieht der 56-jährige Mobilitätsforscher Waschke gequält das Gesicht. Zum Beispiel, wenn der neugierige Besucher wissen will, warum die Autoindustrie erst jetzt zur Kenntnis nimmt, dass das Erdöl zu Ende geht, oder warum die Sache mit dem Smart so schiefgegangen ist, warum dieser Stadtflitzer nie zum tragenden Element eines Mobilitätskonzeptes von Daimler wurde, sondern bestenfalls zum Verlustbringer? Waschke winkt mit einem verdrückten Lächeln ab, als wollte er sagen: Weiß ich doch. Dann sagt er gelassen: „Wir können nur Hinweise über geändertes Verhalten der Menschen geben." Umsetzen müssten das andere, zum Beispiel die Kollegen in Stuttgart. So ist das also. Die Ideen und Anregungen sind da, sie werden aber nicht beachtet. Es tut den Berliner Forschern auch sichtbar weh, wenn man ihnen vorhält, dass in der Autoindustrie so manches schiefgelaufen ist, dass diese Branche mit ihren Spritfressern und PS-Protzen in die größte Krise ihrer Geschichte gefahren ist. Das wissen sie selbst. Sie haben ja selbst darauf hingewiesen, wie sie leise anmerken. Waschke holt erst einmal Luft, er fühlt sich offenbar missverstanden. Dann klärt er auf: „Wir sind hier keine Revolutionäre, die das Unternehmen stürmen."

Waschke und sein 50-jähriger Kollege Ruff haben es nicht leicht. Sie sind von Daimler bezahlte Forscher mit einer heiklen Doppelaufgabe. Sie müssen Fehlentwicklungen brandmarken und gleichzeitig loyale Mitarbeiter sein. Ruff, promovierter Psychologe, beschreibt die Aufgabe der Berliner so: „Wir machen keine Marktforschung, wir untersuchen langfristig denkbare Marktumfeldentwicklungen." Das klingt harmlos. Aber mancher Trend, den die Forscher in der Welt erkennen, dürfte den Stuttgarter Konzernmanagern die Haare zu Berge stehen lassen. Zum Beispiel sagen sie den Trend voraus, dass immer mehr Menschen in den großen Städten der Welt gar kein Auto mehr besitzen wollen. Eine heikle Erkenntnis für Mitarbeiter eines Konzerns, der Autos baut und verkaufen will. „Dafür brauchen wir Antworten", sagt Ruff.

Und? Hören die Herren in Stuttgart zu? „Wir werben für unsere Überzeugung", meint Waschke vorsichtig. Nicht alles werde gern übernommen. „Manchmal kommen wir mit vielen kritischen Fragen aus Stuttgart zurück", sagt er diplomatisch. Im Klartext heißt das: Die Forscher holen sich in Stuttgart für Vorschläge, die der Zentrale gegen den Strich gehen, gelegentlich ein blaues Auge.

Waschke und Ruff tun indes so, als hätten sie sich daran gewöhnt, nicht immer Gehör bei ihren Konzernchefs zu finden. „Die Organisation" so nennen sie die Zentrale, fände immer wieder Argumente gegen ihre Ideen, „solange das Geschäft gut läuft". Deshalb hoffen sie, dass ihre Gedanken zukünftig auf etwas fruchtbareren Boden fallen. Die jetzige Krise, so glauben sie, erhöhe ihre Chancen, in der Zentrale etwas ausrichten zu können. „Krisenzeiten sind für Veränderungen eindeutig gute Zeiten."

KAPITEL 5

Car Guys und Verrückte

Die Autoindustrie beschäftigt weltweit fünf Millionen Menschen und dennoch sind es nur wenige, die den Geist dieser Industrie ausmachen. Nur ein paar herausragende Persönlichkeiten haben in diesem Wirtschaftszweig grundlegende Weichen gestellt, sie gingen neue Wege oder setzten auffällige Akzente. Der Deutsche Carl Benz gilt als der Erfinder des Autos. Aber der Amerikaner Henry Ford war der Erste, der Autos am Fließband produzierte und die Fahrzeuge für fast jedermann erschwinglich machte. Ferdinand Porsche entwickelte in den 30er-Jahren im Auftrag Adolf Hitlers den VW Käfer, der Deutschland und ganz Europa mobilisierte, und schon zuvor hatte er sich mit Erfindungen wie dem Elektroauto hervorgetan. Auch heute noch gibt es einzelne herausragende Persönlichkeiten, die der Branche ihren Stempel aufdrückten, positiv wie negativ. Ein Grund für die Macht einzelner Spitzenmanager in so großen Konzernen ist, dass die Autoindustrie extrem konservativ und autoritär organisiert ist. In keiner Industrie haben die Vorstandsvorsitzenden eine so dominierende Macht wie in der Autobranche. Das ist eine lange zurückreichende Tradition, Heinrich Nordhoff war in der unmittelbaren Nachkriegszeit als Volkswagen-Chef die wichtigste Person der gesamten Autoindustrie. Andere fielen möglicherweise mehr auf, wie etwa Carl Borgward, der Anfang der 60er-Jahre mit seinem Bremer Autounternehmen pleiteging. Eberhard von Kuenheim, der ostpreußische Aristokrat, führte in den 70er- und 80er-Jahren den zuvor von der Pleite bedrohten BMW-Konzern an die Spitze der europäischen Autoindustrie. Lee Iacocca wurde in Amerika an der Spitze von Chrysler zur Legende, obwohl nie ganz klar war, ob diese schillernde Figur den kleinsten der großen drei Autokonzerne des Landes gerettet oder in die Krise befördert hat.

Edzard Reuter, der von 1987 bis 1995 Vorstandsvorsitzender von Daimler-Benz war, wollte mehr sein als ein reiner Automanager und träumte von einem integrierten Technologiekonzern. Der Sohn des zur Legende gewordenen ersten Berliner Nachkriegsbürgermeisters Ernst Reuter glaubte offenbar nicht an die Zukunft des Autos und verband den Stuttgarter Konzern mit der Flugzeugbauindustrie. Beide Zweige sollten voneinander lernen und zusammenwachsen. Edzard Reuter präsentierte sich mit seinem Charakterkopf und seiner nachdenklichen Sprache gern als der Intellektuelle, der über den Horizont der üblichen Automanager hinausdachte. Er wurde eine Zeit lang als Daimler-Chef bewundert, doch später als weltfremd verjagt.

Jürgen Schrempp, sein Nachfolger bei Daimler, wird so schnell nicht vergessen sein wie der Denker Reuter. Das liegt allerdings daran, dass Schrempp bei Daimler eine regelrechte Spur der Zerstörung hinterließ. Der stimmgewaltige und gelegentlich lärmende Manager mit den Macherallüren sorgte für Furore durch die spektakuläre Fusion mit dem US-Autohersteller Chrysler. Er schaffte es damit auf die Titelseiten der Weltpresse. Die Sache scheiterte jedoch, am Ende hatte Schrempp einen Schaden von 74 Milliarden Dollar angerichtet, wie die Unternehmensberatung McKinsey behauptet. Seine Karriere endete, als er sich auch noch mit dem Kauf des maroden japanischen Mitsubishi-Konzerns das nächste persönliche Denkmal setzen wollte. Ob ihn der Aufsichtsrat in die Pension schickte oder ob, wie Schrempp behauptet, er selbst zurücktrat, ist strittig. Wer aber behauptet, Schrempp sei gefeuert worden, muss mit einer Klage rechnen. Zurück bleibt die deprimierende Erkenntnis, dass ein einziger Mann im Vorstand einen ganzen Konzern, der über Jahrzehnte die beste deutsche Industrieadresse war, mitsamt seinem Aufsichtsrat auf einen Irrweg schicken konnte.

Carlos Ghosn, der im Libanon geborene Franzose brasilianischer Herkunft, der heute den Doppelkonzern Renault-Nissan führt, kann behaupten, ihm sei der Beweis gelungen, dass man einen europäischen und einen japanischen Autohersteller zusammenführen kann, trotz der unterschiedlichen Kulturen. Die Ehe von Renault und Nissan ist erstaunlich erfolgreich. Wendelin Wiedeking, der von 1992 bis 2009 an der Spitze von Porsche stand, erreichte weltweite Anerkennung und den Neid mancher Kollegen, weil er den schrottreifen Sportwagenhersteller in die Weltklasse zurückbrachte und es sogar wagte, die Übernahme von VW durch Porsche zu planen. Der Manager, der in seinem besten Jahr etwa 80 Millionen Euro verdiente, schien Porsche ganz alleine zu führen. Mit seinem offenen westfälischen Mundwerk und kernigen Sprüchen sorgte er selbst für diese Legende. Der lange Zeit als bester Manager der Autoindustrie gehandelte Wiedeking wurde erst gebremst, als er auf einen anderen der Mächtigen in der Autoindustrie traf, der sich als noch stärker erwies: Ferdinand Piëch.

In diesem Buch sollen drei Manager vorgestellt werden, die in der Autobranche ihre Duftmarken setzten. Sie machten in der Industrie der grauen Mäuse, in der farblose Ingenieure die Regel sind, auf sich aufmerksam und hatten unterschiedliche Erfolge. Der erste, Bob Lutz, gilt als Motivator der Industrie, der als größter Branchenmacho mit seiner schon ins Verrückte gehenden Begeisterung für Autos ganze Managergenerationen bei Opel, BMW, General Motors, Ford, Chrysler mitriss und mit 78 Jahren noch immer aktiv ist.

Der zweite ist Ferdinand Piëch, der wie kein anderer den VW-Konzern umgebaut und modernisiert hat. Kaum ein Manager ist so technikverrückt wie dieser Spross der berühmten Porsche-Familie und wohl keiner hat einen so schwierigen Charakter wie Piëch. Der besessene Ingenieur hat die Motoren verbessert wie keiner zuvor, er hat sogar ein Einliterauto vorgestellt. Aber auch dieser Supertechniker ist zu stark im traditionellen Denken der Autobauer hängen geblieben, er schaffte es nicht, dem Autobau die Tür in eine Zukunft nach dem Erdöl zu weisen. „Der sitzt rückwärts auf dem Pferd“, sagt ein Daimler-Mann über den inzwischen 73-jährigen Wolfsburger Konzernstrategen, der auf den

Konzern einen Einfluss hat wie sonst niemand. Piëch war von 1993 bis 2002 Vorstandsvorsitzender des Konzerns. Er fungiert heute noch als Aufsichtsratsvorsitzender und durch die Übernahme von Porsche im Jahr 2009 wurde er auch noch Aktionär von VW. Kein Mann hat in der deutschen Industrie mehr Einfluss als Piëch.

Die Richtung vorgeben, das hätte Daniel Goeudevert gerne getan. Der Franzose, der erst bei Citroën war, dann bei Renault, der später zu Ford ging und bei VW seine aktive Managerkarriere mit nur 51 Jahren beendete, ist der genaue Gegentyp zu Lutz und Piëch. Er ist beiden in seinem Berufsleben über den Weg gelaufen. Lutz holte Goeudevert zu Ford. Piëch schnappte Goeudevert bei VW den Posten des Vorstandsvorsitzenden weg und ekelte den Franzosen schnell aus dem Haus. Ein Typ wie Goeudevert war für Piëch ein hoffnungsloser Romantiker. Der denkt anders als diese PS-Protze, er machte sich für die Verhältnisse dieser Branche schon früh Gedanken über die Umwelt. Statt von noch mehr Zylindern zu träumen, dachte er über die Mobilität der Zukunft nach. Das machte ihn in der Autoindustrie verdächtig.

Der größte Macho – Bob Lutz

Der große Auftritt war dem GM-Konzern fast eine Million Dollar wert. Das frisch renovierte Detroiter Opernhaus wurde kurzerhand in eine gewaltige Cocktail-Lounge umgebaut. Die Sitzreihen verschwanden unter einem doppelten Boden, Bühne und Zuschauerraum verschmolzen zu einer riesigen Bar, die in blaues Licht getaucht war. Es war 2003, die Zeit der Detroit Motor Show Anfang Januar, auf der Amerikas Autokonzerne traditionell in die Hallen rollen, was sie für große Leistungen halten. In diesem Jahr war es besonders spannend. General Motors hatte etwas ganz Neues angekündigt. Da in diesem Konzern seit einem Jahr Bob Lutz der neue Technikchef war, schien es logisch, auf Ungewöhnliches zu warten. Dieser gebürtige Schweizer galt in der Autoindustrie weltweit als Technikfreak und Legende. Und er war zu diesem Zeitpunkt schon 71 Jahre alt. Aber dieser Autoverrückte, den Konzernchef Richard Wagoner völlig überraschend als Entwicklungschef zu General Motors geholt hatte, geht locker als 15 Jahre jünger durch und für eine Überraschung ist er immer gut.

Die große Frage war, was macht dieser Technikfan anders in dem Konzern, der traditionell von Finanzern und Controllern geführt wurde und dessen Autos technisch gute 20 Jahre hinter manchem Konkurrenten herhinkten. Was würde das größte Autounternehmen der Welt an diesem Abend präsentieren, das dafür berüchtigt war, die mit Abstand langweiligsten Fahrzeuge des Universums zu bauen? Wie will sich GM bei den Kunden wieder interessant machen? Was hatte sich dieser Tausendsassa, der früher mal im BMW-Vorstand saß, ausgedacht? Einen eleganten Buick? Würde er zur Abwechslung einen ansehnlichen Oldsmobile aufbieten und damit die trostlose Phalanx der Designunglücke dieser Marke beenden? Würde er vielleicht sogar das bei GM Undenkbare wagen und ein sparsames Auto vorführen?

Gut 1 000 Journalisten warten mit ihren Gläsern in der Hand auf die große Enthüllung, plötzlich werden die zarten Töne eines Streichquartetts von lautem Motorgedröhn überschallt. Eine dunkle Limousine rollt auf die Bühne, gesteuert von Bob Lutz. Der knapp zwei Meter große stattliche Herr mit dem schlohweißen kantigen Kopf springt federnd aus seiner neuesten Kreation, die – das muss man zugeben – sehr elegant ist. „Dieses Auto wird der Welt zeigen, dass wir in der Autowelt nur mit dem Spitzenplatz zufrieden sind“, ruft Lutz mir seiner sonoren Stimme in den Saal. Das schicke Vehikel hat 16 Zylinder und 1 000 PS. Ausgestattet mit Seidenteppichen, einer Bulgari-Uhr im Armaturenbrett, einem Dach aus Rauchglas und einer gekühlten Champagner-Box soll dieses Auto etwa 250 000 Dollar kosten. Die Zuschauer, einige aus der ganzen Welt zusammengekommene Medienvertreter, zeigen sich begeistert. General Motors will der Welt offenbar zeigen, dass der größte Autokonzern der Welt es mit den neuen europäischen Luxusgefährten wie den Maybachs aufnehmen kann. Lutz ist engagiert bei der Sache, er reißt die Besucher einfach mit. Er ist nicht nur ein begeisterter „Car Guy", er kann auch reden und seine Umgebung notfalls in drei Sprachen fesseln. Lutz würde noch Zuhörer finden, wenn er aus dem Telefonbuch vorläse.

Nüchtern betrachtet war diese Demonstration von PS-Macht ein Armutszeugnis. Lutz, der dem wegen Ideenlosigkeit gefürchteten Autobauer neue Impulse geben sollte, wies mit diesem Auto irgendwohin, nur nicht in die Zukunft. Er stellte mehr die protzige Macht von GM in der Vergangenheit dar. Schon in den 30er-Jahren hatte es einen 16-Zylinder-Cadillac als Flaggschiff von GM gegeben. Damals aber ging es dem Unternehmen noch gut, niemand fragte nach Spritpreisen und Treibstoffverbrauch. Aber Lutz, der für seine emotionalen Auftritte bekannt ist, griff an diesem Sonntagabend in der Detroiter Oper auf einen alten Branchentrick zurück. Als erfahrener Autofuchs weiß er, dass das Ansehen einer Pkw-Marke von ihren Spitzenmodellen herrührt und von dort nach unten auf die kleineren Modelle abstrahlt. Der Fahrer einer Mercedes A-Klasse fühlt sich ein wenig wie ein S-Klasse-Kunde, weil auch er ein Auto mit dem Stern auf dem Lenkrad fährt. Wenn die unteren Modelle also kein Interesse finden bei den Kunden, so die Logik von Lutz, muss man eben oben ordentlich aufs Blech hauen. Aber sein Trick hat nicht funktioniert. Seine Chefs ließen ihn dieses Auto nicht bauen.

Wenn Lutz ein Auto entwirft, kommt immer etwas heraus, was sich durch viel PS und sportliche Fahreigenschaften auszeichnet. Von Vernunft, Sparsamkeit, Umweltfreundlichkeit ist selten die Rede. Für diesen Mann ist die vermeintliche Ölknappheit nichts anderes als ein „falscher Alarm", der angebliche Klimawandel nur ein „crock of shit", ein Haufen Mist, gelinde gesagt. Trotzdem galt Lutz über Jahrzehnte als der interessanteste Manager der Autoindustrie, was sicher auch an seiner Herkunft und an seinem blendenden Aussehen liegt. Bob Lutz ist ein Hüne mit dem Kreuz eines American-Football-Spielers, der auch mit knapp 80 Jahren noch wie ein Jungspund wirkt. Sein Schädel ist imposant und die von seinen geliebten Zigarren verrauchte Stimme gibt seinen Worten etwas Sonor-Dominantes. Bob Lutz steht da wie ein Herr. Für viele ist dieser gebürtige Schweizer ein bürgerlicher Aristokrat, der mit seinen unvermeidlichen Zweireihern stets eine beeindruckende Figur macht.

Man sieht Lutz an, dass er aus einer anderen Welt stammt und nicht aus irgendeinem kleinen Staubkaff im Mittleren Westen der USA. Er spricht drei Sprachen und kann auf Pressekonferenzen übergangslos vom Deutschen ins Englische übergehen und über das Französische wieder zurückkehren. Der Mann ist die Verkörperung der großen Welt im kleingeistigen Detroit. Faszinierend. Der frühere GM-Konzernchef Rick Wagoner und sein Nachfolger Fritz Henderson wirken neben diesem stets kerzengerade stehenden Hünen wie verschüchterte Hilfsbuchhalter im Anzug, an dem man die Ärmelschoner vermisst.

Lutz wurde 1932 in Zürich geboren, der Vater war ein angesehener Schweizer Banker. Das hatte Wirkung auf den Sohn. Papa Lutz war beruflich mal in Zürich tätig, mal an der Wall Street in New York. Als Klein Robert acht Jahre alt war, hatte er den Atlantik schon fünfmal überquert. Mit elf besaß er bereits die amerikanische wie die Schweizer Staatsangehörigkeit. Dumm war für den Jungen nur, dass er jedes Mal, wenn er von einem längeren Amerika-Aufenthalt in die Schweiz zurückkam, in der Schule eine Klasse zurückgestuft wurde. Als Robert nach dem Zweiten Weltkrieg mal wieder aus den USA zurückgekommen war, flog er in der Schweiz gleich von der Schule. Wegen akademischer und disziplinärer Schwierigkeiten, wie es hieß. Seine eigene Erklärung lautet freilich anders. „Ich habe mich damals ein bisschen zu viel für die Tochter des größten Industriellen in Zürich interessiert." Solche Sätze machen diesen Macho beim Publikum sympathisch.

Der Vater verzieh seinem Sohn den im jugendlichen Ungestüm geschehenen Aussetzer und schickte ihn in ein Internat nach Lausanne. Vorher nahm er ihm das Versprechen ab, gleich nach dem Abitur in die USA zurückzukehren, um zu den Marines zu gehen, der gefürchteten Ledernacken-Elitetruppe der US-Streitkräfte. Dort diente der ehrgeizige Lutz von 1954 bis 1959 und wurde zum Kampfpiloten. Bis heute ist Lutz ein begeisterter Jetpilot. Lutz besitzt zwei Kampfflugzeuge, eine russische MiG aus tschechischen Beständen und einen Alpha-Jet, den er in Libyen kaufte. Mit diesen Kerosin saufenden Lustobjekten vergnügt sich Lutz am Wochenende im Luftraum über Michigan, wie sich Normalmenschen mit ihren Segelbooten oder Wochenendhäusern befassen. Seine private Visitenkarte zeigt Bob Lutz in Fliegerkluft mit dem Helm unter dem Arm mit der Aufschrift: Kampfflugzeugpilot.

Die Autoverrücktheit von Bob Lutz geht auch auf seine gehobene soziale Herkunft zurück. Bob Lutz wuchs in einer Familie mit großen und teuren Autos auf. Er hatte reiche Onkel, die, wie er selbst sagt, „tolle und verrückte Autos fuhren". Einer, so berichtet er, hatte einen 1934er Alfa Romeo Zagato, ein anderer steuerte einen 38er Talbot Pourtout. Der Vater fuhr Jaguar, eine Zeit lang auch einen Aston Martin DB2, den der Sohn heute noch besitzt. Auch der steht im Keller seines Hauses in Ann Arbor, das er im Stil eines Schweizer Chalets baute. Man kann es getrost als Anwesen bezeichnen, weil das Grundstück so groß ist wie mancher mitteleuropäische Stadtpark. Im klimatisierten Untergeschoss steht eine ganze Sammlung von mindestens einem Dutzend Oldtimern. Der Fußboden ist so blank gewienert wie anderer Leute Wohnzimmer. Jeder seiner Schätze steht hier mit offener Motorhaube. Das muss sein, schließlich hängt jedes Auto ständig an einem Batterieladegerät. Für diesen Autonarren müssen alle Wagen jederzeit fahrbereit sein, wenn ihm nach einem Ausflug in die hügelige Umgebung Ann Arbors ist. Dann röhrt es auf den Straßen rund um sein Haus und Bob Lutz ist wieder Umberto Bigone. Unter diesem Pseudonym fuhr er in den 50er-Jahren Autorennen und man glaubt diesem Heißsporn sofort, dass er damals darüber nachdachte, professioneller Rennfahrer zu werden.

Die vielleicht verrückteste Managerkarriere in der Autoindustrie begann 1963 bei General Motors, sie führte ihn durch viele Unternehmen auf dieser oder der anderen Seite des Atlantiks und sie ist jetzt, wo er wieder bei GM ist, noch immer nicht beendet. GM schickte den jungen Schweizer bald zu Opel nach Rüsselsheim und er bekam dort schnell zu spüren, dass die amerikanische Mutter nur wenig Verständnis für ihre deutsche Tochter hatte. Er verließ GM 1974 und ging nach München zu BMW. Dort war er für Marketing zuständig und er durfte den Nachfolger für das 3,0 CS Coupé entwickeln, den ersten 6er. Doch nach drei Jahren bei BMW hatte er die Nase voll von den vielen Intrigen und Machtkämpfen im von Eberhard von Kuenheim geführten BMW-Vorstand. Er bekam ein besser bezahltes Angebot von Ford in Köln.

In seinem neuen Job fiel der begabte Verkaufsstratege vor allem dadurch auf, dass er dem Sportwagen Ford Capri starke V-Sechszylinder-Motoren mit zwei und drei Liter Hubraum gab und den flachen Zweisitzer mit mattschwarzen Chromteilen, schicken Leichtmetallrädern und einem dezenten Frontspoiler versah. Das war Bob Lutz, drei Jahre nach der ersten Ölkrise. Bald war er Europa-Chef der Amerikaner und es dauerte nicht lange, bis er in der Ford-Konzernzentrale in Dearborn bei Detroit saß. Er war mal wieder in Amerika. Aber auch hier gab es bald Ärger mit den Kollegen, vor allem wohl mit dem Patriarchen Henry Ford II, der ihn nicht zum Konzernchef machen wollte. Lutz heuerte ein paar Meilen östlich bei Chrysler an. Das war 1986, als das von Lee Iacocca geführte Unternehmen mal wieder in einer Krise steckte. Die Autos waren langweilig, bis auf die Familien-Vans hatten sie bei den Kunden keinen Erfolg. Damals, so berichtet er selbst, setzte sich Lutz eines Tages in seine schwarze Autokraft Cobra und bretterte über die Landstraßen in Michigan. Am nächsten Tag schlug er seinen neuen Kollegen ein Auto vor, vom dem man heute sagen würde: typisch Lutz. Das Vehikel sollte einen Achtlitermotor mit zehn Zylindern und 400 PS bekommen und den Namen einer Schlange: Viper. Das Dach dieses zweisitzigen Coupés enthielt links und rechts Auswölbungen, damit Rennfahrer mit Helmen im Cockpit besser sitzen könnten. „Als wir das Auto auf der Detroit Motor Show 1989 vorstellten, flog das Hallendach weg", erzählte Lutz später voller Begeisterung. „Kein amerikanischer Volumenhersteller hatte jemals etwas auch nur annähernd Ähnliches vorgestellt." Alle Autozeitschriften zeigten das Geschoss. Fette Reifen, eine endlos lange Schnauze, schöne Kurven. Das sollte Power demonstrieren. „Das Ding war marktschreierisch", sagt Lutz selbst. „Von null bis zum Knast in vier Sekunden, das war unsere Message." Mit dieser Macho-Flunder aber setzte sich Lutz in der Autoindustrie ein Denkmal.

Deshalb sorgte es für Aufsehen, als im Sommer 2001 die Nachricht über die Ticker lief, Bob Lutz gehe zu General Motors, als oberster Entwickler.

Richard Wagoner, der neue Chef von General Motors, der gerade 49 Jahre alt war und reichlich unerfahren, hatte Lutz, der inzwischen Chef bei einem Batteriehersteller war, einfach angerufen. Ob er nicht einen Manager mit Benzin im Blut wüsste, der GM technisch wieder nach vorne bringen könnte, fragte Wagoner. Lutz sagte, es falle ihm keiner ein, aber er übernehme den Job selbst gerne. Wagoner, der in seiner gesamten Karriere bei General Motors vornehmlich mit Bilanzen und Zahlen beschäftigt war, nahm das Angebot gerührt an. Geändert hat sich bei GM durch Lutz aber nichts. Auch mit der vermeintlichen Wunderwaffe Lutz kam GM der Pleite jedes Jahr ein wenig näher.

Der größte Stratege – Ferdinand Piëch

Die Einladung von Volkswagen versprach wenig Interessantes. Der neue Polo wird vorgestellt, in einem schönen Hotel der sagenhaften Costa Smeralda auf Sardinien. Für den Wirtschaftsjournalisten ein Fall für den Papierkorb. Um ein neues Allerweltsauto anzusehen, muss man nicht zwei Tage vom Schreibtisch wegbleiben. Dann der Anruf von Volkswagen in der Redaktion. Die Sache in Sardinien sei wichtig, es könnte sein, dass der Vorstand ein paar interessante Dinge zur Sprache bringe. Könnte wohl doch spannend werden, dieser Trip ans Mittelmeer. Er wird es.

Ein paar Dutzend Journalisten stehen am frühen Abend des 11. Mai 2009 bei frühsommerlichen Temperaturen und leichter Brise um Martin Winterkorn, den Vorstandsvorsitzenden von VW, herum. Man plaudert über die Autokrise, lästert, wie bei solchen Anlässen üblich, auch ein wenig über die Konkurrenz, und immer wieder versucht der Unternehmenschef die Vorzüge des neuen Polo ins Blickfeld der Medienvertreter zu ziehen. Sollten das die spannenden Äußerungen des Konzernchefs sein? Dann erstirbt das Gespräch auf der Hotelterrasse. Alle Augen richten sich plötzlich auf einen Mann, mit dem keiner gerechnet hatte. Ferdinand Piëch, seine Ehefrau Uschi am Arm, schlendert mit genüsslichem Grinsen auf die Terrasse. Man merkt, der Aufsichtsratsvorsitzende von Volkswagen genießt den Auftritt. Die funkelnden Augen des 72-Jährigen verraten, wie sehr es ihm gefällt, die versammelten Medienvertreter mal wieder überrascht zu haben. Der hagere Mann mit dem fast kahlen Kopf war monatelang nicht in der Öffentlichkeit gesehen worden, sogar von schwerer Krankheit war die Rede. Hier hatte ihn niemand erwartet. Die Vorstellung eines Autos ist normalerweise Sache des Vorstandes.

Doch Piëch tut so, als wäre sein Kommen völlig normal. Das ist das Markenzeichen dieses Mannes. Er tut stets, was niemand erwartet. Weil er undurchsichtig ist, weil er grausam sein kann und weil er scheinbar alles seinem eisernen Willen unterwirft, geht von diesem asketisch wirkenden Herrn mit der stockenden Sprache und dem leichten österreichischen Akzent etwas Dämonisches aus. An diesem Abend wird Piëch mal wieder Geschichte machen. Kaum ist der zweite Gang des Dinners abgetragen, scharen sich die Journalisten um seinen Tisch. Wenn er schon hier ist, wird er etwas mitteilen wollen, sagen sich die Medienleute und nehmen wie von einem geheimen Ruf angelockt um seinen Tisch Aufstellung. Einer will wissen, ob der Porsche-Vorstandsvorsitzende Wendelin Wiedeking noch sein Vertrauen habe. Jeder hier weiß, dass Piëch auf diese Frage nur gewartet hat. Er lässt sich eine gefühlte Ewigkeit Zeit mit der Antwort. Dann quetscht er sich ein „derzeit noch" ab, gefolgt von der Bemerkung: „Das ‚noch' können Sie streichen." Piëch, der im Nebenberuf Mitaktionär von Porsche ist, hat an diesem Abend mal wieder mit nur einem Satz eine Managerkarriere beendet, auch wenn das offizielle Ende des Porsche-Chefs erst zehn Wochen später kommt.

Dieser strenge Herr, der in Wolfsburg gefürchtet wird wie der Leibhaftige, ist die wichtigste Figur in der europäischen Autoindustrie, nicht nur weil er inzwischen als einer der Erben des berühmten Ferdinand Porsche selbst Aktionär von Volkswagen ist. Piëch war auch schon in seiner Zeit als bezahlter Manager ungewöhnlich erfolgreich. Seit er 1993 die Geschicke des VW-Konzerns in die Hand nahm, zuerst als Vorstandsvorsitzender, später als Aufsichtsratschef, hat er den Konzern in eine andere Liga geführt. Dass sich VW anschicken kann, demnächst auch noch Toyota abzulösen, um der größte Autokonzern der Welt zu werden, ist allein diesem Mann mit der brennenden Energie zu verdanken. Aber die Besessenheit dieses Mannes, die manchmal sichtbar wird, wenn er die Stirn in Falten legt und mit gefletschten Zähnen einfach minutenlang schweigt, sein Drang zur Perfektionierung der Autos wie der Motoren hat auch dazu geführt, dass VW heute kaum eine Antwort hat auf die Frage, wie die Autos von morgen angetrieben werden. Piëch, ein hervorragender Motorkonstrukteur, hat seine Mannschaft darauf eingeschworen, die Diesel und Benzinmotoren zu verbessern. Nichts anderes ist ihm wichtig. Im Jahr 2009 ließ er in Frankfurt auf der IAA ein Einliterauto vorstellen, ein flaches Leichtgewicht auf Rädern mit zwei hintereinander angeordneten Sitzen. Piëch sieht darin einen Fortschritt. Andere sagen, darin zeige sich die Rückwärtsgewandtheit des Ingenieurs, der keinen Antrieb akzeptiert, der ohne Benzin oder Diesel auskommt.

Die Entwicklung von Elektroautos verlangt Mut bei VW, berichten Kenner des Unternehmens. „Es ist erstaunlich, dass ein Mann allein 300 000 Mitarbeiter in eine Richtung treiben kann", berichtet ein deutscher Industriemanager über die Wolfsburger Führungskultur. „Das ist gefährlich, gerade in einer Periode des technologischen Wandels." Aber Piëch bestimmt bei VW die Richtung. Weil dieser hagere Mann aber nicht nur tüchtig ist, sondern auch als sehr machtorientiert gilt, ist er der wohl am meisten gefürchtete Manager in der deutschen Autoindustrie. Keiner hat Manager mit solcher Härte gefeuert wie Piëch. Man könnte fast einen sadistischen Hang in diesem Mann vermuten. Als er schon VW-Chef war, beseitigte er drei Audi-Chefs, die seinen Anforderungen nicht genügten. Oft beendet er Managerkarrieren über Zeitungsinterviews, nicht über ein persönliches Gespräch mit dem Delinquenten. Audi-Chef Franz-Josef Paefgen warf er in einem Interview der *FAZ* vor, bei dem Unternehmen herrsche „Stillstand". Den VW-Chef Bernd Pischetsrieder schoss der zum VW-Aufsichtsrat aufgestiegene Piëch in einem Gespräch mit dem *Wall Street Journal* sturmreif. Der habe, so verriet Piëch dem Blatt, die Arbeitnehmervertreter im Aufsichtsrat nicht mehr hinter sich. Seine Wiederwahl als Vorstandsvorsitzender sei gefährdet. Am 1. Januar 2007 setzte Piëch seinen engen Vertrauten Martin Winterkorn auf den Chefposten in Wolfsburg. Kenner des Konzerns berichten, Piëch habe sich darüber geärgert, dass Pischetsrieder als sein Nachfolger auf dem Chefstuhl viele Entscheidungen Piëchs umgestoßen hatte.

Wahrscheinlich hat keiner in der Branche so viel technisches Talent wie dieser Enkel des Porsche- und Käfer-Erfinders Ferdinand Porsche und vermutlich hat niemand außer ihm diesen fast krankhaften Ehrgeiz. Ein Antrieb für den Ingenieur, das behaupten Kenner der Familie, sei, dass Ferdinand Piëch mit dem falschen Familiennamen auf die Welt gekommen sei und sein ganzes Leben darunter litt, kein Porsche zu sein, sondern nur ein Piëch, weil seine Mutter Louise Porsche einen Juristen namens Anton Piëch geheiratet hatte. Ferdinand hat zeit seines Lebens Autos und Motoren entwickelt und danach gestrebt, es dem Großvater gleichzutun. Bei allem gab es für ihn nur ein Ziel: Der Motor musste noch mehr PS haben, noch mehr Zylinder, er musste noch schneller sein als alles bisher Dagewesene.

Ferdinand wurde am 17. April 1937 in Wien geboren. Gleich nach dem Abitur absolvierte er in der Schweiz ein Maschinenbaustudium. Er wollte Autoingenieur werden wie sein Großvater. Der Junge ist praktisch mit Benzin im Blut auf die Welt gekommen, er ist von Kindesbeinen an glühender Autofan. In den Garagen seiner Eltern und Verwandten standen genügend Meisterwerke der damaligen Autotechnik herum, um auf den jungen Mann große Faszination auszuüben. Der Großvater war einer der genialsten Konstrukteure seiner Zeit. „Meine erste Liebe zur Technik war wohl schon im wohlriechenden Umfeld des großväterlichen Konstruktionsbüros am Wörthersee entstanden", sagt Piëch über sich selbst.

Mit 18 durfte sich der Sohn aus sehr wohlhabendem Hause einen 365er-Porsche wünschen. Schon als Jugendlicher war er ein begeisterter Schrauber, wenn auch ein privilegierter. Seine Mutter machte dem jungen Mann ein für normale Menschen merkwürdiges Präsent. Sie schenkte dem Sohn zwei halbe Austro Daimlers. Der baute die beiden Teile zu einem himmelblauen Fahrzeug zusammen, von dem er noch heute schwärmt. Es steht im Porsche-Museum in Stuttgart. In seiner Diplomarbeit konstruierte Piëch einen luftgekühlten Zwölfzylinder-Formel-1-Motor. Darunter tut es der Porsche-Enkel offenbar nicht.

Nach dem Studium ging er nach Stuttgart zu Porsche, wohin denn sonst, und er tat, was ihm am meisten Spaß machte. Er entwickelte mit 31 Jahren für Porsche ein Rennauto, wie es zuvor niemand gesehen hatte. Piëch nennt diesen Porsche 917 selbst „das ultimative Tier unter den Rennwagen", und spricht von „nützlichem Irrwitz". Das ungestüme Ding hatte so viel Kraft, dass es knapp an die 400 Kilometer pro Stunde herankam. Die Porsche-Werkspiloten weigerten sich, den Flitzer, der gerne abhob oder aus der Kurve flog, an seine Grenzen zu fahren und 1969 kam ein Rennfahrer in dem Geschoss gleich bei der ersten Runde im 24-Stunden-Rennen von Le Mans zu Tode. Noch heute ist Ferdinand Piëch stolz auf dieses Auto „mit den schlechten Manieren".

Piëch ging 1972, da war er 35 Jahre alt, zur Audi NSU Auto Union nach Ingolstadt, die kurz zuvor von Volkswagen übernommen worden war. Auch hier zeigte der energische Absolvent der Eidgenössischen Technischen Hochschule Zürich, was in ihm steckte. Er saß nach drei Jahren im Vorstand des Unternehmens und war für die technische Entwicklung zuständig. Als Piëch das Unternehmen Ende 1992 als Chef verließ, um Vorstandsvorsitzender der Muttergesellschaft Volkswagen zu werden, hieß es, es sei allein Piëch zu verdanken, dass die Marke Audi, die in der Nachkriegszeit als Hut- und Hosenträgermarke der Biederbürger galt, zum technisch anspruchsvollen Hersteller sportlicher Autos wurde. Nicht zuletzt gelang das mit der Einführung des Allradantriebs für Pkw, der völlig ungewöhnlich war.

Auch den VW-Konzern, wo er von 1993 bis 2002 der Vorstandschef war und dessen Aufsichtsratsvorsitzender er noch heute ist, krempelte Piëch völlig um, nicht immer zimperlich. Als Piëch VW-Chef wurde, galt der Konzern als Sanierungsfall. Er machte Verluste, die Produktivität war viel zu gering. Die Konkurrenten bauten um 20 bis 40 Prozent mehr Autos pro Mann der Belegschaft als VW. Aber für Piëch war ein Traum in Erfüllung gegangen. Er war nun Herr des Konzerns, der mit dem Käfer seines Großvaters aufgestiegen und zum Symbol des deutschen Wirtschaftswunders geworden war. Jetzt konnte er dort wirken, wo schon sein Vater Anton Piëch in den Kriegsjahren der Werksleiter gewesen war. Piëch war bei VW sozusagen zu Hause angekommen und mancher sagt ihm sogar nach, dass er VW wegen seiner familiären Bindung als eine Art Eigentum seiner Familie betrachtete, lange bevor die Familien Porsche und Piëch mit der Eingliederung des Sportwagenbauers in den Wolfsburger Konzern die Herren von VW wurden.

Leider aber setzte Piëch nicht nur auf moderne Technik und hohe Qualität. Er fuhr bei VW auch einen gnadenlosen Sparkurs, der die Zulieferer unter zuvor nicht gekannten Druck setzte. Piëch hat die Manager anderer Autohersteller damit schockiert, dass für ihn Wettbewerb nicht einfach Konkurrenz war, sondern Krieg. Piëch war noch nicht lange in Wolfsburg, da holte er den gefürchteten Chefeinkäufer und Kostenkiller von General Motors, den Spanier Ignacio López, in seinen Vorstand. Der war in der Branche bekannt als Einkäufer, der die Preise mit ungewöhnlicher Brutalität drückte. So einen Mann, der bei den Lieferanten Furcht und Schrecken auslöste, musste Piëch haben. Bei VW brannte schon das Dach und Piëch brauchte schnelle Erfolge.

Doch der Baske, der sich selbst einen Krieger nannte, brachte VW und dem neuen Chef Piëch schnell ernste Probleme. Die Qualität der Autos litt, weil die Zulieferteile naturgemäß schlechter wurden. Eines Tages durchsuchten die Staatsanwälte die Büros von VW. General Motors hatte VW verklagt wegen des Verdachts der Industriespionage. López soll vertrauliche Daten von GM mit nach Wolfsburg genommen haben, so war der Vorwurf. Erstmals nahm die Öffentlichkeit dem VW-Vorstandsvorsitzenden seine kompromisslose Härte übel. Seine Karriere war gefährdet. Er war der Unhold der Branche, der zu weit gegangen war.

Er kam aus der Sache heraus und schaffte das nächste automobile Kunststück. Er sorgte für die sogenannte Plattformstrategie, packte die gleiche Technik in die Autos sämtlicher Marken von Seat und Škoda bis zu VW und Audi und sorgte mit diesem Kniff dafür, dass die Autos billiger gebaut werden konnten. Am Ende seiner Amtszeit als Vorstandschef 2002 stand VW wieder gut da. VW lieferte 2001, dem letzten ganzen Geschäftsjahr unter Piëch, das beste Ergebnis seiner Geschichte ab.

Allerdings saß VW ein Jahr später schon wieder in der Klemme und mancher im Konzern glaubte, „der Alte“, wie Piëch im Unternehmen genannt wurde, habe mal wieder in die Trickkiste gegriffen, um einen guten Abgang zu haben, bevor die Zahlen wieder schlechter würden.

Auch die peinliche Bestechungsaffäre, die den VW-Konzern 2005 durchschüttelte, konnte Piëch nichts anhaben. Während seiner Zeit als Aufsichtsratschef waren bei VW die Betriebsräte jahrelang systematisch bestochen worden. Einige hohe VW-Vertreter wie der Personalchef Peter Hartz mussten gehen. Piëch blieb. Ihm konnte nie etwas nachgewiesen werden.

Kenner des VW-Konzerns erzählen, Piëch habe über praktisch jede Führungskraft im Unternehmen ein Dossier anlegen lassen, das positive Leistungen, aber auch Fehler und Fehltritte aufweist. Ob es stimmt, ist nicht sicher. Aber bei VW geht die Furcht um, dass jeder, der etwas an Piëch, seiner Person oder seinem Führungsstil auszusetzen hat, sofort mit der Rache des Alten rechnen muss. Es kann passieren, dass VW-Führungskräfte bei vertraulichen Gesprächen mit Journalisten ihr Handy nicht einfach ausschalten, sondern sogar den Akku herausnehmen. Sie trauen ihrem Arbeitgeber zu, dass er sogar die abgeschalteten Mobiltelefone seiner Mitarbeiter abhört.

Aber Piëch tut alles für seine Leidenschaft. Er ist ein Autoverrückter und zugleich ein Perfektionist. Es reichte ihm nicht, dass er Audi zur Premiummarke gemacht hatte und dass ihm der Umbau des VW-Konzerns gelungen war. Er wollte mehr. Er wollte zeigen, dass er auch Luxusautos entwickeln kann, und behauptete, teure Nobelkarossen, die der S-Klasse von Mercedes oder der 7er-Reihe von BMW Konkurrenz machten, würden dem Image der Marke Volkswagen helfen. Piëch beschwätzte die Arbeitnehmervertreter im Aufsichtsrat und drückte die Entwicklung des Phaeton durch, für den er sogar eine eigene Fabrik mitten in Dresden baute, die durch ihre gläserne Architektur auch ein städtebauliches Denkmal sein sollte. Das Fahrzeug wurde technisch eine Meisterleistung, die die Handschrift des Meisters trug. Besonders stolz ist Piëch auf die zugfreie Klimaanlage, die er eigens für den Phaeton entwickelte.

Dieses Prestigeprojekt erlaubte Piëch, bei VW einen Motor mit zwölf Zylindern und einem Hubraum von sechs Litern zum Einsatz zu bringen. Ausgerüstet mit einem Kompressorkühlschrank in der Fond-Sitzlehne und mit Klavierlack als Außenhaut, kann der Spritsäufer schnell in die Gegend von 150 000 Euro kommen. Der Phaeton entpuppte sich als fixe Idee seines Schöpfers Piëch, das Auto erreichte nie rentable Stückzahlen.

Noch verrückter war der Ausflug Piëchs ins Superrennwagensegment. Im Jahr 1998 hatte Piëch gerade den verlustbringenden italienischen Sportwagenhersteller Lamborghini gekauft und der Marke Audi angegliedert, da zündete der PS-Fetischist die nächste Stufe der Aufrüstung. Er kaufte die lothringische Traditionsmarke Bugatti, die wegen ihrer Renn- und Sportwagen vor dem Zweiten Weltkrieg eine Legende war, die danach aber faktisch untergegangen war. Diese Marke wiederzubeleben war sein Plan und im selben Jahr, in dem Piëch ein Dreiliterauto der Marke VW ankündigte, gab er bekannt, es werde bald im Konzern einen Bugatti mit 18 Zylindern geben. Es wurden am Ende nur 16 Zylinder, die aber erzeugen 1 001 PS im Veyron, der schon mal 100 Liter Sprit auf 100 Kilometer braucht. Aber wen interessiert schon der Spritverbrauch eines Autos, das den Käufer 1,2 Millionen Euro kostet. Seit 2005 wurden gut 200 Stück von diesem Geschoss in Handarbeit gefertigt. Als sicher darf gelten, dass den meisten Golf- und Polo-Käufern nicht bewusst ist, dass sie mit ihrem Kauf die PS-Spinnereien des VW-Aufsichtsratsvorsitzenden Piëch mitfinanzieren.

Der größte Mahner – Daniel Goeudevert

Daniel Goeudevert hat sich verändert. Der hochgewachsene Franzose mit dem einst roten Haar ist inzwischen fast weiß geworden. Weil er sich auch noch einen gepflegten Vollbart zulegte, könnte man ihn heute für einen Philosophieprofessor halten. An einen Manager erinnert bei diesem Mann, der stets in lockerer Freizeitkleidung unterwegs ist, nichts mehr. Man glaubt dem 68-Jährigen anzusehen, dass er das Leben außerhalb der Führungsetage genießt. An diesem warmen Nachmittag sitzt er auf der Terrasse seines Hauses in einem kleinen Ort der Hoch-Provence und spielt mit Ehefrau Gabi eine Runde Backgammon. Sein Lieblingsspiel. Das ist das tägliche Ritual des Paares. Ein Gläschen Rotwein steht bereit. Er ist froh, dass er heute nicht auf Reisen sein muss und sein provencalisches Paradies genießen kann, auf das er sichtlich stolz ist. Von diesem Hochplateau aus geht der Blick bis zum etwa 30 Kilometer entfernten Mittelmeer. Schaut man nach Westen, reicht der Blick in der dunstigen Luft bis zu dem malerischen alten Städtchen Aix en Provence. Dieser Mann ist zu beneiden. Im Sommer verbringt er etwa fünf Monate in der südfranzösischen Wärme, die in der warmen Jahreszeit noch durch den Duft der Lavendelfelder angereichert wird, die die Hügellandschaft blau färben. Den größten Teil des Jahres verbringt Goeudevert, der seit 20 Jahren mit seiner deutschen Frau Gabi verheiratet ist, jedoch in der Schweiz. Gerade hat er im Berner Oberland ein neues Haus in der Nähe des Thuner Sees erworben. Auch von hier aus ist der Blick überwältigend. Vor seinem Fenster ragen die Gipfel von Eiger, Mönch und Jungfrau in den Himmel und das weniger hohe, aber ebenfalls markante Stockhorn.

Dieser Mann liebt die große landschaftliche Kulisse und die Distanz zu seinem früheren Leben.

Aber auch 16 Jahre nach seinem frühen Ausscheiden aus dem aktiven Managerleben ist Goeudevert noch immer bestens über die Autoindustrie informiert. Deutsche Zeitungen und Wirtschaftsmagazine liegen bei ihm in solchen Mengen herum, als dürfe ihm aus seiner alten Branche nichts entgehen. Er liest alles, was über die Autoindustrie geschrieben wird. Goeudevert lächelt nur bei der Fülle der Artikel, die sich auf seinem Schreibtisch stapeln. Er könnte sagen, er habe immer gewusst, dass die Autoindustrie eines Tages tief stürzen wird. Er hat es oft genug vorhergesagt. Aber der Franzose sagt es nicht, nur manchmal verrät ein kaum sichtbares Lächeln, dass er es doch ein wenig genießt, mit vielen Aussagen recht gehabt zu haben. „Ich bin ein weiterhin engagierter Beobachter“, sagt er.

Noch immer ist der Mann, der in den Medien gerne als Querdenker apostrophiert wird, ein gefragter Redner, der vor allem in Deutschland Vorträge hält, in denen er nicht selten die Fehler der Autoindustrie aufspießt. Oder er präsentiert seine Bücher, in denen er seine Erlebnisse als Manager beschreibt und in denen er über das Unglück der Gier nachdenkt. Sie alle wurden zu Bestsellern. Aber bei aller

Kritik am automobilen Wahn unserer Zeit kann dieser Mann nicht verhehlen, dass er noch immer ein echter Autofan ist. Seine Augen glänzen, wenn er berichtet, wie herrlich er es findet, mit seinem Audi A8 mal eben von der Schweiz in die Provence zu fahren, oder wie er es genießt, im alten Käfer-Cabrio seiner Frau durch das Berner Oberland zu gondeln.

Daniel Goeudevert war in der deutschen Wirtschaft eine Ausnahmeerscheinung. Immer. Er wäre es heute noch, aber erst recht war er es 1980, als er zu Ford nach Köln kam. Zu jener Zeit waren Ausländer als Unternehmenschefs in Deutschland noch eine Ausnahme. Ein Amerikaner bei Ford, das wäre nicht erstaunlich gewesen, die Firma hat einen amerikanischen Eigentümer. Aber ein Franzose, der nicht nur einen sympathischen Akzent hatte, der auch sonst völlig anders redete als seine Kollegen in anderen Unternehmen, das war ungewöhnlich. Deutsche Führungsetagen sind noch heute in der großen Mehrheit rein deutsch besetzt, von ein paar Österreichern oder Schweizern mal abgesehen. Die Chefstühle von Autounternehmen sind in der Regel den Absolventen technischer Hochschulen vorbehalten. Der Schöngeist Goeudevert war eine auffällige Wahl für die kleine Welt der Diplom-Ingenieure, die nur über Drehmoment, Nockenwellen und Spaltmaße nachzudenken scheinen. Die Medien dankten es ihm. Goeudevert war ein gesuchter Gesprächspartner der Journalisten. Er sah vieles anders als seine Chefkollegen in anderen Firmen und war immer für eine provokante These gut. Den größten Ärger bekam er nach einem *Spiegel*-Interview. Danach rauschte es wochenlang im deutschen Blätterwald. Goeudevert hatte in dem Interview einen Satz gesagt, der einem deutschen Autochef verboten war: „Ich könnte mit einem Tempolimit leben." Das war eine Frechheit. Den anderen Autochefs stockte der Atem. Mit diesem Wort hatte er gegen die eiserne Regel der Branche verstoßen. So etwas zu sagen ist noch heute in der deutschen Autoindustrie eine Todsünde, Verrat. Ein Aufschrei ging durch die Chefetagen. Was fällt diesem Franzosen ein? Die deutschen Autohersteller behaupten, sie könnten ihre Autos auf den Exportmärkten nur als technisch überlegen verkaufen, weil sie autobahntauglich sind, weil sie rasen und sicher bremsen können. Geschwindigkeit sei ein Standortvorteil. Nur so könnten die Deutschen sich von den Konkurrenten abheben. Das war so gut wie in Stein gemeißelt. Wer daran kratzt, das war die einhellige Meinung, der zerstört Arbeitsplätze.

„Ich weiß, ich sitze im Glashaus", sagte der Ford-Mann damals, „aber ich werfe nun mal gerne mit Steinen", so war das Credo dieses selbstbewussten Mannes. Waren Piëch und Lutz Sprösslinge reicher Eltern, kam Goeudevert aus den armen Verhältnissen einer Gendarmen-Familie. So macht er sich noch immer mehr Gedanken über das Einkommen einfacher Menschen als Söhne aus bestem Hause. Ein wenig hat dieser Widerspruchsgeist auch mit seiner äußeren Erscheinung zu tun. Goeudevert geht bemerkenswert offen mit seinem Aussehen um und macht sich inzwischen lustig über „den Franzosen, der aussieht wie ein holländischer Metzger". Als Kind fand er es kaum lustig, wenn er von seinen Schulkameraden gehänselt wurde. Einer hat ihm in der Schule mal gesagt, warum er Daniel nicht mochte. „Du bist groß, zu rot und du sprichst zu laut." So was machte dem Jungen zu schaffen. Also suchte er sich andere Felder, in denen er bestehen konnte. Er widersprach und ärgerte seine Lehrer. Und er wurde ein erfolgreicher Sportler, der es im Kugelstoßen beinahe zum französischen Meister gebracht hätte. Nur einer stieß im entscheidenden Wettkampf die Kugel weiter. „Zum ersten Mal erreichte ich Aufmerksamkeit, ohne provozieren zu müssen", schrieb Goeudevert in seinen Memoiren. Aber die Lust zur Provokation blieb.

In die Autobranche war Goeudevert aus Zufall geraten. Studiert hatte der 1942 in Reims geborene Goeudevert an der Pariser Sorbonne, und zwar Literatur. Nach dem Studium war er zunächst Lehrer an einem Gymnasium in Paris, und alles sah nach einer Karriere im philosophischen Fach aus. Doch der junge Familienvater musste Geld verdienen. Sein schmales Lehrergehalt reichte nicht für ein Leben mit Kindern in der teuren französischen Hauptstadt. Er ging zu einem Citroën-Händler in Paris und wurde Autoverkäufer.

Sofort verdiente er dreimal so viel wie als Lehrer. Eine der interessantesten Karrieren in der europäischen Autoindustrie hatte begonnen.

Dieser Quereinsteiger verkaufte die Autos anders als seine Kollegen. Er beriet die Kunden nicht im Ausstellungsraum des Autohauses, er ging zu den Kunden in die Wohnung. Schnell wusste er: „Der beste Ort, um ein Auto zu verkaufen, ist die Küche." In den eigenen vier Wänden fühlten sich die Menschen sicher, hatten keine Angst, von einem forschen Verkäufertypen überrumpelt zu werden. Seine Erfahrung, die diesen vermeintlichen Schöngeist aber als beinharten Verkäufer verrät, war: „Man kann 50 Prozent der Kunden gegen ihren Willen ein Auto verkaufen." Zu Hause, so die Erfahrung, „kann man sie müheloser zu einem Kauf überreden". Schnell hatte er entdeckt, dass er mit seiner Redekunst nicht die Ehemänner überzeugen musste, die in der Regel das Geld verdienten und die Autos bezahlten. „Der Bündnispartner waren immer die Frauen", verrät der gewiefte Hobby-Psychologe über seine Verkäufertricks. In seinem Rekordmonat verkaufte das Kommunikationsgenie 42 Autos. Seine Chefs waren begeistert, sie lobten ihn von einer Führungsposition auf die nächste. Mit erst 32 Jahren, das war 1974, wurde der Mann mit den roten Haaren Vorstand von Citroën in Köln. Deutschland war für die Franzosen der wichtigste Exportmarkt, und das Geschäft lief nicht richtig. Goeudevert brachte die Zahlen nach oben. Er wurde zum Star der Franzosen auf der rechten Rheinseite und bald warb Renault das Verkaufsgenie ab, um ihm den wichtigsten Automarkt in Europa anzuvertrauen.

Doch der eigentliche Aufstieg des Daniel Goeudevert begann 1980. Der Manager war bei Renault frustriert. Da lockte ihn Ford in Köln. Bob Lutz, der damals Chef von Ford Europa war, hatte alle Register gezogen, um Goeudevert für Ford zu gewinnen. Der war bei Renault aber inzwischen so weit, dass er die Autobranche ganz verlassen wollte. Lutz war mit dem Ford-Firmenflugzeug, das die Größe einer kleinen Boeing hatte, nach Frankreich geflogen, wo Goeudevert gerade Urlaub machte. „Mein Dienstflugzeug", erklärte Lutz mit dicker Zigarre in der Hand dem verdutzten Renault-Mann. „Kommen Sie zu uns, dann können Sie es jederzeit benutzen." Goeudevert sagte zu, er hatte einen Riesensprung gemacht, jetzt befehligte er ein Unternehmen mit 50 000 Beschäftigten und einem Umsatz von 17 Milliarden Mark. Aber er saß auf einem der größten Schleudersitze in der deutschen Autoindustrie. Die Ford-Chefs waren gekommen und wieder gegangen. Doch Goeudevert hielt sich zehn Jahre lang, er brachte Ford nach vorne und galt als erfolgreicher Manager.

Das mochten die lieben Konkurrenten noch weniger an diesem Franzosen in Köln als seine provozierenden Sprüche. Ein Ärgernis war ihnen auch Goeudeverts Preispolitik.

Auch die ist wahrscheinlich die Folge der frühen Erfahrungen an Pariser Küchentischen, wo Goeudevert ein feines Gespür dafür entwickelte, was sich normale Menschen mit ihren Einkommen leisten können. Aber der Ford-Chef brach 1989 einfach ein Tabu. Das neue Modell des Fiesta sollte nicht mehr kosten als sein Vorgänger, obwohl es besser war. Die Konkurrenten staunten und tobten. Üblicherweise erhöhten sie mit jedem Modellwechsel ihre Preise um zehn bis 20 Prozent. Goeudevert aber hielt ihnen entgegen. „Die deutschen Autos sind zu teuer geworden." Das ist eine der Aussagen von Goeudevert, die noch heute gelten. Und trotz aller Kritik liebt er das Auto, aber anders als deutsche Automanager hat er es nie als Prestigeobjekt verstanden. Für ihn ist es ein Transportmittel von vielen. Eine typische Goeudevert-Weisheit hört sich deshalb so an: „Damit wir den Spaß am Auto nicht verlieren, brauchen wir die Bahn." Ein solcher Spruch ist für die Manager der PS-Branche fast so schlimm wie die Verteidigung des Tempolimits. Ein deutscher Autochef darf kein gutes Argument für die Bahn finden. Aber Goeudevert ging noch weiter, er hat den Autoherstellern sogar perverses Denken vorgeworfen. Die Branche hätte sich von den Bedürfnissen der Kunden entfernt. „Wenn einer einen Sechszylinder anbietet, bringt der nächste einen Achtzylinder." Wenn der einen Zwölfzylindermotor mit 300 PS anbiete, bringe ein anderer einen mit 350 Pferdestärken. „Zum Glück geht das nicht unbegrenzt weiter, sonst wäre im Auto nur noch Platz für Zylinder und keiner mehr für Insassen.“ Und: „Es kann in die Katastrophe führen, wenn das Auto zu teuer wird, wenn es die Umwelt zu stark belastet, wenn so viele Autos herumfahren wollen, dass keiner mehr fahren kann, weil alle im Stau stehen.“ Trotz seiner Kampfeslust: Nach zehn Jahren in Köln hatte Goeudevert die Nase voll von der Autoindustrie, von dessen Denken er sich immer mehr entfernt hatte. Möglicherweise ging es dem Ford-Management ähnlich. Man trennt sich im gegenseitigen Einvernehmen.

Nach seinem Ausscheiden bei Ford wollte Goeudevert der PS-Industrie mal wieder den Rücken kehren und plante die Gründung einer Managementschule in Dortmund. Zu dieser Ruhrgebietsstadt hat er ein besonderes Verhältnis, weil er als Schüler hier ein Austauschjahr verbracht und seine spätere Frau Gabi kennengelernt hatte. Doch die Managementschule lief nicht gut und es dauerte nicht lange, da war dieser Autokritiker schon wieder im Vorstand eines Autounternehmens. Diesmal war es VW. Volkswagen war damals für seine Solidität bekannt und dafür, zuverlässige, aber etwas langweilige Autos zu bauen. Eigentlich nichts für den Schöngeist und Autokritiker. Doch Goeudevert folgte dem Ruf des damaligen Konzernchefs Carl Hahn. Goeudevert ist eben auch eitel. „Wenn man als Franzose unerwartet in den Vorstand einer der bedeutendsten Unternehmensgruppen berufen wird, dann fühlt man sich einfach geschmeichelt.“

Es ging einige Zeit gut. Aber die Probleme kamen bald wieder zum Vorschein. Der Neue in Wolfsburg, der zunächst zuständig war für Beschaffung und Logistik, hatte sich schon zu stark vom normalen Denken in der Autoindustrie abgewendet. Mit seinen Ideen drang er in Wolfsburg nicht durch. Er wollte ein Öko-Auto machen. Der Wolfsburger Widerstand war zu groß. Er wollte das neue Zukunftsauto des Schweizer Uhrenfabrikanten Hayek bauen, das Swatch-Auto, das später von Daimler unter dem Namen Smart auf den Markt kam. Er blitzte bei seinen Kollegen im Vorstand ab. Er dachte über das Elektroauto nach, auch das wurde abgebügelt, und als im Jahr 1992 intern die Frage diskutiert wurde, wer die Nachfolge Hahns als VW-Chef antreten sollte, war die Antwort schnell klar. Es lief auf Ferdinand Piëch hinaus, den Chef der VW-Tochter Audi. Goeudevert, der sich Chancen ausgerechnet hatte, diesen Konzern zu führen, hatte gegen diesen ausgesprochenen Automann überhaupt keine Chance. Er wäre nach seinen eigenen Worten sogar damit zufrieden gewesen, unter Piëch nur stellvertretender Konzernchef zu sein. Doch das war mit Piëch nicht zu machen. Die beiden waren zu verschieden, man könnte sagen, sie lebten in verschiedenen Welten. Goeudevert hat Piëch eines Tages direkt angesprochen. „Ich verstehe es so, dass Sie kein Vertrauen zu mir haben.“ Die Antwort war: „Ja, das Vertrauen ist weg.“ Im Juli 1993 war Goeudeverts Autokarriere wirklich zu Ende.

KAPITEL 6

Die Kunden laufen davon

Alfred Vögl ist BMW-Händler in Dingolfing. Bisher lief der Betrieb, den er und sein Bruder vom Vater geerbt haben, bestens. Die Vögls waren zufrieden. Dingolfing ist eine kleine niederbayerische Industriestadt mit 18 000 Einwohnern, die ihren Wohlstand zum großen Teil dem BMW-Konzern verdankt, der seit Ende der 60er-Jahre hier Autos baut. BMW hatte damals die Fabrik des Autoherstellers Glas übernommen, in denen das berühmte Goggomobil gebaut wurde. Seitdem ist hier an der Isar viel passiert. Das Dingolfinger Werk von BMW, das gleich an der Autobahn von München in Richtung Deggendorf liegt, wuchs zum größten der weiß-blauen Marke. Hier werden nur die 7er- und 5er-Reihen gebaut, die oberen Luxusmodelle des Hauses, die zugleich die traditionellen Gewinnbringer von BMW sind. Der billigste 7er kostet 70 000 Euro, der teuerste 5er kann mit ein paar schicken Sonderwünschen schnell in die Nähe von 90 000 Euro kommen. Bei diesen Modellen bedienen sich in guten Zeiten die Wohlstandsbürger der Republik, vor allem aber die großen Unternehmen, die ihre Führungskräfte mit Dienstwagen ausstatten. BMW-Händler Vögl konnte vom Aufschwung des größten Arbeitgebers am Ort bestens profitieren. Vögls Neubau mit dem flachen Ausstellungsraum ist groß und freundlich, er verschwindet fast hinter dem wuchtigen Betonbau des gleich nebenan liegenden BMW-Werkes.

Aber etwas ist anders als früher. An diesem grauen Oktobernachmittag von 2008 ist kein Kunde in seinem Laden. Das ist ungewöhnlich, niemand interessiert sich für das 3er-Cabrio, das 1er-Coupé oder für einen der wie neu wirkenden Gebrauchtwagen vor der Tür. „Die Käufer halten sich zurück", meint Vögl und kann es selbst kaum glauben. Irgendein Interessent war sonst immer im Laden, und wenn er sich nur ein wenig umschauen wollte. Seine Kunden, das sind die, die es in der Stadt zu etwas gebracht haben – die Metzger, Architekten oder Anwälte, die hier auch von BMW leben und die früher regelmäßig bei ihm ihre Autos kauften, gebrauchte und neue, große oder kleine. Mitte September 2008 hat Vögl plötzlich gemerkt, dass die Kunden wegbleiben. Alfred Vögl deutet auf einen neuen M3-BMW, dunkelblau, 400 PS, laut Preisliste 85 000 Euro teuer. Der Händler würde den Wagen sofort für 60 000 hergeben, aber keiner will ihn mitnehmen. Vögl: „Die Kunden warten."

Wenn es nur so wäre. Es ist viel schlimmer. Das wird in der Krise klar. Die Kunden warten nicht, sie bocken, sie wollen nicht mehr ohne Weiteres kaufen, was die Händler bieten, egal welcher Marke. Die Autokäufer sind kritischer geworden, sie schauen auf Benzinverbrauch und Kohlendioxid-Ausstoß und entscheiden sich für kleinere Autos mit weniger PS. Die Hersteller sind erstaunt. Das hatte es noch nie gegeben. Die Autokonzerne konnten bisher verkaufen, was sie anboten. Selbst durch unglückliches Design hässlich geratene große 7er-BMWs fanden noch ihre Käufer, notfalls in China oder Russland, wo alles einen Käufer fand, was groß und teuer war. Hauptsache, es war ein deutsches Premiumprodukt. Die Hersteller glaubten, das Patentrezept für ewigen Aufschwung zu haben: Je teurer das Auto, desto besser waren die Aussichten, es zu verkaufen.

Die Erklärung war immer die gleiche: Der Reichtum auf der Welt nimmt zu und Reiche wird es immer geben. Kritik an PS-Prahlerei und umweltschädlichen Autos ließen die Automanager nicht zu. „Wir verkaufen nur, was die Kunden wollen." In der Krise zeigt sich auf drastische Weise, dass dieser Satz wahr ist und die Autokäufer sich nicht mehr von der teuren Werbung in die Irre führen lassen. Und die Automanager wollen nicht glauben, dass die Kunden tatsächlich einen eigenen Willen haben.

Die Mär vom Käuferstreik

Sie staunten vor allem, weil von dem neuen Käuferverhalten gleich die ganze Branche betroffen war, nicht nur ein Hersteller, der vielleicht den Publikumsgeschmack falsch eingeschätzt hatte. Das war neu. Alle Marken bekamen die Zurückhaltung zu spüren. Die Automanager konnten sich diese Vorgänge überhaupt nicht erklären. Alles war anders. Erst galt die Finanzkrise als der entscheidende Störfaktor, der die Käufer irritierte. Die Kunden hielten ihr Geld zusammen, hieß es, sie hätten Angst um ihre Jobs. Das sei allein eine Frage der Zeit. Aber drastische Abschwünge hatte es früher auch schon gegeben, und die Geschäfte waren weitergelaufen, wenn auch auf kleinerer Flamme. Das Wort vom Käuferstreik ging um. An den Kunden muss es liegen. Woran denn sonst? Diese Erklärung ist ja auch weniger schmerzhaft als die bittere Erkenntnis, dass die Autohersteller vielleicht die falschen Autos anbieten. Es dauerte einige Monate, bis allen klar war, dass die große Finanz- und Wirtschaftskrise nur der Auslöser war für diese schwere Autokrise und keineswegs deren Ursache. Die Krise hat die Schwäche der Branche gnadenlos aufgedeckt. Es reicht nicht mehr, einfach auf bessere Zeiten zu warten. Die Konzernchefs müssen zur Kenntnis nehmen, dass sie nur eine Chance haben, aus dieser Misere wieder herauszukommen, wenn sich die Industrie grundlegend wandelt und besser auf die Kunden und deren Wünsche hört, statt ihnen die Autos vorzusetzen, die allein den Managern gefallen.

Begonnen hatte die Abkehr bereits im Jahr 2007 in den Vereinigten Staaten. Dort war der Spritpreis drastisch gestiegen und hatte die Amerikaner nachdenklich gemacht. Als der Literpreis 2008 die Rekordhöhe von zeitweilig einem Dollar erreicht hatte, war es für sie ein solcher Schock, dass sie den Kauf von Autos erst einmal verschoben. Mag für europäische Verhältnisse ein Benzinpreis von 60 Euro-Cent sehr günstig sein, für die Bewohner der Neuen Welt, die billigen Sprit für ihr verfassungsmäßiges Recht halten, brach jedoch eine Welt zusammen und sie ließen danach die Welt von Detroit einstürzen. In Amerika waren seit den 90er-Jahren die schweren Sport Utility Vehicles (SUV) in Mode gekommen, hochbeinige Geländewagen mit Allradantrieb. Die verbrauchten zum Teil 20 Liter auf 100 Kilometer, manche auch mehr. Statt eines Achtliterverbrauchs haben viele dieser beliebten Kutschen der Amerikaner noch heute Motoren mit einem Hubraum von acht Litern. Für die Autohersteller war dieser Boom der Geländewagen ein einziger Segen. GM, Ford und Chrysler hatten schon lange Schwierigkeiten, ihre normalen Pkw zu verkaufen. Auf dem Gebiet waren die Ausländer aus Japan oder Deutschland besser. Da kam ihnen dieser Geländewagenboom gerade recht. Sie packten ihre uralten Motoren, Getriebe und Achsen, die sie schon seit Jahrzehnten in ihre Pick-ups einbauten, einfach in diese Vehikel und konnten fast zwei Jahrzehnte mit dieser abgeschriebenen Technik hohe Gewinne machen. Das verlustreiche Geschäft mit den Pkw haben sie sogar noch subventionieren können.

Alles war in bester Ordnung in der US-Autoindustrie, bis die Liebe der Amerikaner zu ihren Gaz Guzzlers, wie sie ihre Spritschlucker nennen, plötzlich abriss. Die Verkäufe der großen Säufer gingen bei manchen Modellen um ein Viertel zurück. Das traf nicht nur General Motors, Chrysler und Ford ins Mark, jetzt bekam auch Toyota den entscheidenden Schlag. Die Japaner bekamen ebenfalls die Abneigung der Amerikaner gegen die ganz großen Motoren plötzlich zu spüren. Um von dem überraschenden SUV-Boom auch etwas mitzunehmen, hatte Toyota selbst hubraumstarke Geländewagen auf den Markt gebracht, die man in Europa gar nicht zu sehen bekommt. Die plötzliche Kaufabstinenz traf jetzt auch diese Marke mit solcher Wucht, dass sie den ersten Verlust in der Konzerngeschichte erlitt.

Auch in Europa kam der Abschwung für große Fahrzeuge als Folge der hohen Spritpreise. Bei den ganz großen Benzinverbrauchern mit Allradantrieb ging die Nachfrage auf einen Schlag um 40 Prozent zurück. Das sind Abstürze, die vorher niemand kannte und die bei den Herstellern massive Unruhe auslösen und die Frage aufkommen lassen, ob jetzt das Ende kommt. Europa kaufte kleine Autos, eine Entwicklung, die verstärkt wurde durch zahlreiche Länder, in denen der Kauf neuer Autos mit staatlicher Beihilfe gefördert wurde. Auf dem deutschen Markt meldete sich zum Beispiel plötzlich Fiat zurück. Den größten Erfolg landete aber die rumänische Marke Dacia, eine Tochter von Renault, die schon vor einiger Zeit den Logan auf den Markt gebracht hatte, der in Osteuropa für ungefähr 5 000 Euro, in Westeuropa für 7 500 Euro verkauft wurde. Ausgerechnet auf dem deutschen Markt, von dem es heißt, der sei besonders anspruchsvoll, stiegen die Zulassungszahlen dieser Marke um mehr als 40 Prozent.

Die Anbieter von viel PS haben das Nachsehen. Daimler-Manager staunen. In dieser Zeit bleiben sie auf ihren klassischen Mercedes-Modellen sitzen. Nur der Smart, der ein Jahrzehnt lang nur mäßig erfolgreich war, wird plötzlich zur Wachstumsmarke, auch wenn die Zuwächse nicht überwältigend sind. BMW konnte sein Flaggschiff, den 7er, 2009 nur noch mit Mühe verkaufen. Schon 2008 ging der Absatz der wuchtigen Oberklasselimousine um 5 000 Stück auf 38 000 zurück. Auch der Geländewagen X5, der Ende des vergangenen Jahrhunderts hauptsächlich für den amerikanischen Markt entwickelt wurde und mit Motoren bis zu 360 PS ausgestattet ist, verkauft sich nur noch schleppend und mit hohen Rabatten. Die großen Gewinner in Europa sind Volkswagen und die Japaner von Toyota bis Suzuki.

Auf dem deutschen Markt zeigte sich 2009 auf erstaunliche Weise, wie genau die Käufer von Premiummarken auf den Verbrauch der Autos, den Kohlendioxid-Ausstoß und den Preis achten. Alle Luxusmarken erlitten Einbrüche auf dem größten Automarkt Europas. Am stärksten aber erwischte es die Marke mit dem Stern. Es hatte sich offenbar bei den Kunden herumgesprochen, dass die Stuttgarter Traditionsmarke in letzter Zeit am wenigsten für die Verbrauchsreduzierung getan hatte. Daimler, BMW und Audi werden zudem daran zu knacken haben, dass die großen Unternehmen, die ihren leitenden Mitarbeitern gerne Dienstwagen zur Verfügung stellen, beim Autokauf zunehmend vorsichtig werden. Der größte Teil ihrer auf dem deutschen Markt verkauften Oberklasseautos geht in dieses steuerlich stark begünstigte Segment. Doch dieser bequeme Absatzkanal wird enger. Viele Unternehmen sind weniger großzügig mit Dienstwagen als früher. Etliche Dax-Konzerne haben neue Regeln für diese Art der Entlohnung ihrer Mitarbeiter erdacht. Wer bisher vom Arbeitgeber einen 5er-BMW fahren durfte, wird auf einen 3er- zurückgestuft. „Viele Vorstände kaufen inzwischen ihre Dienstautos eine Klasse tiefer ein", berichtet der Vorstandsvorsitzende eines großen deutschen Konzerns. Es gebe in den Firmen einen Trend zum bescheideneren Auftritt. Wenn überall in den Unternehmen gespart werde, könne man nicht im Vorstand auf alten Bräuchen beharren. „Darauf schauen auch die Betriebsräte." Doch wo die Sparsamkeit um sich greift, wird der Markt für die Premiumhersteller kleiner und die Gewinne geraten unter Druck.

Schrumpfen als Rezept

Soll niemand sagen, die Autoindustrie sei einfallslos. Die Herren in Wolfsburg oder Detroit haben natürlich mitbekommen, dass irgendetwas schiefläuft, dass ihre großen Autos nicht mehr gefragt sind wie früher und dass die Kunden auf kleinere Autos schauen. Aber sofort haben sie ein neues Zaubermittel zur Hand, mit dem sie die Situation zu meistern gedenken. Sie haben das „Downsizing" entdeckt. Das klingt gut, auf jeden Fall besser als Schrumpfen oder Kleinersetzen. Jeder in der Autoindustrie, der sich über die Zukunft der Branche äußern soll, gibt dieses schöne englische Stichwort zum Besten, und zwar so, als hätte die Autoindustrie nie über etwas anderes nachgedacht. Downsizing, was denn sonst? Wenn der Spritpreis abhebt oder die Kunden die Benzinsäufer nicht mehr wollen, Simsalabim, wir haben die Lösung: kleinere Motoren. Der normale Mensch stutzt. Wie kann das so schnell gehen? In der Vergangenheit gab es in dieser Industrie immer nur eine Richtung:

Aufrüstung. Die Autos wurden größer, die PS-Zahl der Motoren nahm stetig zu. Der Fortschritt bestand allein darin, dass ein neues Automodell schneller und stärker war als der Vorgänger und ein paar Zentimeter in Länge und Breite mehr hatte. Jetzt aber reden alle über kleinere Motoren, die in große Autos gepackt werden. Zum Beispiel sagt der VW-Konzernchef Martin Winterkorn: „Mit kleinen, leistungsfähigen Dreizylindermotoren, aber auch bei den Acht- und Zwölfzylindern treibt Volkswagen den Trend zum Downsizing weiter voran." BMW-Chef Norbert Reithofer predigt die neue Bescheidenheit, als wäre der Trend zur Vernunft und zum Gesundschrumpfen in der Branche schon immer die größte Selbstverständlichkeit gewesen. „In fünf Jahren wird bei uns der Trend zu kleineren und aufgeladenen Motoren dominieren." Na also, möchte man denken. Auch beim Daimler-Konzern ist die Erkenntnis inzwischen angekommen, dass es ein Weiter-so nicht geben kann. „Wir werden stärker auch im Bereich von 15 000 Euro bis 25 000 Euro spielen müssen", weiß der Daimler-Produktionsvorstand Rainer Schmückle. Doch der Manager weiß noch nicht, wie er es machen soll. Von einer Technik und von Autos, die solche Preise erlauben, ist Daimler noch weit entfernt. Eine A-Klasse, das kleinste Modell von Mercedes, kostet ohne Sonderausstattung schon 20 000 Euro. Doch mit dem Kompaktauto in der Golf-Klasse verdient Daimler bisher keinen Cent. Bei den anderen ist es genauso. Noch haben sie keine Lösung, wie sie mit Downsizing Geld verdienen wollen.

Die Ingenieure schwärmen schon von den neuen Zeiten, davon, wie man die Motoren besser macht, wie man mit besonders hohem Druck in den Zylindern eine Fahrleistung erzeugen kann, die bisher gar nicht möglich war. Künftige Motoren sollen nur noch drei Zylinder und 1,1 oder 1,2 Liter Hubraum haben, aber trotzdem 130 PS Leistung bringen und gleiches Fahrverhalten bieten, erwarten die Ingenieure von Bosch. Die Benziner von 2015 sollen im Schnitt nur noch 5,5 Liter Benzin auf 100 Kilometer brauchen und damit 29 Prozent weniger als der heutige Standardmotor. Beim Diesel werden es 3,6 Liter auf 100 Kilometer sein, verglichen mit heutigen Motoren ein Drittel weniger. „Dreizylindermotoren sind erstaunlich gut“, sagt der Bosch-Entwickler Rolf Leonhard, „da war ich selbst überrascht.“ Offenbar sehen die Ingenieure selbst inzwischen ein, dass sie bei den Verbrennungsmotoren lange in die falsche Richtung gedacht haben. Selbst über Zweizylindermotoren, die bisher nur für Kleinstfahrzeuge mit schwacher Leistung infrage kamen, denken die Ingenieure inzwischen nach. Klar ist allerdings, dass diese zukünftigen Motoren erheblich teurer sein werden als herkömmliche Aggregate.

Damit aber stehen die Autohersteller vor der nächsten Herausforderung, die eine schnelle Lösung erst einmal schwierig macht. Denn es gibt für sie kaum Spielraum bei den Preisen. Der Druck vom Wettbewerb ist riesig. Die internationale Konkurrenz bringt immer günstigere Autos auf den Markt. Die etablierten Hersteller, das gilt gerade für die deutschen, stecken regelrecht in der Zange. Bei schrumpfendem Geschäft sitzen sie entweder schon in der Verlustzone, oder ihre Gewinne gehen gegen null, und jetzt müssen sie auch noch drei sehr schwierige Aufgaben lösen. Sie kosten alle Milliarden und verlangen die volle Aufmerksamkeit des Managements. Erstens: Sie müssen die Verbrennungsmotoren mit hohen Investitionen so verbessern, dass sie weniger Sprit verbrauchen als bisher, und das möglichst bei gleicher Leistung. Sie müssen zum Zweiten gleichzeitig völlig neue Antriebe erforschen. Drittens sind sie gezwungen, dem Trend zum Billigauto zu begegnen und ihre Produktionskosten so zu senken, dass sie zum Lieferanten von Autos selbst für Schwellenländer werden können. Und all das mitten in einem tiefen konjunkturellen Tal – dicker kann es kaum kommen.

Kleinwagen bringen nichts

Die Automanager hatten bisher ein überzeugendes Motiv, sich besser nicht mit Kleinwagen zu befassen. Der Grund dafür ist eine einfache Formel, die in der Branche als so unumstößlich galt wie in der Physik das Gesetz der Schwerkraft. Große Autos bringen große Gewinne, kleine Autos sorgen für schmalen Profit. Wenn überhaupt. So haben sich Mercedes und BMW auf Luxusmodelle konzentriert und damit viel Geld verdient. Daher kommt bei den etablierten Unternehmen der Trend zum kleineren Auto für Industrienationen und zu Billigvehikeln für Schwellenländer einer Katastrophe gleich. Sie verlieren das Geschäft mit ihren Gewinnbringern am oberen Preisende, ohne am unteren Ende der Modellskala Ersatz zu haben. „Wenn sich die Kunden auf die Kleinwagen stürzen, kippt die Finanzierung der Konzerne um“, sagt Daniel Goeudevert.

Dieser weltweite Trend ist für die deutschen Autohersteller besonders gefährlich. BMW, das wissen Fachleute, verdient mit dem 1er und dem in England produzierten Mini kein Geld, wenn man die Anlauf- und Entwicklungskosten für diese Autos in die Rechnung mit einbezieht. Um ein solches Auto profitabel zu machen, rechnen Unternehmensberater vor, müssten Stückzahlen von 800 000 Einheiten bis zu einer Million pro Jahr erreicht werden. Davon sind beide Modelle weit entfernt. Ähnliches gilt für den Daimler-Konzern, der mit seinen Kompaktmodellen ebenfalls keine Gewinnbringer hat. Der VW-Konzern ist besser dran. Er verkauft zum Beispiel mit seinen vier Marken Audi, Škoda, VW und Seat mehr als eine Million Fahrzeuge, die auf der Plattform des Golfs entstehen. Damit haben die Wolfsburger einen Skaleneffekt, für den andere den VW-Konzern beneiden. Aber trotzdem tun sich die VW-Ingenieure mit ihrem Anspruch, eine besonders hochwertige Technik und überdurchschnittliche Qualität zu liefern, seit Jahren schwer damit, einen Polo auf die Beine zu stellen, der für die Schwellenländer nicht zu teuer ist. Bisher war das Warten auf den Polo E, das E steht für Emerging Countries, vergeblich. Gegenüber einem Normal-Polo ist das Gefährt schon um 6 500 Euro billiger. Aber es konkurriert in Schwellenländern gegen Autos, die 4 000 bis 6 000 Euro kosten. Deutsche Ingenieure denken so anders als ihre Kollegen in anderen Ländern, dass sie weit davon entfernt sind, ihre bisherigen Kosten so zu unterbieten, dass sie eine Chance hätten, in Schwellenländern zum Zug zu kommen. Ein Unternehmensberater von Roland Berger macht für dieses Buch eine Rechnung auf, die entmutigend ist. Für ein Billigauto, das heute auf einem Markt wie Indien angeboten wird, kosten alle vier Sitze zusammen 40 Euro. Für einen Golf kosten die Sitze aber mehrere Hundert Euro. Ein Preis, der auf Märkten wie Indien oder anderen Schwellenländern konkurrenzfähig ist, „ist für unsere Hersteller unmöglich", sagt der Berger-Mann. Das ist ein hartes Urteil. Es würde bedeuten, dass sie auf die Dauer vom größten Teil des Weltmarktes ausgesperrt sind, wenn sie ihr Denken und ihre Autos nicht völlig verändern und den neuen Märkten anpassen.

Das verachtete Billigauto

Für die etablierten Autokonzerne in Amerika und Europa steht die Welt auf dem Kopf. Die Luxusautos kommen unter Druck, deren Motoren müssen mit Milliardenaufwand verkleinert und verbessert werden und jetzt wird auch noch zu allem Überfluss das Billigauto zum globalen Erfolgsthema. Nur abfällig haben die Automanager bisher über die Fahrzeuge gesprochen, die weit unter 10 000 Euro kosten und vor allem für Märkte in den Entwicklungs- und Schwellenländern gedacht sind. Die Low-Cost Vehicles (LCV) seien technisch nicht auf der Höhe, monieren die etablierten Automanager, sie böten nicht die nötigen Sicherheitsmerkmale moderner Autos, sie seien in der Abgas- und Umwelttechnik weit hinter dem technischen Standard zurück und Komfort böten sie schon überhaupt nicht. Der frühere VW-Vorstandsvorsitzende Bernd Pischetsrieder war deshalb der Meinung, es sei besser, arme Regionen der Welt mit Gebrauchtautos der Nordamerikaner oder der Westeuropäer zu beliefern. Das sei im Sinne der Nutzer wie dem der Hersteller. So kämen selbst die Autofahrer in Entwicklungsländern an die Segnungen sicherer Autos der Industrieländer und zudem zu einem günstigeren Preis als bei einem Neuwagen.

Der VW-Chef sollte sich täuschen. Es ist möglich, begehrte Autos billiger zu bauen, als es VW kann, auch wenn Wolfsburg das für unrealistisch hält. Das wichtigste Beispiel aus dem neuen Erfolgssegment ist der Dacia Logan. Der rumänische Autohersteller Dacia, den Renault 1999 erwarb, besetzte frühzeitig eine Marktlücke, den die anderen westlichen Autobauer übersahen. Unter Renault-Regie wurde Dacia zu einem Lieferanten von Einfachautos, der bei Renault längst abgelegte Technik und Plattformen verwendet und deshalb seine Fahrzeuge auch begünstigt durch rumänische Löhne besonders billig anbieten kann. Es begann 2004 mit einem Schlicht-Pkw mit fünf Sitzen, der in Osteuropa, Lateinamerika und Afrika etwa 5 000 Euro kostete und in Westeuropa etwas mehr als 7 500 Euro. Die deutschen Automanager lachten über den Dacia Logan. Das vom alten Renault Twingo abgeleitete Auto, das in der schlichtesten Form nicht einmal einen Airbag besitzt, dessen Scheiben von Hand gekurbelt werden müssen und das Motoren aus den 90er-Jahren nutzt, war unter der Würde deutscher Automanager. Jetzt staunen sie über den Erfolg der Rumänen. Im Jahr 2006 wurden von dem vergleichsweise großen Billigauto weltweit etwa 370 000 verkauft. Schon 2011 sollen weltweit eine Million Logan verkauft werden. Offenbar gibt es doch einen Markt für Billigautos, auch wenn sie weniger Technik bieten als ein Golf. Auch Menschen mit kleinem Verdienst in einem Schwellen- oder Entwicklungsland gefällt es, ein neues Auto zu kaufen, nicht nur den Kunden in Deutschland oder Amerika. Wer wenig Geld hat, kauft eben ein schlichtes Modell, auch wenn es keine Fernbedienung für die Türen bietet. Aber es ist neu.

Doch inzwischen haben viele Autohersteller das Marktsegment der kleinen und einfachen Autos ins Auge gefasst, die allein auf den großen Zukunftsmärkten ein signifikantes Wachstum versprechen. Renault will von 2011 an mit dem indischen Partner Bajaj ein 3 000-Euro-Auto anbieten, Toyota hat ein Fahrzeug für Indien in der Größenordnung von 6 000 Euro geplant. Das Forschungsinstitut CAR von der Universität Duisburg-Essen erwartet, dass 2015 weltweit zehn Millionen Autos zum Preis von weniger als 10 000 Euro verkauft werden. Der Zulieferer Bosch hält die Absatzchancen in dem bislang fast unbekannten Segment sogar für noch größer. Er rechnet mit etwa zwölf Millionen verkauften Billigautos schon 2014. Der Automarkt bekommt ein heute noch unbekanntes Segment.

Ein Auto für 1 500 Euro

Einer, der im Zusammenhang mit dem Sparauto besonders viel von sich reden machte, ist der indische Autounternehmer Ratan Tata. Er hat die Autowelt Anfang 2008 mit der Nachricht schockiert, dass er ein Auto für 100 000 Rupien, umgerechnet etwa 1 500 Euro, auf den Markt bringen will. Der Kleine soll vier Sitze haben und trotzdem ein normales Auto sein, selbstverständlich ohne den Komfort, den westliche Autos haben. Tata ist ein besonders rühriger Autounternehmer, der die westliche Welt zunächst damit schockierte, dass er im März 2008 die völlig maroden, aber noch immer hoch angesehenen englischen Automarken Jaguar und Land Rover kaufte. Tata nutzte die Chance, die Marken billig zu kaufen, weil er weiß, dass er auf lange Sicht auch auf das Know-how etablierter Marken zurückgreifen muss, wenn er im Weltmarkt Bedeutung erlangen will. Aber er hat auch verstanden, dass die westlichen Autounternehmen den falschen Weg gegangen sind bei der Motorisierung der Dritten Welt, als sie einfach ihre für die Industrieländer gemachten Luxusfahrzeuge in aufstrebende Länder exportierten. Die sind nur für wenige Prozent der Bevölkerung erschwinglich. Doch ein für die deutschen Städte und Autobahnen gemachter Golf oder 3er-BMW ist auch nicht das richtige Auto für die holprigen Landstraßen in Ecuador oder Vietnam. Dort sind andere Bedürfnisse gefragt. Einfach gesagt suchen die Märkte der Schwellenländer Autos, die robust, wasserdicht und leicht zu reparieren sind. Ansprüche auf Komfort, wie ihn die westlichen Märkte kennen, gibt es nur bei Luxusautos. Und die fahren nur ein paar Steinreiche. Ein Massenmarkt lässt sich mit solchen Autos nicht erschließen.

Warum soll ein Inder, der sich von seinem Einkommen bisher nur ein Motorrad für seine ganze Familie leisten kann, noch Jahrzehnte warten, bis er sich einen kleinen VW Polo oder GM Chevy aus westlicher Autoproduktion leisten könnte. Mit dem Nano kann er ein Kleinauto haben, das zwar den Qualitätsstandards anspruchsvoller VW-Ingenieure nicht genügt, das aber allen seinen Mitfahrern ein Dach über dem Kopf bietet, auch wenn das Vehikel nicht mit Airbags und Knautschzonen rundum versorgt ist. Sicherer als ein Motorrad ist ein solches Auto immer und bei Regen bietet es noch ein schützendes Dach. Wie sicher ein Auto sein muss, welchen Komfort es unbedingt braucht, ist eine Frage der Perspektive.

Doch für deutsche Autohersteller ist es offenbar unmöglich, ein solches Auto zu entwerfen. Sie haben extrem hohe Ansprüche an die Qualität, was die Kosten treibt. Sie halten auch hohe Sicherheitsstandards für unabdingbar und vergessen aber möglicherweise, dass auch der VW Käfer im Deutschland der 50er- und 60er-Jahre ein Auto war, das den Nachkriegsmenschen lieb und wert werden konnte, obwohl er eine primitive Kiste war im Verhältnis zu dem, was Mercedes oder amerikanische Autos damals schon boten. Besser als das Fahrrad oder Moped war der Käfer immer. Die zunehmende Sicherheit zog erst mit wachsendem Wohlstand in die Autos ein. „Die deutschen Ingenieure haben ein anderes Bild von der Funktionalität eines Autos“, sagt ein Roland-Berger-Mann über die Chancen für VW und andere, auf den internationalen Märkten von morgen eine Rolle spielen zu können. Die Autos der etablierten Hersteller sind nach dessen Meinung „viel zu teuer und zu komplex“.

VW, der größte Autokonzern Europas, kann im Billigsegment nicht mithalten. Der billigste VW, der Fox, kostet in der Grundausstattung knapp unter 10 000 Euro. Er wird bald aus dem Programm genommen, weil er die in ihn gesetzten Erwartungen nicht erfüllte und 2010 durch den Up ersetzt werden soll. Der einfachste Škoda kostet knapp 10 000 Euro. Die stolzen VW-Ingenieure haben die Chance verstreichen lassen, mit der tschechischen Marke Škoda, die von den Wolfsburgern 1991 gekauft wurde, eine osteuropäische Billigmarke zu etablieren, wie es für Renault die Rumänien-Marke Dacia ist. Stattdessen haben die Wolfsburger ihren Ehrgeiz darangesetzt, auch Škoda zu einer gehobenen Marke zu machen, die in der Qualität nach Aussagen von Fachleuten sogar der Kernmarke VW überlegen ist und die mit ihrem Luxusauto Superb den Geschmack reicher Westeuropäer treffen will, der ebenso gut von Audi und VW bedient werden könnte. Um VW doch noch ins Billigsegment zu bewegen, hat sich der Konzern mit 20 Prozent an der japanischen Motorrad- und Kleinwagenmarke Suzuki beteiligt, die in einigen Schwellenländern wie China oder Indien bereits fest etabliert ist. Sie soll dem europäischen Riesen das Tor in den weltweiten Billigmarkt öffnen. Ob es gelingt, ist offen. Schon äußern sich im VW-Konzern die ersten Lästermäuler mit Skepsis. Sie befürchten, dass es den ehrgeizigen Konzernstrategen rund um Ferdinand Piëch und Martin Winterkorn auch noch gelingen wird, Suzuki zur gehobenen Marke mit bester Qualität und hohen Kosten zu machen.

Erstaunlicher Wertewandel

Bei den deutschen Automanagern lässt das fundamentale Umdenken noch auf sich warten. Kurz nach der offiziellen Übernahme von Porsche durch Volkswagen, das war im Sommer 2009 und die schockierende Wirtschafts- und Autokrise war schon ein Jahr alt, da gab der VW-Vorstandsvorsitzende Martin Winterkorn dem *Manager Magazin* ein langes Interview. Einer der Pläne, die er in dem Gespräch enthüllte, war: Er will die Zahl der verkauften Porsche bis zum Jahr 2013 auf 150 000 Stück verdoppeln. Das ist dem Mann wichtig, der auch angekündigt hat, spätestens 2018 Toyota zu überholen und der größte Autohersteller der Welt zu werden. Aber in dem Gespräch über die weitere Strategie von VW sagte Winterkorn kein einziges Wort über die Autos von morgen und die Notwendigkeit, mit viel Geld und wenig Zeit ganz neue Antriebe zu entwickeln. Über die Gründe für diese Schweigsamkeit kann man nur Vermutungen anstellen. Aber sicher ist, dass Winterkorn im VW-Konzern nur beschränkte Macht besitzt. Er ist ein enger Vertrauter des Aufsichtsratschefs Piëch und ohne Zweifel führt er aus, was der große Oberchef plant, dessen Familie inzwischen knapp 40 Prozent an Volkswagen besitzt. Piëch ist ein Fan des Verbrennungsmotors, er hat wenig übrig für Experimente mit neuen Technologien. Martin Winterkorn wird es aber kaum wagen, dem Alten auf seinem Kerngebiet, der Motorentwicklung, zu widersprechen.

Aber es brodelt in der Branche. Der Wandel ist nicht mehr aufzuhalten. Da helfen auch die Beschwörungen nichts, dass die Menschen mobil sein wollen und deshalb immer Autos gefragt sein werden.

Denn genauso richtig ist, dass sich die Rolle des Autos als Imageträger dramatisch verändert. Nicht mehr die Größe des Autos ist für das Image entscheidend, sondern ein sparsamer Verbrauch und die Umweltverträglichkeit. Das ist eine neue Erfahrung der Branche. „Die Kunden sind viel aufmerksamer geworden gegenüber der Umwelt“, stellt ein BMW-Manager erstaunt fest. Die weiß-blauen Herren können es kaum fassen, aber die Autokäufer wollen nicht mehr nur Autofahren und das möglichst schnell. Sie wollen beim Fahren auch ein gutes Gewissen haben. Das wollen sie sozusagen mitkaufen. „Es gibt bei den Autokäufern einen bemerkenswerten Wertewandel“, sagt der BMW-Mann. Er sagt sogar Unerhörtes: „Es ist nicht sicher, ob wir in fünf bis sieben Jahren noch einen 5er- oder 7er-BMW haben werden.“ Das darf der Mann offiziell nicht sagen, er würde dafür gefeuert. Schon gar nicht sollte er es zu Ende denken. Ohne die beiden Oberklassereihen würde BMW wahrscheinlich selbst in guten Jahren kaum noch Gewinn machen.

Die Konzerne müssen reagieren, weil die Menschen zunehmend zur Kenntnis nehmen, dass Autofahren der Umwelt schadet, und sie reagieren darauf, indem sie nach Autos verlangen, die weniger Rohstoffe verbrauchen und die Umwelt weniger belasten. Das gilt inzwischen weltweit.

Klaus Töpfer, der frühere Bundesumweltminister und heutige Direktor des Instituts für Klimawandel, Erdsystem und Nachhaltigkeit in Potsdam, ist sicher, dass die Autoindustrie sich komplett umstellen muss. „Wir werden die Autos, die wir bisher verkaufen, nicht mehr verkaufen können.“ Auch für den Trendforscher David Bosshart vom Gottlieb Duttweiler Institut in Zürich ist das Auto „das Auslaufmodell des 21. Jahrhunderts“. Es gehe nicht mehr darum, Autos zu bauen, sondern Mobilitätssysteme anzubieten, meint der Schweizer Forscher, und: „Die Bedeutung des Autos als Statussymbol hat auch in Deutschland bereits abgenommen.“ Der Bremer Neurophysiologe und Honorarprofessor Peter Kruse behauptete in einem viel beachteten Artikel in der *Süddeutschen Zeitung*, die Menschen hätten sich längst gegen das Auto entschieden. Es habe seine Spitzenposition als das begehrteste Konsumobjekt inzwischen eingebüßt. Seine Beobachtung: „Die Konsumenten entzaubern das Auto gegenwärtig mit gnadenloser Konsequenz.“ Solche Sätze stoßen in der Autoindustrie aber noch immer auf blanke Ablehnung.

Dennoch räumt ein BMWler ein, dass die alten Strategien am Ende sind: „Ein Unternehmen, das auf Kraftprotzerei setzt, wird auf die Dauer nicht überleben.“ Da ist es nur konsequent, dass die Münchner ein paar Zeichen für guten Willen setzen. Konzernchef Norbert Reithofer hat inzwischen zwei Modelle aus der Palette gestrichen, von denen er meint, sie passten nicht mehr in die ökologische und politische Landschaft. So hat er die Entwicklung des X7 gestoppt, eines wuchtigen Geländewagens im Luxusbereich für mehr als 100 000 Euro. Ebenfalls kippte er die Weiterentwicklung des CS, eines viertürigen Sportwagens, den BMW schon 2007 auf einer Messe in China vorgestellt hatte.

Die mögliche Blamage, die normalerweise mit einem solchen Rückzug verbunden ist, nahm er hin. Aber sie trat nicht ein. Die Medien nahmen die Entscheidung mehr oder weniger kommentarlos hin. Es wurde viel mehr darüber geschrieben, dass BMW im Sommer 2009 auch aus der Formel 1 ausgestiegen ist. Das Unternehmen werde strategisch neu aufgestellt, sagte der Vorstandsvorsitzende im Juli 2009. Eine Premiummarke wie BMW werde „immer stärker auch über Nachhaltigkeit und Umweltverträglichkeit definiert", so der BMW-Chef: „Wir wollen hier eine Vorbildrolle einnehmen."

Keine Zeitung, nicht einmal die größte deutsche Boulevardzeitung hat BMW für diesen Schritt kritisiert. Die Medien klatschten dem BMW-Chef Beifall.

Die 200 bis 300 Millionen Euro, die die Formel 1 in jedem Jahr kostet, kann der inzwischen klamme Konzern in jedem Fall woanders besser einsetzen. Wohl auch, um sein Image als nachhaltig wirkender Konzern zu verbessern, hat der Vorstandschef den ehemaligen hessischen Umweltminister und Ex-Bundesaußenminister Joschka Fischer als Berater ins Haus geholt. Über das Honorar schweigt der Grünen-Politiker allerdings.

Auf der Internationalen Automobilausstellung 2009 hat der neue Berater der Branche schon einmal die Leviten gelesen. Der schwergewichtige Ex-Politiker sagte auf einem Symposium von BMW und der *Zeit* der Branche einen mühsamen Prozess des Umdenkens voraus. Es sei für die Industrie nötig, auf neue Technologien zu setzen. Das sei keine Modeerscheinung, die schnell wieder vorbeigehe, sondern dem liege eine nachhaltige Veränderung im Verhalten der Menschen zugrunde. Die hätten weltweit begonnen umzudenken, dozierte Fischer. Das schaffe einen enormen Druck auf die Autoindustrie. Der werde noch dadurch verstärkt, dass große Megastädte der Welt wie Schanghai oder London den konventionellen Autos vielleicht schon bald aus Gründen des Umwelt- und des Klimaschutzes den Zugang verbieten werden. Spätestens in dem Moment wären alternative Antriebe gefragt, die in den Städten keine Verschmutzung mehr auslösten, also zum Beispiel Elektromotoren. „Dann geht es los mit der Nachfrage", so die Prophezeiung Fischers. „Wir müssen da wachsam sein." Die Autoindustrie, so sagte der Ex-Politiker mit einem wie immer etwas verknautschten Gesicht, „wäre gut beraten, nicht mehr auf der Bremse zu stehen". Sonst könnte es ihr ergehen wie der deutschen Fotoindustrie, die bekanntlich bis in die 70er-Jahre eine bedeutende Rolle in der Welt hatte, die aber danach völlig an die asiatischen Konkurrenten verloren ging.

Katrina und Al Gore schockieren Amerika

Ob die Autoindustrie die Lektion lernt, ist noch unklar. Viele sind noch unbelehrbar und hängen fest im Denken der Vergangenheit. Aber die Kunden sind dabei, sich unter dem Eindruck des Klimawandels umzustellen – weltweit. Dafür sind hauptsächlich zwei Großereignisse der jüngeren Geschichte verantwortlich. Das erste war der Wirbelsturm Katrina, der im August 2005 über die amerikanische Stadt New Orleans hinwegtobte und die wahrscheinlich größte Naturkatastrophe in der Geschichte der USA auslöste. Dabei ist der Begriff Naturereignis in diesem Zusammenhang nur die halbe Wahrheit, denn dieser verheerende Wirbelsturm, der Millionen obdachlos machte und vermutlich 3 000 Menschen das Leben kostete, war auch vom Menschen gemacht. Die durch die erhöhte Konzentration von Treibhausgasen in der Atmosphäre verursachte Klimaerwärmung und das damit verbundene Ansteigen der Meerestemperaturen ist einer der wesentlichen Gründe für die Häufung von Wirbelstürmen und für deren wachsende Heftigkeit. Katrina wurde auch zum Fanal, weil deutlich wurde, wie das zivile Leben und die Sicherheit von Millionen Bürgern einer hoch entwickelten Industrienation wegen eines Wirbelsturms an einem einzigen Tag dramatisch beschädigt werden können. Das Weiße Haus und der damalige Präsident George W. Bush sowie die

Verwaltung von New Orleans waren mit der Katastrophe restlos überfordert, es kam zu Plünderungen. Die größte Industrienation der Welt war nicht in der Lage, die bedrohten Bewohner von New Orleans zu retten. Katrina wurde zum Wendepunkt in der Geschichte der amerikanischen Umweltpolitik. Der Klimawandel war nicht mehr theoretischer Gegenstand von politischen Debatten, er war buchstäblich in Amerika angekommen. Danach fing Amerika an umzudenken. Selbst George W. Bush, für den der Umweltschutz zuvor ein Ding des Teufels war, setzte ein paar neue Akzente. Sein Nachfolger Barack Obama gibt dem Thema mehr Gewicht als alle seine Vorgänger. Die amerikanische Politik den Klimawandel nun nicht mehr ignoriert.

Den zweiten mächtigen Anstoß für den Wandel im Umweltbewusstsein der Amerikaner und der Welt brachte Al Gore. Ein Jahr nach Katrina machte der frühere Senator von Tennessee und ehemalige Vizepräsident der USA mit einem Film Furore, der sich unter dem deutschen Titel *Eine unbequeme Wahrheit* der weltweiten Klimaerwärmung annahm. Der Streifen hatte überwältigende Wirkung auf die Zuschauer und ging rund um die Welt, Gore bekam dafür einen Oscar und 2007 wurde ihm zudem der Friedensnobelpreis verliehen. Der Gedanke des Umweltschutzes, der in Europa schon in den 80er-Jahren eine große Rolle spielte, und damals eigentlich von der Protestbewegung der 60er- und 70er-Jahre aus Amerika übernommen worden war, hatte sich wieder in den Vereinigten Staaten festgesetzt. Auch in den Köpfen der Autokäufer. Sie veränderten ihr Verhalten.

Seit Katrina und Gore merken sich immer mehr Menschen, wie viel CO_2 ihr Auto ausstößt. Vorher hat sie kaum interessiert, wie viel Sprit ihr Wagen verbrauchte. Die Wahrscheinlichkeit ist gering, dass noch einmal eine Gleichgültigkeit einsetzt wie nach den ersten beiden Ölkrisen in den 70er-Jahren. Die Autoindustrie kann sich nicht darauf verlassen, dass es nach der Krise einfach so weitergeht wie vorher. Erstaunlich aber ist, dass die Marktforscher der großen Weltkonzerne den Wandel der Kundenwünsche nicht vorhergesehen haben. Man sollte glauben, dass es in einer so wichtigen Industrie genügend Gründe gibt, alle Sensoren auszufahren, um die Bedürfnisse der Kunden von morgen zu erforschen. Das scheint den Bossen nicht so wichtig zu sein. Sie verlassen sich nach wie vor darauf, dass die Kunden kaufen werden, was ihnen vorgesetzt wird. Offenbar hat sich in der Industrie in den zurückliegenden 20 Jahren auch nichts geändert. Der frühere Automanager Daniel Goeudevert macht sich noch heute lustig über die Marketingabteilungen der Unternehmen, in denen er tätig war. „Ich habe nicht eine erlebt, die den Markt verstanden hätte." Jetzt hat die Industrie den Salat, das Angebot bestimmt offensichtlich nicht mehr die Nachfrage. Es ist umgekehrt, die Nachfrage muss das Angebot bestimmen. So sieht es auch Goeudevert: „Die Automanager müssen bei den Kunden anfangen."

Erstaunlich, dass sie das nicht schon immer getan haben.

KAPITEL 7

Angst vor Alternativen

Die Herren haben ordentlich gefroren. Man sah es ihnen an, als sie an diesem kühlen und regnerischen Tag im April 2002 nach 237 Kilometern und mehr als zwei Stunden Fahrt aus dem merkwürdigen Vehikel gestiegen waren. Ferdinand Piëch, der Chef von VW, und Bernd Pischetsrieder, der am nächsten Tag sein Nachfolger werden sollte, waren von Wolfsburg nach Hamburg zur Aktionärsversammlung in einem Versuchsauto angereist, das mehr die Form eines Kabinenrollers hatte als die eines Autos. Es war flach, schmal und hatte nur zwei hintereinander stehende Sitze. Auf der regennassen Autobahn wirkte das dunkelgraue Kunststoffgefährt mehr wie ein U-Boot als ein modernes Auto.

Piëch, der am Steuer saß und Pischetsrieder auf den engen Rücksitz gezwungen hatte, zeigte mit großer Zufriedenheit im Gesicht, dass diese Fahrt für ihn das reinste Vergnügen war. Er hatte bewiesen, dass ein Auto mit weniger als einem Liter Sprit auf 100 Kilometer auskommen kann. Damit war sein Ingenieurehrgeiz befriedigt.

Für Pischetsrieder dagegen war der Trip an die Alster eine Höllentour. In dem Auto war es eng. Pischetsrieder, der lange Beine hat und im Umgang mit Menschen stets eine gewisse Distanz für angemessen hält, hat es nicht gefallen, seinem obersten Chef unter der Plastikkuppel stundenlang so nah zu sein. Das sah man ihm an, sagen konnte es der Mann aus Bayern nicht, der zu Piëch stets ein gespannt-distanziertes Verhältnis hatte. Zudem war es in Piëchs Testvehikel feuchtkalt. Die Außentemperaturen lagen bei nur sieben Grad. Piëch hat in das Miniauto, das nur 290 Kilogramm wog und von einem Einzylindermotörchen mit 300 Kubikzentimetern und 8,5 PS angetrieben wurde, selbstverständlich keine Heizung einbauen lassen. Das hätte zu viel Sprit gekostet. Lieber wollte er sich einen Schnupfen holen, als den Test zu vermasseln. Um Gewicht zu sparen, hatte er sogar „hauchzarte Ferrari-Schuhe“ angezogen, wie er betonte. Am Ziel tauchte Piëch nach eigenen Worten „mit höchstem Genuss in eine heiße Badewanne des ‚Vier Jahreszeiten‘“. Von Pischetsrieder ist keine abfällige Bemerkung über die Reise und das Auto überliefert. Dazu ist er zu sehr Diplomat. Als Konzernchef sorgte Pischetsrieder allerdings schon bald dafür, dass dieses Piëch-Projekt zügig eingestampft wurde. Für den früheren BMW-Manager war das Einliterauto eine Spielerei, die er nicht ernst nahm. Es war ihm auch zu teuer. „Das Fahrzeug lässt sich nicht zu vernünftigen Kosten produzieren“, erklärte Pischetsrieder.

Die Fahrt in dem sparsamen Versuchsauto war nicht nur eine Herausforderung für die VW-Techniker und die Gesundheit der beiden Insassen. Sie war auch eine klare Botschaft an Öffentlichkeit und Konkurrenten. Piëch wollte der Welt zeigen, wie er denkt. Der begeisterte Ingenieur, dem schon als Entwickler in jungen Jahren nichts wichtiger war, als Motoren zu konstruieren, machte deutlich, wo er den Fortschritt im Auto sieht: beim Verbrennungsmotor. Alternativen für die Zeit nach dem Öl brauche die Welt nicht, man müsse nur mit Erfindergeist den Verbrauch der Motoren senken, das war seine Mission vom April 2002. So hatten auch die Konkurrenten Piëchs Testfahrt interpretiert, als klare Attacke auf alle, die über Alternativen nachdenken. Ein Paradigmenwechsel weg vom Verbrennungsmotor sei unnötig. Er sah bei den Antrieben eine „eher kontinuierliche“ Entwicklung voraus. „Ich glaube an die weiterhin dominierende Rolle des Diesel.“ Am Ende seiner Amtszeit räumte er auch ein, dass er selbst keine Ahnung habe von zukünftigen Technologien. „Für einen revolutionären Motor habe ich kein Rezept“, gibt Piëch in seinen Memoiren offen zu. Das ist bedauerlich. Ein Mann mit dem Ingenieurgeist und der brennenden Energie eines Ferdinand Piëch hätte das Potenzial gehabt für viele gute Ideen. Er hat es nicht genutzt.

Schon heute gibt es einige Alternativen, die für die Autotechnik von morgen infrage kommen könnten. Über vieles wird schon seit einem Jahrhundert nachgedacht. Dennoch stehen die meisten Antriebe oder Treibstoffe der Autos von morgen nur auf dem Papier. Sie sind noch weit davon entfernt, serienreif zu werden und den Benzin- oder Ottomotor abzulösen. Bis sie zur automobilen Realität werden, könnten noch Jahrzehnte vergehen. In den vergangenen Jahrzehnten haben sich die Forscher und Entwickler der Autokonzerne viel zu wenig um alternative Antriebe gekümmert. Fast sieht es so aus, als sei es unter der Würde eines Autoingenieurs bei VW oder Mercedes, über etwas anderes nachzudenken als Kolben, Verdichtung, Ventile und Kurbelwellen. Die heutigen Autobauer stellen inzwischen aber fest, dass es ein Fehler war, sich nicht rechtzeitig um die Ablösung des Verbrennungsmotors zu kümmern. Sie hatten das Ende des Öls schlicht nicht auf dem Radarschirm. Ebenso wenig waren sie auf die heftige Debatte über die globale Erwärmung vorbereitet.

Diese Themen wurden von der Branche kollektiv verdrängt. Von den großen Autokonzernen der Welt hat scheinbar nur Toyota offiziell zur Kenntnis genommen, dass ein Ölversorgungsproblem droht. „Der Höchststand der Ölproduktion wird in naher Zukunft erreicht", heißt es in einer Analyse von Toyota. Schon bald nach dem Jahr 2010 werde die Ölförderung zurückgehen. So radikal spricht kein großer Autokonzern über diese Entwicklung, die einen Fahrzeughersteller beunruhigen sollte. Fallende Ölproduktion und das erwartete globale Wirtschaftswachstum der kommenden Jahre führen zu einer explosiven Melange, die den Ölpreis gewaltig treiben wird und den Zwang vergrößert, technische Lösungen zu finden, die jenseits vom Öl liegen. Stattdessen sind die Autobauer an die neuen Technologien mit großer Zurückhaltung herangegangen. Man muss schon von Lustlosigkeit sprechen, mit denen sie technologisches Neuland betreten. Das allerdings ist ein ernüchterndes Urteil für eine Industrie, die sich selbst als einen Innovationsmotor versteht.

Auto ohne Auspuff

Derzeit zeichnet sich besonders eine Lösung für den Antrieb von morgen ab: der Elektroantrieb.Diese geräuschlose Art des Fahrens gibt es schon ebenso lange wie Autos mit Verbrennungsmotor. Es ist im Prinzip genial einfach. Das Auto hat einen Elektromotor und den Strom bezieht es aus einer Batterie, die wieder aufgeladen werden kann. Für den Elektroantrieb sprechen viele Vorteile. Der mit Strom betriebene Motor hat einen weit höheren Wirkungsgrad als der Verbrennungsmotor, der etwa zwei Drittel der eingesetzten Energie in sinnlose Wärme umwandelt und in die Umwelt verschleudert.

Steckt man in einen herkömmlichen Verbrennungsmotor Benzin oder Diesel mit dem Inhalt von einer Kilowattstunde Energie, so lassen sich damit zwischen 1,5 und 2,5 Kilometer zurücklegen. Ein Elektromotor kann mit der derselben Energiemenge deutlich mehr anfangen. Er setzt eine Kilowattstunde in mehr als 6,5 Kilometer Fahrstrecke um. Das macht viele Experten sicher, dass dem Elektromotor im Auto die Zukunft gehört. „In ferner Zukunft fahren wir mit einem elektrischen Antrieb“, heißt es dazu bei Bosch, dem größten Autozulieferer der Welt. Ein Vorteil des elektrischen Antriebs ist seine Sauberkeit. Das Elektroauto braucht keinen Auspuff, es stößt beim Fahren keine schädlichen Abgase aus. Deswegen ist das sogenannte emissionsfreie Auto für den innerstädtischen Verkehr mit kurzen Distanzen bestens geeignet. Seine Bedeutung wird in dem Maße wachsen, wie in den nächsten Jahrzehnten in der ganzen Welt neue Megastädte entstehen. Schon im Jahr 2015 werden nach Schätzungen der Vereinten Nationen etwa 400 Millionen Menschen in Städten mit mehr als zehn Millionen Einwohnern leben und längst zeichnet sich ab, dass diese Metropolen entweder ganz oder teilweise für Benzin- und Dieselautos gesperrt werden.

Es ist erstaunlich, dass sich die Autoindustrie so wenig mit der Entwicklung von elektrisch betriebenen Fahrzeugen befasste und dieses Thema erst in den letzten Jahren entdeckt hat. Vor 2007 war der elektrische Antrieb in deutschen Autokonzernen noch wenig beachtet. Dabei gehört der mit Strom betriebene Motor schon zu den Anfängen des Autos vor etwa 100 Jahren. Die ersten Autos, die überhaupt schnell fahren konnten und eine nennenswerte Reichweite hatten, waren mit Strom betriebene Fahrzeuge. Um die Wende zum 20. Jahrhundert fuhren in Wien oder in New York die Taxis mit batteriebetriebenem Elektromotor. Eine besondere Ironie der Automobilgeschichte ist, dass ausgerechnet der geniale Konstrukteur Ferdinand Porsche, der die Grundlagen legte für die Autofirmen Volkswagen und Porsche, ein Elektroauto entwickelte, dessen Konzept heute wieder aktuell ist. Mit etwas über 20 Jahren entwickelte Porsche gegen Ende des 19. Jahrhunderts ein Fahrzeug, das mit heutigen Augen als genial bezeichnet werden muss. Es hatte einen Elektromotor in jeder Radnabe. Porsche sorgte mit diesem Fahrzeug, das für eine Fahrstrecke von 50 Kilometern eine etwa 400 Kilogramm schwere Batterie mitschleppen musste, für Aufsehen. Es hatte keine Getriebe, keine Zahnräder, keine Riemen, keine Ketten und war seiner Zeit so weit voraus, dass sich der GM-Konzern in den 90er-Jahren mit einer ähnlichen Entwicklung brüstete.

In den Vereinigten Staaten fuhren um 1900 etwa 40 Prozent der Fahrzeuge mit Elektromotor. Den ersten Geschwindigkeitsrekord für ein Auto stellte der französische Rennfahrer Gaston de Chasseloup-Laubat am 18. Dezember 1898 mit einem E-Auto auf. Es schaffte knapp 63 Kilometer pro Stunde. Auch die Marke von 100 Kilometern pro Stunde durchbrach 1899 erstmals ein Batterieauto. Es hatte die Form einer Rakete und den schönen Namen „Jamais Contente“. Aber diese simple Technik geriet in Vergessenheit. Der hoch komplizierte Verbrennungsmotor machte das Rennen und der Grund dafür liegt neben der geringen Reichweite der Batterien vor allem in der einfachen Verfügbarkeit von Benzin. So entstanden relativ schnell Tankstellennetze in allen Ländern, die die Verbreitung des Autos förderten. Das Elektroauto überlebte nur in Randanwendungen, zum Beispiel als Lieferfahrzeuge in Innenstädten oder als Golf-Caddys.

Die jahrzehntelange Vernachlässigung des Elektroautos hatte einen fatalen Nebeneffekt, den heute viele Experten beklagen. Die Forschung und Entwicklung in der Batterietechnologie lief nur noch auf Sparflamme. Es gab über viele Jahrzehnte keine bedeutenden Innovationssprünge bei den Akkus. Nennenswerte Fortschritte bei den Stromspeichern stellten sich erst wieder ein, als in den 90er-Jahren die Laptop-Computer und Mobiltelefone auf den Weltmarkt kamen. Die brauchten effiziente Stromspeicher, die zudem klein waren und einfach zu handhaben. So sorgten die Elektronik- und Handy-Konzerne dafür, dass in Japan, Korea und China die Entwicklung neuer Stromspeicher in Angriff genommen wurde und eine alte Forschungslücke wieder gestopft wurde. Deshalb findet die technische Entwicklung neuer Akkus heute vor allem in Asien statt, wo auch die meisten IT-Geräte hergestellt werden. Jetzt ist das Bedauern bei den Automanagern groß, dass die wissenschaftliche Forschung auf diesem wichtigen Gebiet in Europa über Jahrzehnte vernachlässigt wurde. „Deutschland hat seinen Vorsprung in der Batterietechnik leider verspielt", klagt VW-Chef Martin Winterkorn. Die anderen europäischen und amerikanischen Autochefs müssen nun sehen, wie sie den in mehr als einem Jahrzehnt erkämpften Fortschritt der Asiaten wieder aufholen.

Der doppelte Motor

In den vergangenen Jahren sorgte ein Antrieb für weltweite Furore, den der Toyota-Konzern erstmals 1997 öffentlich vorstellte. Die von den Japanern ein paar Jahre später auch in Europa vorgestellte Hybrid-Technik sorgte für Aufsehen, weil sie den Verbrauch der Autos deutlich senken kann und damit auch den Ausstoß des klimaschädlichen Kohlendioxids. Seit dieser Pioniertat von Toyota gilt dieser Antrieb als moderne Alternative unter der Motorhaube. Hinter dieser

Idee verbirgt sich ein doppeltes Motorpaket. Das Auto hat einen normalen Verbrennungsmotor. Zusätzlich besitzt es einen Elektroantrieb und einen Akku. Alle Komponenten arbeiten eng zusammen und sorgen für verringerten Treibstoffverbrauch. Bei dem heute am weitesten verbreiteten Hybrid-Antrieb, wie er im Prius von Toyota eingesetzt ist, übernimmt der Elektromotor den Antrieb beim Anfahren, bei geringen Geschwindigkeiten und auch – zusammen mit dem Benzinmotor – beim starken Beschleunigen, also meist dann, wenn ein großes Drehmoment gebraucht wird. Den Rest der Zeit arbeitet unter der Haube ein Verbrennungsmotor, der aber kleiner ausfallen kann als im konventionellen Fahrzeug. Der Benzinmotor setzt erst sein, wenn das Fahrzeug im normalen Streckenbetrieb unterwegs ist und bei höheren Geschwindigkeiten. Der Elektromotor bezieht seinen Strom aus einem Akku, der während der Fahrt vom Verbrennungsmotor, aber auch beim Bremsen des Fahrzeuges mit zurückgewonnener Energie wieder aufgeladen wird. Diese Technik erlaubt eine Treibstoffeinsparung von bis zu einem Viertel im Vergleich zu einem Dieselfahrzeug. Das besagt eine Untersuchung der US-Umweltbehörde EPA. Der duale Antrieb ist besonders effizient im Stadtverkehr, wo viel angefahren und gebremst wird.

Eine Variante des Hybrid-Prinzips ist der sogenannte Range Extender. Der Hauptantrieb eines solchen Autos ist ein Elektromotor, der seinen Saft aus einem Akku bezieht. Um die Reichweite dieses Elektroautos aber auf bis zu 600 Kilometer zu erweitern, muss ein kleiner Verbrennungsmotor unterwegs den Akku stetig aufladen. Der hat etwa 20 bis 40 PS und braucht wenig Sprit, weil er ständig im optimalen Drehzahlbereich läuft. Das Ganze ist als technisches Konzept keineswegs neu. Der junge Ferdinand Porsche hatte schon um die Wende zum 20. Jahrhundert über solch ein Doppelantriebssystem nachgedacht, das man auch „serieller Hybrid" nennt.

Wasser, der Sprit der Zukunft

Eine weitere Alternative zum herkömmlichen Diesel- oder Ottomotor ist aus heutiger Sicht der Antrieb mit Wasserstoff. Wie dieses flüchtige chemische Element für die Menschen genutzt werden könnte, beschäftigte Tüftler und Wissenschaftler seit seiner Entdeckung in der Mitte des 18. Jahrhunderts. Schon der Science-Fiction-Autor Jules Verne beschrieb 1874 in seinem Buch mit dem Titel *Die geheimnisvolle Insel* eine Welt, über die heute noch nachgedacht wird. In dem Werk geht es um fünf Soldaten aus dem Amerikanischen Bürgerkrieg, die mit einem Ballon aus ihrer Heimat geflüchtet waren und 7 000 Meilen entfernt auf einer kleinen Insel landeten. Eines Tages fragte ein Matrose den Ingenieur Cyrus Harding, was wohl mit Handel und Industrie geschähe, wenn Amerika keine Kohle mehr hätte. „Was werden sie statt der Kohle verbrennen?“, fragt der Matrose. „Wasser“, gibt Harding zur Antwort und man kann sich vorstellen, dass seine Gefährten nach dieser Antwort ungläubig staunten. Man müsse, so erklärt der Ingenieur, das Wasser nur in seine Bestandteile zerlegen und zwar mittels Elektrizität. Wasserstoff und Sauerstoff bildeten eine unerschöpfliche Wärme- und Lichtquelle. „Wasser wird die Kohle der Zukunft sein.“

Noch heute glauben Fachleute, dass der Wasserstoff die Lösung für die Mobilität der Zukunft ist. Der Gedanke daran, einen Stoff zur Energiegewinnung zu nutzen, der auf der Erde in Hülle und Fülle vorhanden ist und der beim Verfeuern in einem Motor nur harmlosen Wasserdampf erzeugt, ist eine zu verlockende Vorstellung, um sie ins Reich der Utopie zu verbannen.

„Könnten wir es zur Stromerzeugung nutzen, dann besäße die Menschheit jene buchstäblich unerschöpfliche Energiequelle, von der Alchimisten und Chemiker seit Jahrhunderten träumen“, schreibt der amerikanische Soziologe, Trendforscher und Publizist Jeremy Rifkin, der im Jahre 2002 mit seinem Buch *Die* H_2*-Revolution* gleich ein neues Wasserstoff-Zeitalter heraufziehen sah. „Könnte der Wasserstoff als

Energiequelle genutzt werden, würde der Vorrat bis in alle Ewigkeit reichen“, schreibt er enthusiastisch. „Die Umstellung auf Wasserstoff ist die größte Revolution seit der Erfindung des Verbrennungsmotors“, glaubt Rifkin.

Schon lange wird auch in der Autoindustrie über den Wasserstoff als Energiequelle nachgedacht. Die einen können sich vorstellen, den Energieträger direkt in herkömmliche Verbrennungsmotoren einzuspeisen. Andere denken etwas komplizierter. Sie propagieren als Antrieb die sogenannte Brennstoffzelle, ein pfiffiges technisches Gerät, in dem Wasserstoff mit Sauerstoff reagiert und dabei Strom erzeugt. Mit diesem Strom ließe sich ein Elektromotor betreiben. Geräuschlos würde das Auto über die Straße rollen, aus dem Auspuff käme nur Wasser. Jürgen Schrempp, Daimler-Chef von 1995 bis 2005, schwärmte, die Brennstoffzelle sie die „ganz große Alternative“ für das 21. Jahrhundert. William Clay Ford, der Enkel des amerikanischen Konzerngründers Henry Ford und heutiger Vorsitzender des zweitgrößten amerikanischen Autoherstellers, glaubte schon vor einem Jahrzehnt, die neue Technik werde „die 100-jährige Geschichte des Verbrennungsmotors beenden“. Etliche Autokonzerne haben den Wasserstoff als Antriebsmedium für Autos erforscht. Doch die ungelösten Probleme sind die noch zu aufwendige Herstellung des Wasserstoffs und seine Speicherung.

Lustloses Herangehen

Es gehört in der Autoindustrie zur täglichen Praxis, möglichst laut über kommende Projekte zu sprechen. Der Blick in die Zukunft geschieht meist mit schicken Ausstellungsautos, die oft mehr vorgaukeln, als sie halten. Mit diesen sogenannten Konzeptstudien versucht fast jeder Hersteller auf Messen das Publikum und die Medien zu beeindrucken. Das ist mit wenig Aufwand möglich. Man nehme eine Karosserie, die notfalls aus Plastik sein kann, gebe ihr ein ungewöhnliches Design und einen interessant klingenden Namen. Schon ist das Zukunftsauto fertig, das den Eindruck verbreitet, hier sei ein Unternehmen der Zukunft auf der Spur.

Das ist oft ein Irrtum. „In unserer Branche wird viel Effekthascherei betrieben“, erklärt der Entwicklungsvorstand eines deutschen Autobauers über die Praxis der Unternehmen, Autos zu bauen, die nur auf Messen zu sehen sein werden und dann nie wieder. Ein solches Messeauto könne in wenigen Wochen zusammengebastelt werden, verrät der Manager. Oft seien die Exponate nicht einmal fahrbereit und müssten auf den Messestand geschoben werden. „Da wird viel mit Showcars übertüncht“, so die Kritik des Entwicklers. Für diese Schauzwecke werde „viel Geld verplempert“.

Beim echten Herangehen an die teuren Entwicklungsprojekte sind die Firmen aber zögerlich. Für die Autohersteller ist die Beschäftigung mit unbekannten Antrieben ungewohnt, neu und teuer. Neue Antriebe sind ihnen so fremd und unheimlich, dass bis heute im Verkehr praktisch nur eine Technik vertreten ist: der Verbrennungsmotor. Alternativen haben keine Bedeutung erlangt. Der Hybrid-Antrieb, der seit 1997 auf dem Markt ist und zuerst praktisch nur von den Japanern eingesetzt wurde, hatte im Jahr 2009 auf dem Weltmarkt einen Anteil von nur mageren 1,3 Prozent. Etwa 650 000 Autos mit Doppelantrieb wurden verkauft. Vom Wasserstoffauto ist auf dem Markt gar keine Spur zu entdecken und das Elektrofahrzeug wird sich erst in ein paar Jahren in den Zulassungsstatistiken bemerkbar machen.

Es ist für Autoingenieure ein offenbar großer Schritt, ein Gebiet zu betreten, das ihnen nicht vertraut ist. Besonders unheimlich scheint es für sie zu werden, wenn eine neue Entwicklung auf einem Gebiet stattfindet, das die eigenen Stärken infrage stellt. Dann scheinen die Entwickler regelrecht gehemmt zu sein. Es gehört offenbar viel Mut dazu, Geld und Kraft in Techniken zu stecken, die eigene Kompetenzen anzweifeln. Warum sollen sich Ingenieure um neue Motoren kümmern, wenn sie doch weltweit für die besten Antriebe der Welt bewundert werden. Gerade die deutschen Autohersteller haben sich besonders über die Technik ihrer

Maschinen definiert. Ihr Unterscheidungsmerkmal gegenüber der Konkurrenz sei der Antrieb und seine anspruchsvolle Konstruktion, eine herausragende Ingenieurleistung. Der Elektroantrieb, darauf weist der GM-Entwickler Frank Weber hin, sei für viele Ingenieure ein schwieriges Neuland, weil bei den strombetriebenen Fahrzeugen die entscheidende Technologie nicht mehr im Motor stecke, sondern in der Batterie und ihrer Steuerung. Der Stromantrieb macht die Kernkompetenzen manches Herstellers überflüssig. „Die Autohersteller müssen sich viele Kernkompetenzen neu erarbeiten", so der oberste Entwickler des GM-Elektroautos Volt. „Deshalb steht man dem Wandel generell so skeptisch gegenüber." Lieber bewegen sich die deutschen Hersteller auf vertrautem Feld von Diesel- oder Ottomotor, für die sie Spitzentechnologie zu bieten haben. Als der neue VW-Chef Martin Winterkorn Anfang 2007 dem *Spiegel* sein erstes großes Interview als Chef des größten Autokonzerns in Europa gab, in dem er die Grundlinien seiner Strategie verraten sollte, sprach er zwar über Zwölfzylindermotoren und sparsame Polos der Zukunft. Das Elektroauto oder den Wasserstoffantrieb erwähnte der Manager, der die meiste Zeit seines beruflichen Lebens mit Forschung und Entwicklung zu tun hatte, mit keinem Wort. Zu diesem Zeitpunkt war die große Autokrise noch nicht absehbar. Sie setzte mit der vollen Wucht erst mehr als ein Jahr später ein und es gab offenbar noch keinen Druck, sich mit den Gedanken in eine neue Welt zu begeben.

Die Autoindustrie könnte viel weiter sein, als sie ist. Zum Beispiel beim Elektroauto, dessen Technik seit mehr als einem Jahrhundert bekannt ist, aber von allen Herstellern der Welt zugunsten des Benzinautos vernachlässigt wurde. Ein Neuanfang war aber 1990 in den USA plötzlich möglich. Der Grund war, dass der bei Autoabgasen besonders anspruchsvolle US-Bundesstaat Kalifornien ein Gesetz erließ, das ganz neue Anforderungen an die Autobauer stellte. Jeder der sieben wichtigsten Autohersteller der Welt, die in dem Bundesstaat Fahrzeuge verkaufen wollten, müsste bis 1998 mindestens zwei Prozent seiner Produktion als „emissionsfreie" Fahrzeuge liefern. Andernfalls müsste er vom größten Automarkt innerhalb der USA verschwinden. Das sorgte für eine Schockwelle, und die Ingenieure begannen nachzudenken.

General Motors bot daraufhin bald ein zweisitziges Elektroauto an. Doch kurioserweise sorgte der Detroiter Konzern selbst nach besten Kräften dafür, dass dieses EV1 genannte Auto, das von den Nutzern extrem gute Noten bekam und auf rege Nachfrage stieß, kein Erfolg wurde. Der GM-Konzern, der sich noch nie durch technische Innovationen ausgezeichnet hatte, sondern eher durch die kunstlose Langeweile seiner Limousinen, bot den Sportwagen nur ausgewählten Kunden und Prominenten in US-Städten wie Los Angeles, Tucson und Phoenix an. Er hatte eine Bleisäure-Batterie und kam mit einer Stromladung etwa 110 bis 160 Kilometer weit. Das war nicht viel, aber das Auto war bei einer bestimmten solventen und Lifestyle-orientierten Kundschaft begehrt. Allerdings wurde es nicht verkauft, sondern nur verliehen. Die Nutzer waren nichts anderes als Teilnehmer eines Großversuchs, aber sie waren begeistert. Der Schauspieler Tom Hanks, der zu den EV1-Fahrern gehörte, schwärmte in einer Fernsehtalkshow von dem Auto und machte ordentlich Reklame für den GM-Stromer. „Man mag es nicht glauben", juxte er vergnügt. „Aber das Ding läuft."

Nur die GM-Manager hatten an dem EV1 keinen Spaß. Der Großversuch mit knapp 1 000 Autos war für sie ein einziges Ärgernis. Der Bau der Elektro-Autos hatte den Konzern eine Milliarde Dollar gekostet. Das war für den im Wesentlichen von Buchhaltern gesteuerten Konzern zu viel. Sie machten das eigene Projekt madig. Statt diese Technik weiterzuverfolgen und größere Stückzahlen zu erreichen, zog es GM vor, gemeinsam mit den anderen Konzernen das kalifornische Umweltgesetz vor Gericht zu Fall zu bringen. Sie schafften es. Der Zwang, emissionsfreie Autos für Kalifornien zu bauen, war entfallen und GM tat das Unglaubliche: Der Konzern sammelte die Elektroautos wieder ein. Sie wurden bis auf wenige Exemplare verschrottet und spurlos vernichtet, als sollte in der Zukunft nichts mehr an diesen schrecklichen Sündenfall erinnern. Später bestätigte ein in den Staaten stark beachteter Kinofilm mit dem Titel *Who Killed the Electric Car?*, der sich mit dem rätselhaften Ende des EV1 befasste, dass viele Amerikaner diesen mobilen Neuling, der nicht einmal besonders schön geraten war, ins Herz geschlossen hatten. Der Film ging bis zu der Behauptung, die Öllobby sei für die Zerstörung des EV1 mitverantwortlich. Doch so weit muss man nicht einmal gehen. Eine solche Unsinnsentscheidung bekommen die GM-Manager auch ohne fremde Hilfe hin. Die besondere Ironie der Geschichte ist jedoch, dass GM an der Entwicklung eines stromgetriebenen Autos nicht vorbeikam. Allerdings hat der Konzern wertvolle Zeit verloren. GM kündigt heute voller Stolz ein Elektroauto namens Chevrolet Volt an, das die große Zukunft von GM als „grünem" Konzern begründen soll. Das Fahrzeug soll 2010 auf den Markt kommen und es basiert auf den Erkenntnissen des EV1. In Europa ist die Einführung unter dem Namen Opel Ampera für 2011 vorgesehen. Der GM-Hoffnungsträger soll allerdings einen zusätzlichen Verbrennungsmotor bekommen, der die Reichweite erhöht.

Prius-Schock

Es war im Jahr 2004, da wurden die Automanager der Welt unsanft geweckt. Ausgerechnet von Toyota. Die Japaner hatten ein Auto namens Prius auf den Weltmarkt gebracht und sofort hatten sie für ihr Hybrid-Auto die Medien auf ihrer Seite, obwohl der Mittelklassewagen in seiner aerodynamischen Tropfenform nicht sehr elegant aussah. Der Prius mit dem schräg nach unten gezogenen Heck wurde zum weltweit berühmtesten Modell des Konzerns. Es wurde weltweit als das Öko-Auto schlechthin gefeiert und Toyota hatte sich einen neuen Titel dazuverdient. Die Japaner waren jetzt nicht mehr nur die besten und profitabelsten Autobauer der Welt. Sie galten als die innovativsten Ingenieure der Welt, obwohl sie auf ein Antriebsprinzip zurückgriffen, das uralt war.

Vor allem an der US-Westküste wurde der etwas schrullig wirkende Prius zum Vorzeigeauto der modernen Gesellschaft. Wieder griffen Hollywood-Größen zu und machten den Prius zum Kultvehikel. Selbst Richard Wagoner, der damalige Chef von General Motors, sah in dem neuen Prinzip eine interessante Lösung. „Der Hybrid-Motor ist die ultimative Antwort auf die Beseitigung des Ungleichgewichts in der Umwelt."

Nur die Deutschen waren bockig. Sie hielten diese Technik für unnötig und sagten das auch offen, ohne zu begreifen, dass sie sich damit selbst massiven Schaden zufügten. VW, BMW und Daimler waren unisono der Meinung, man könne die Abgaswerte der Japaner mit guten Dieselmotoren ebenso erreichen. Der merkwürdige Doppelmotor der Japaner sei überflüssig. Er verbinde zwei alte Prinzipien und sei keineswegs neu. Bestenfalls eine Übergangslösung. Die Technik der Japaner diene den Schlagzeilen in den Medien, aber nicht der Umwelt, sagten die Deutschen stur. „Damit haben die Japaner gute PR", stichelte der damalige VW-Chef Bernd Pischetsrieder. Der Hybrid habe nur wenige Vorteile und die könne er nur beim Bremsen ausspielen. Weil das Auto zwei Motoren braucht, ist es schwerer als ein Normalfahrzeug. Für Pischetsrieder Anlass zu der Bemerkung, in der ökologischen Gesamtbilanz seien Hybride „eine einzige Katastrophe".

Die Kritik der Deutschen an der japanischen Hybrid-Technik wirkte wenig glaubwürdig. Auf der Frankfurter IAA von 2005 erlitten die Deutschen eine Niederlage wie selten zuvor. In den Medien galten sie als die Verlierer. Sie hatten den japanischen Hybriden nichts entgegenzusetzen außer ihrer mauligen Kritik. Der Prius galt als der Umweltretter, die deutschen Manager standen da wie die Ignoranten und die Fraktionsvorsitzende der Grünen im Bundestag, Renate Künast, rief den Deutschen locker zu: „Leute, kauft Hybrid-Autos von Toyota." Die stolzen deutschen Ingenieure mussten nachgeben. Ihr Argument, deutsche Dieselmotoren seien besser als der japanische Hybrid-Antrieb, zog nicht mehr. Jetzt kümmerten auch sie sich um die ungeliebte Doppeltechnik und sie stellten fest, dass es gar nicht so einfach ist, dieses Verfahren zu beherrschen.

2007 stellten sie lustlos ein paar Konzeptautos auf ihre Frankfurter Musterschau. Die Autos, darunter auch der Porsche-Geländewagen Cayenne, waren aber nicht fahrtüchtig. Erst 2009 kamen die ersten deutschen Autos mit Doppelantrieb auf den Markt. Mercedes brachte eine S-Klasse-Version, BMW einen 7er. VW wird erst 2010 mit dem neuen Touareg-Modell den ungeliebten Zweierantrieb bringen.

Die Japaner haben bei der durch den Prius berühmt gewordenen Technik den Deutschen gegenüber inzwischen einen Vorsprung von fünf bis acht Jahren. Den aufzuholen wird nicht so schnell möglich sein, zumal die Japaner ihre Forschungsanstrengungen ausbauen. Die fernöstlichen Konkurrenten sind damit für wahrscheinlich lange Zeit ihren westeuropäischen Wettbewerbern einen ganzen Modellzyklus voraus. Das ist bitter für die deutschen Hersteller, die traditionell den Anspruch haben, die besten Autos der Welt zu liefern. Jetzt müssen sie öffentlich eingestehen, dass sie eine der technischen Optionen zur Reduzierung von Spritverbrauch und Kohlendioxid-Ausstoß zu spät anpackten. Damit haben sie mehr als eine PR-Schlacht verloren. Die europäischen Autounternehmen mussten 2008 einräumen, dass sie die freiwillig angebotenen Ziele zum Kohlendioxid-Ausstoß nicht erreichen konnten. Mit dem Doppelmotor hätten sie diese Hürde wahrscheinlich genommen und das Image der deutschen Autohersteller als Speerspitze des Fortschritts wäre erhalten geblieben. Jetzt ist im öffentlichen Bewusstsein der Autofahrer die Öko-Autotechnik in Japan zu Hause.

Zurückhaltung auch bei Wasserstoff

Es ist erstaunlich, warum die deutschen Ingenieure beim Nachdenken über die Zukunft des Autos so zurückhaltend sind und sie in erster Linie an die Verfeinerung des Verbrennungsmotors denken. An der Anzahl der Entwickler und Experten in den Unternehmen kann es kaum liegen. BMW beschäftigt weltweit fast 30 000 Entwicklungsingenieure, bei VW sind es 23 000. Der Sachverstand in der Autoindustrie ist kaum zu überbieten, aber trotzdem wirkt die Branche gelegentlich erstaunlich ratlos. Fast alle deutschen Unternehmen hatten viele Jahre intensiv am Wasserstoffantrieb geforscht. Doch etwa 2007 wurde alles hintangestellt, was mit dieser Technik zu tun hat. Seitdem arbeiten alle wie wild am Elektroauto. Die Unternehmen stürzen sich mit solcher Wucht auf dieses Thema, als stünde es schon fest, dass der E-Antrieb mit Batterie das größte Potenzial besitzt und die Lösung mit Wasserstoff unwichtig wird. Aber diese Frage, was die entscheidende Technik für die Zeit nach dem Öl sein könnte, ist noch lange nicht beantwortet. Es kann sehr gut sein, dass beide Entwicklungen demnächst in einem Elektroauto zusammenfließen, dessen Batterie den Strom von einer Brennstoffzelle mit Wasserstofftechnik bezieht. Die Entwickler müssen sich darauf einstellen, beide Entwicklungen gleichermaßen voranzutreiben, und die Finanzchefs der Konzerne müssen Beträge für Entwicklungsarbeit lockermachen, die sie sich bisher nicht vorstellen konnten. Stattdessen sparen sie und haben die Wasserstofferforschung auf Sparflamme gestellt.

Noch 2001 stellte eine Gruppe potenter Unternehmen eine interessante Initiative vor, die „Verkehrswissenschaftliche Energiestrategie“. Die Fachleute waren damals überzeugt, eines Tages werde der Wasserstoffantrieb das dominierende Prinzip in der Autoindustrie sein. An dem Zusammenschluss war BMW beteiligt, Daimler, Opel, VW, der Nutzfahrzeughersteller MAN machten mit, die Mineralölkonzerne BP, Shell und Aral sowie der Stromkonzern RWE.

Diese Riesen waren sich einig, in etwa 25 Jahren könnte der Wasserstoff das herkömmliche Benzin ablösen. Es gehe los mit der automobilen Zukunft. Der Wasserstoffantrieb und die Brennstoffzelle seien „keine Eintagsfliegen, sondern Teil einer langfristigen Strategie", behauptete damals der Chef des Verbandes der Automobilindustrie, Bernd Gottschalk. Das sei die größte Baustelle der Autoindustrie. Auch der damalige BMW-Chef Joachim Milberg fand große Worte für diesen Pfad in die Zukunft. „Das Wasserstoffzeitalter hat begonnen."

Die Gruppe wollte damals den entscheidenden Mangel beseitigen, der dem Wasserstoffauto entgegenstand, und ein Wasserstofftankstellennetz aufziehen. Bis 2005 sollten 30 Zapfstellen in Deutschland in eigener Regie aufgestellt werden. Bis 2010 sollten 2 000 öffentliche Wasserstofftankstellen zur Verfügung stehen. Damit wäre der Durchbruch der Wasserstofftechnik möglich.

Daraus wurde nichts. Es gibt bis heute in Deutschland nur 30 Tankstellen für Wasserstoff, davon sind nur sieben öffentlich zugänglich. Weder große Namen wie Volkswagen noch die Finanzkraft von RWE oder der Mineralölkonzerne haben die Wasserstofftechnik weitergebracht. So wird die Wasserstoffzukunft noch lange auf sich warten lassen, auch wenn sich im September 2009 eine neue Firmeninitiative zu Wort meldete. Auch sie will den Wasserstoffantrieb vorantreiben, auch sie plant ein Tankstellennetz. An dem Konsortium ist der Gaskonzern Linde beteiligt, die Stromversorger Vattenfall und EnBW haben sich engagiert, der Ölmulti Total sowie die Nationale Organisation Wasserstoff- und Brennstoffzellentechnologie. Der einzige deutsche Autokonzern, der das Papier unterschrieb, war Daimler. Die Pkw-Hersteller VW, Opel und BMW, haben offenbar inzwischen kein Interesse mehr am Ausbau der Wasserstofftechnologie.

Die deutschen Konzerne melden sich ab

Über viele Jahre hat BMW die Flagge hochgehalten. Der Münchner Konzern entwickelte mit hohem Aufwand Motoren, die Wasserstoff verbrennen können. Viele Experten hielten das für unsinnig. Sie sagten, es sei sinnlos, den Energieträger in den Tank zu füllen, solange der Kraftstoff mithilfe von fossilen Brennstoffen erzeugt werden müsse. Denn bei diesem Verfahren werde mit erheblichem Aufwand von Erdöl und massiver Kohlendioxid-Belastung der Umwelt das Klimaproblem vom Auto nur in die Kraftwerke verlagert. Ein umweltpolitischer Vorteil sei damit nicht zu erreichen. Die Münchner machten aber unverdrossen weiter und stellten im Jahr 2000 mehr als ein Dutzend mit Wasserstoff angetriebene Fahrzeuge ihrer großen 7er-Reihe als Promitentaxis auf die EXPO 2000 von Hannover. Das sorgte für Schlagzeilen, brachte die Münchner aber nicht weiter. Am Ende hatten sie ein Wasserstoffauto, das keine Käufer fand. Der Grund war, dass es keine Tankstellen gab und dass das Wasserstoffauto auch ökologisch nicht überzeugte.

Bald verloren die Münchner die Lust am Wasserstoff und sie bogen unter dem Druck der Japaner auf den Pfad der Hybrid-Technik ein. BMW beteiligte sich 2005 an der Kooperation von Daimler und General Motors für den Doppelantrieb. Unter dem wachsenden Druck der kalifornischen Umweltgesetzgebung beeilte sich BMW auch, ein Elektroauto auf die Beine zu stellen. Es bestand die Gefahr, dass die weiß-blaue Marke keine Autos mehr in den Sonnenstaat an der US-Westküste liefern darf, wenn sie nicht ein paar Hundert emissionsfreie Autos dorthin liefern könnte. Mit diesen Vorhaben sind die finanziellen und personellen Ressourcen der Münchner am Anschlag. Das Wasserstoffthema war für sie praktisch beendet. Erst recht rutschte das einstige Zukunftsthema der Münchner auf einen hinten liegenden Rang, nachdem Norbert Reithofer im September 2006 bei BMW den Vorstandsvorsitz übernommen hatte. Der vormalige Produktionschef von BMW hatte kaum Zeit, sich einzuarbeiten, bis ihm klar wurde, dass eine massive Krise auf den Münchner Konzern zukommt. Er sorgte erstmals dafür, dass bei BMW sogar Entwicklungsingenieure ausscheiden mussten. Damit wurde klar, dass neue technische Fragen in den Vordergrund rücken würden, die die vorhandene Mannschaft nicht ausreichend beherrschte. Unter Reithofer forciert BMW die Entwicklung des Elektroantriebs. Für weitere Optionen reichen weder Geld noch Visionen.

Auch der VW-Konzern zeichnet sich nicht als Pfadfinder für die Zukunft der Autoindustrie aus. Der größte Autokonzern Europas hat möglicherweise die größte Expertise bei Diesel- und Benzinmotoren, die er sich auch langfristig zunutze machen wird. Doch wenn es um echtes Neuland geht, halten sich die Wolfsburger zurück. Dass ein Unternehmen wie VW den Elektroantrieb beherrschen muss, haben die Wolfsburger offenbar erst 2007 verstanden. Seitdem laufen sie der Entwicklung, die in anderen Teilen der Erde schon lange begonnen hat, hinterher. Allerdings mit Hochdruck. Aus der Wasserstofftechnologie hat sich der Wolfsburger Konzern schon 2001 offiziell verabschiedet. „Wir wollen weitgehend vom Wasserstoff abgehen", hatte Konzernchef Ferdinand Piëch damals erklärt. Piëch hatte Sicherheitsbedenken. Diese Option sei für Normalmenschen zu kompliziert. Bei einem weltweiten Bedarf von 40 Millionen Autos könne man nicht mit Wasserstofftanks arbeiten, die extrem hohem Druck ausgesetzt sind und den Treibstoff auf eine Dauertemperatur von etwa minus 250 Grad kühlen müssen. Andernfalls würde der flüchtige Stoff durch die Wände des Tanks entweichen. Das sei zu gefährlich.

Eine Zeit lang tendierte Piëch noch in die Richtung der Brennstoffzelle. Aber auch an dieser Technologie sind die Wolfsburger inzwischen kaum noch interessiert. Sie haben sich längst mit voller Kraft auf die Elektromobilität geworfen. Für Unternehmenschef Winterkorn ist das Brennstoffzellenauto nur noch die letzte mögliche Alternative, wenn gar nichts anderes mehr möglich ist. „Einen schnellen Erfolg dieser Technik sehe ich nicht", sagt Winterkorn. „Wo soll der Wasserstoff herkommen, wie sollen wir ihn transportieren und wie speichern?" Das sind die drei entscheidenden Fragen, die der Einführung des Wasserstoffs als Autotreibstoff noch entgegenstehen.

Vielleicht entpuppt es sich noch einmal als Segen, dass bei der Daimler AG ein Mann wie Thomas Weber im Vorstand sitzt. Der promovierte Maschinenbauer vom Jahrgang 1954 ist in dem Stuttgarter Autokonzern zuständig für die Konzernforschung und die Entwicklung bei Mercedes. Seit 1987 ist der gebürtige Schwabe bei Daimler und die meiste Zeit davon hatte er mit dem Motorenbau zu tun. Die große Leidenschaft des Mannes, der auch im gestandenen Vorstandsalter noch immer wirkt wie der Musterschüler im Gymnasium, ist die Brennstoffzelle. Wer Weber auf dieses Thema anspricht, kann sich auf einen spontanen Vortrag von einer halben Stunde einstellen, so begeistert ist Weber von diesem Antrieb, der für ihn die Lösung schlechthin zu sein scheint. „Die Brennstoffzelle ist serienfertig", sagt der Forscher und Manager stolz. Die neue B-Klasse von Daimler kann bereits mit einer Brennstoffzelle bestellt werden. „Wir können liefern."

Mit schwäbischem Tonfall erklärt er, warum die Brennstoffzelle die Lösung für den Verkehr von morgen ist. „Die Zukunft ist elektrisch." Der Laie stutzt. Aha, also doch das Batterieauto? Nein, klärt Weber auf. Der Elektromotor wird von einer Brennstoffzelle mit Strom versorgt. Damit erreicht ein Auto eine Reichweite von 400 Kilometern. Das reine Elektrofahrzeug könne in Zukunft höchstens halb so weit fahren, doziert Weber. Also ist für ihn der Fall klar: Daimler hat auf das richtige Pferd gesetzt. Der Stuttgarter Konzern verfolgt diese Technik seit mehr als einem Jahrzehnt, er hat mit General Motors kooperiert, um in jahrelanger Arbeit diesen geräuschlosen Antrieb so klein zu bekommen, dass er in einen Pkw passt. Jetzt ist es so weit. Weber hat einen Antrieb für die Ballungsräume. „Das kann nur das Elektroauto sein."

Es war ein mühsamer Weg für ihn. Oft sei er im Hause angegriffen worden, er solle doch mit der „Exotentechnologie" aufhören. Interne Quellen bei Daimler sagen, dass die Stuttgarter zuletzt jedes Jahr 400 Millionen Euro in diese Technik gesteckt haben, mehr als jeder andere Autokonzern. „Wir geben für die Zukunftstechnologie mehr aus als die Konkurrenten", sagt Weber. Aber was ist damit gewonnen? Wie will er die künftigen Brennstoffzellenautos von Daimler mit Wasserstoff versorgen?

Vor allem ist die Frage offen, wie der Wasserstoff erzeugt werden soll. Da hat auch Weber noch keine Antwort. Aber er hat gegenüber seinen Konkurrenten einen Vorteil. Er hat eine Technik im Haus, die morgen vom Band laufen könnte. Das haben andere, die auf den batteriegetriebenen Elektromotor setzen, noch lange nicht zu bieten. Aber so sei das, wenn man technologisches Neuland betrete, sagt Berufsoptimist Weber. „Man braucht einen unheimlich langen Atem."

Auf Partnersuche

Der Weg in die Zukunft ist steinig. Wie mühsam der Pfad wird, ist vielen Automanagern scheinbar noch gar nicht klar. Einige Unternehmen sind in der Entwicklung nicht breit genug engagiert und sie gefährden damit ihre eigene Zukunft. Mag der Daimler-Konzern in der Brennstoffzellentechnik vorne liegen. Beim Elektroantrieb und der dazugehörigen Batterietechnologie hat Daimler noch nicht viel zu bieten. Umso erstaunlicher ist, wie zaghaft die Stuttgarter dieses Defizit angehen. Im Dezember 2008 gründeten die Daimler-Manager mit dem Essener Mischkonzern Evonik, der früher mal Ruhrkohle hieß, in Sachsen eine gemeinsame Gesellschaft zur Herstellung von Batterien. Im Jahr 2011 soll die Fertigung von Lithium-Ionen-Batterien losgehen. Dass Daimler diesen nur wenig erfahrenen Partner wählte, wird in der Branche mit Erstaunen gewertet. Evonik hat nicht die internationale Durchschlagskraft, um einem Autoriesen von Weltformat wie Daimler die nötige Technologie zuzuführen. Da werden die Stuttgarter noch andere Wege einschlagen müssen. Zaghaft werden die Stuttgarter demnächst einen Elektro-Smart auf die Straßen bringen. Doch wann ihr Know-how für einen Elektro-Mercedes reicht, steht noch in den Sternen. Die Daimler-Manager hoffen, es bis 2012 zu schaffen.

BMW hat sich immerhin zwei finanziell und technologisch potente Partner gesucht, um im zu spät gestarteten Rennen um den Elektroantrieb noch eine Chance zu bekommen. BMW kooperiert mit SB Limotive, einem Gemeinschaftsunternehmen von Bosch und dem koreanischen Elektronikkonzern Samsung. VW setzt in diesem Aufholrennen auf eine Zusammenarbeit mit dem japanischen Elektro- und Elektronikkonzern Sanyo. Gemeinsam wollen die Wolfsburger mit den Japanern 2012 in Deutschland eine Batteriefabrik in Betrieb nehmen. Der Haken an der Zusammenarbeit ist jedoch, dass auch Toyota mit Sanyo bei der Produktion von Batterien gemeinsame Sache machen will. Das ist riskant. Wenn zwei der größten Autokonzerne vom gleichen Batteriehersteller abhängen, gibt es schnell Konflikte. Die Batterie ist das Herzstück des künftigen Elektroautos. Das technische Wissen wollen selbstbewusste Autohersteller in der Regel nicht mit Konkurrenten teilen.

Aber Winterkorn hat inzwischen in Asien einen nächsten Schritt gemacht und einen weiteren Verbündeten gesucht, der helfen könnte, die verlorene Zeit aufzuholen. Im Mai 2009 unterschrieb der VW-Konzernchef eine Absichtserklärung mit dem chinesischen Auto- und Batteriehersteller Build Your Dreams zur verstärkten Zusammenarbeit. Build Your Dreams ist ein erst 1995 von dem Chinesen Wang Chuanfu gegründetes Unternehmen, das von Fachleuten allgemein als einer der globalen Spitzenreiter in der Batterietechnologie gefeiert wird. Grund genug für Winterkorn, sich an die Fersen dieser Firma zu heften und ein paar Türen zu öffnen, die den Weg in die elektrische Zukunft beschleunigen könnten. Beide wollen bei Lithium-Ionen-Batterien für Hybrid- und Elektrofahrzeuge zusammenarbeiten. Die Sorge, bei der Elektromobilität noch lange Zeit denjenigen hinterherzulaufen, die den Trend schneller erkannten, scheint bei VW sehr ausgeprägt zu sein. Zumindest gibt es bei VW kaum einen Manager, der nicht großen Respekt vor der Komplexität der Batterietechnologie hat.

Toyota: Alles Mögliche

Wahrscheinlich gibt es nur einen Autohersteller, der alle Zukunftsoptionen gleichermaßen im Visier hat: Toyota, der Konzern mit dem berühmten Werbespruch „Nichts ist unmöglich". Die Japaner scheinen völlig ohne Scheuklappen an das Fahren von morgen heranzugehen. Sie sehen die Zukunft des Autos gleichermaßen optimistisch, realistisch und gelassen und sie wirken dabei wenig angestrengt. Sie reden offen über ihre Vorhaben, hängen sie aber nicht an die große Glocke und eines Tages führen sie der staunenden Welt eine neue Technik vor wie den Hybrid-Antrieb des Prius. Da der Rohstoff Öl zu Ende gehe und die Umwelt von fossilen Abgasen in Mitleidenschaft gezogen werde, hätte die Industrie keine Wahl, als zu handeln, sagen die Strategen von Toyota so entwaffnend offen, wie es deutsche Autoingenieure nur selten tun. „Nun ist die Zeit gekommen, Fahrzeuge zu entwickeln, die von alternativen Energieträgern wie Biokraftstoffen, Elektrizität oder Brennstoffzellen angetrieben werden", heißt es in einer Mitteilung des Unternehmens. So etwas findet sich in Mitteilungen deutscher Autounternehmen nicht. Die geben ungern zu, dass die Ölreserven knapp werden, und scheinen mit Scheuklappen und eher furchtsam nach vorne zu schauen. Wenn Norbert Reithofer, der BMW-Chef, über die Zukunft des Autos nachdenkt, klingt das keineswegs nach energischem Aufbruch oder nach Zuversicht. Er wirkt fast verzagt und sagt Sätze wie „Ich glaube, dass der Wasserstoffantrieb kaum vor 2030 kommen wird." Diese Erkenntnis mag sogar richtig sein. Aber mit solcher Zaghaftigkeit kann ein Unternehmenschef seine Ingenieure nicht zur Höchstleistung anfeuern. Vielleicht sind es am Ende doch solche kleinen psychologischen Unterschiede, die über Erfolg oder Nichterfolg entscheiden.

KAPITEL 8

Schöne Hoffnung

Die beiden offenen Roadster im Schauraum, der eine dunkelgrün, der andere pechschwarz, strahlen elegante Sportlichkeit aus. Feiner Ledergeruch der Sportwagensitze schmeichelt sich in die Nase. Der freundliche junge Mann mit der Baseballkappe und dem dunkelroten Pullover gibt bereitwillig Auskunft über die neueste Attraktion auf dem Automarkt. „Hardtop, Breitreifen, Sportfelgen", schwärmt er. „Spitzengeschwindigkeit 200 Kilometer, Beschleunigung auf 100 Kilometer in 3,4 Sekunden." Die Sitze sind eng, man muss sehr jung oder sportlich sein, um Aus- und Einstieg lässig zu absolvieren. Der Kofferraum hat nur Platz für zwei Täschchen. Der gesamte Raum hinter den Sitzen ist mit Batterien vollgepackt. „Wir verkaufen die Autos gut", sagt der fröhlich wirkende Verkaufsmann. 100 Kaufverträge seien unterschrieben, „50 Stück sind schon ausgeliefert." Ja, sagt der junge Mann mit einem Achselzucken, die Kunden müssten sich schon ein wenig gedulden. „Wir sind froh, dass wir noch zwei Autos zeigen können. Beide sind verkauft."

Samstagnachmittag in der Münchner Blumenstraße. Die amerikanische Firma Tesla, die elektrisch betriebene Sportwagen liefert, hat hier ihren ersten Laden in Deutschland eröffnet. Die Neugierigen in dem eleganten Verkaufsraum, der ganz in Weiß und Rot gehalten ist, verströmen mit ihren Lederjacken, den Designerjeans, den seidenen Halstüchern und den Kaschmirpullovern den Charme teurer Lässigkeit. Die um die Sportwagen herumschleichenden Herrschaften sind um die 40 und man sieht an ihren Brillen, Schuhen oder Taschen, dass sie gut verdienen. Für 99 000 Euro plus Mehrwertsteuer könnten sie sich hier ein reines Gewissen kaufen. Die junge Autofirma aus dem Silicon Valley verspricht sportliches Fahren ohne schädliche Abgase. „Leistung mit reinem Gewissen“, sagt der Werbeslogan. Genau das Richtige für die jungen Erfolgreichen, die auf der Überholspur sind. In Amerika ist der Tesla Roadster, der von der britischen Sportwagenschmiede Lotus entworfen wurde, inzwischen zum Geheimtipp der Hollywood-Stars und Schickimickis geworden. „Wir treffen hier auf viele interessante Persönlichkeiten“, sagt der Münchner Verkäufer vielsagend. Mehr verrät er nicht über seine Klientel. Der junge Mann strahlt das Selbstbewusstsein eines Siegers aus. Er ist sicher, dass er die Zukunft der Mobilität verkauft. „Wir sind der Beweis, dass es geht.“ Aber da wäre noch eine Frage: Wie weit kommt man mit dem Auto? „350 Kilometer“ ist die schnelle Antwort. Na ja, rudert der forsche junge Mann ein wenig zurück. Das gelte nur bei „vorsichtiger Fahrweise“. 200 Kilometer seien realistisch.

Die kleine US-Firma Tesla macht in der jungen Welt der Elektroautos bisher die beste Öffentlichkeitsarbeit. Sie erzeugt am meisten Aufmerksamkeit. Die junge Firma, die erst 2003 im kalifornischen Silicon Valley gegründet wurde, macht es wie alle die vielen anderen Neugründungen aus dem sagenhaften Tal der Kreativen: mit viel Lärm und Medienrummel. Das kleine Unternehmen, das nicht einmal 500 Mitarbeiter hat, das aus dem Nichts kam und keine Erfahrung hat im Autobau, schaffte es mit seinem wenig zurückhaltenden Auftritt sogar, die Großen zu beeindrucken. Erst im Sommer 2009 hat sich der Daimler-Konzern mit vier Prozent an dem Unternehmen beteiligt, das nicht einmal Gewinne macht und das durch die Beteiligung eine Art Ritterschlag erfuhr. Ob sie jemals Gewinn machen wird, ist mehr als offen. Die Firmengründer Martin Eberhard und Elon Musk hatten sich zuvor mit erfolgreichen Internetunternehmen und Elektronikfirmen ihr Startkapital für ihr neuestes Experiment verdient: ein Auto, das umweltfreundlich angetrieben ist, aber sportlich fährt und gut aussieht. Das haben sie geschafft. Der Tesla Roadster wurde schon zum Kultobjekt für Gutverdiener an der amerikanischen Westküste. Dafür haben ihre geschickten Macher gesorgt.

Hollywood-Größen wie George Clooney oder Dustin Hoffman fahren einen Tesla Roadster. Die steinreichen Google-Gründer Larry Page und Sergei Brin haben sich einen angeschafft. Auch Arnold Schwarzenegger, der Gouverneur von Kalifornien, der früher selbst ein Mann des Films war und sich eine Zeit lang mit einem wasserstoffgetriebenen Hummer-Geländewagenmonster als Umweltschützer profilieren wollte, will mit einem Tesla Roadster demonstrieren, dass er mit dem Zeitgeist vertraut ist.

Viele Zeitungsbilder

Die schicken Bilder des amerikanischen Elektroautos mit ihren Stars am Steuer täuschen. Sie präsentieren eine Welt, die etwas mit Hollywood gemeinsam hat: Sie ist erfunden, entspricht mehr den Wünschen der Menschen nach sauberem Autofahren als der Realität. Sie verspricht, was sie nicht halten kann. Das Elektroauto ist Zukunftsmusik, es wird noch lange dauern, bis es in großer Stückzahl zur Verfügung steht. Das meiste, was bisher über das Fahren mit Strom behauptet wird, ist Wunschdenken.

Das mit Strom betriebene Auto fasziniert die Medien, die Politiker, die Manager. Nachrichten vom „emissionsfreien Fahren" vermitteln den Eindruck, das Ei des Kolumbus sei gefunden, die Rettung des Weltklimas sei möglich, ohne das Autofahren einzuschränken. Mit Treibstoff aus der Steckdose. Statt des lärmenden und stinkenden Verbrennungsmotors wird einfach ein Elektromotor eingebaut, der von einem Akku gespeist wird. So einfach ist das. Diese Technik hat auch noch erhebliche Vorteile gegenüber den konventionellen Stinkern. Das Auto fährt leise, es produziert keine Abgase. Der Wirkungsgrad eines Elektromotors ist größer als der eines Benzinaggregats, das zwei Drittel seiner Energie über Abwärme einfach sinnlos verpuffen lässt. Zudem braucht ein Elektroauto keine umständlichen und komplizierten Getriebe, wie sie in konventionelle Fahrzeuge eingebaut werden müssen. Einfacher scheint es nicht mehr zu gehen. Warum eigentlich nicht gleich so?, fragt sich der normale Mensch, der sich über steigende Spritpreise ärgert und sich Gedanken macht über den Kohlendioxid-Ausstoß seiner Familienkutsche.

Warum nicht einfach elektrisch fahren? Tesla zeigt doch, dass es geht.

Genau, sagen Politiker und Automanager plötzlich, und sie tun so, als wäre die Lösung gegen steigende Spritpreise und Umweltschäden gefunden. Noch Anfang 2007 war das Elektroauto weder für die Automanager ein Thema noch für die Politiker. Doch dann begannen die Spritpreise drastisch zu steigen und sowohl die Autokonzerne wie auch die Politiker hatten ein schönes Feld der Selbstdarstellung gefunden. Nichts eignet sich besser für Versprechungen von Politikern als das mit Strom angetriebene Auto. Es erlaubt den Schutz des Klimas ohne den Verzicht auf Mobilität. So etwas mögen Politiker, einen Vorteil für Menschen und Umwelt, der nichts kostet. Den Managern liefert das Elektroauto jede Menge positive Schlagzeilen frei Haus. Was kann es mitten in der Krise Besseres geben, als lange Reportagen in Fernsehen und Zeitungen über die schöne neue Welt des risikolosen Autofahrens. Eine solche Chance lassen sich die PR-Abteilungen der Autounternehmen nicht entgehen.

Was kann die Zukunftsfähigkeit eines Unternehmens schöner darstellen als der Konzernchef, der ein Elektroauto vorstellt, auch wenn das Auto gar keinen Elektroantrieb hat, sondern nur durch große Buchstaben auf den Seitenflächen zu einem Zukunftsauto gemacht wird. VW-Chef Winterkorn und der frühere Bundesumweltminister Siegmar Gabriel knieten gemeinsam vor einem blauen Golf und fummelten mit einem Ladekabel herum, das sie im Blitzlichtgewitter in der vorderen Stoßstange des Autos einsteckten. Bayerns Ministerpräsident Horst Seehofer, dem sein Umweltminister Markus Söder als Kabelträger assistierte, schaute verwundert auf den Stecker am Ende des Ladekabels, als könne er nicht glauben, dass ausgerechnet darin irgendeine Art von Zukunft liegen sollte. Beim Berliner Fototermin von Daimler-Chef Dieter Zetsche mit einem Elektro-

Smart durfte auch Kanzlerin Angela Merkel mitwirken. Die promovierte Physikerin, die mit technischen Fragen bestens vertraut sein sollte, wirkte bei diesem Medienevent mit der Strippe in der Hand aber völlig hilflos. Sie konnte die Steckdose in der eigens für diese Schau aufgestellten Stromtanksäule nicht finden.

Der suchende Blick der Kanzlerin symbolisiert, wie weit der Weg noch ist bis zum Elektroauto. Entgegen allen Versprechungen der Autokonzerne steht überhaupt nicht fest, wann es eine nennenswerte Zahl von elektrisch angetriebenen Autos geben wird und ob der Stromantrieb jemals eine Alternative zum Benzin- und Dieselmotor werden kann. Bis heute gibt es kein serienfähiges Fahrzeug, das mit Batterien angetrieben wird. Das hält die Autoindustrie nicht davon ab, zu behaupten, das Stromauto sei eine echte Alternative zum Verbrennungsmotor. Es ist es heute nicht und wird es lange nicht sein. „Elektroautos können nur durch technologische Durchbrüche und durch staatliche Förderung bis 2020 massenmarktfähig werden", sagen die Experten der Beratungsgesellschaft McKinsey. Die Berater glauben, dass es noch sehr lange dauern wird, bis Steckdose und Batterien den Benzintank im Auto ersetzen können.

Ein Grund ist, dass es nicht möglich sein wird, die bisherigen Fahrzeuge einfach mit einem Stromantrieb auszurüsten statt mit einem Verbrennungsmotor. An dieser falschen Vorstellung wirken die Autohersteller mit, indem sie für ihre Versuche herkömmliche Autos verwenden, denen sie einen Elektromotor einbauen. Doch die Autohersteller wissen, dass sie für den Stromantrieb ganz neue Autos entwickeln müssen. Das wird Milliarden kosten und können einen großen Teil ihrer 100-jährigen Erfahrung im Karosseriebau abschreiben. Für das Elektroauto werden andere Chassis notwendig, weil die Batterien schwer und die Motoren klein sind. Die Autos müssen viel leichter werden, um die Reichweite zu erhöhen. Sie brauchen andere Karosserien, die günstigeren Windwiderstand bieten, und der Rollwiderstand muss gesenkt werden. Die Ingenieure werden auch viel Kraft verwenden müssen, den Energieverbrauch von

Heizung und Klimaanlage zu senken. „Die Entwicklung der neuen Autos verlangt uns großen Aufwand ab“, sagt ein führender BMW-Mann. Weil die Stromautos komplett anders konstruiert sein werden, plant BMW für die neue Autogeneration sogar eine eigene Marke.

Auch die Batterietechnik macht die schnelle Umstellung der Autos auf Stromantrieb schwierig. Mit den heute zur Verfügung stehenden Akkus haben Autos eine Reichweite von etwa 50 bis 150 Kilometern. Daher werde das Elektroauto zunächst nur „in Nischenmärkten“ vertreten sein, glauben die Experten von McKinsey.

Auch der Stuttgarter Autozulieferer Bosch, der ausgewiesener Spezialist auf dem Gebiet der Elektrotechnik und Elektronik ist, äußert sich zurückhaltend über die Zukunft des Elektroautos. Für dieses Fahrzeug seien nur geringe Wachstumsraten vorstellbar. Im Jahr 2015, so die Prognose der Stuttgarter, würden weltweit höchstens 500 000 strombetriebene Autos verkauft. Wenn es dabei bliebe, wäre ein lächerlicher Marktanteil von noch nicht einmal einem Prozent der weltweit verkauften Autos erreicht. Der Grund dafür ist die mangelnde Leistung der Stromautos. „Wenn es mehr werden sollten, müssten wir die Performance dieser Fahrzeuge noch erheblich steigern“, meint Bernd Bohr, der zweite Mann bei Bosch und Chef des Unternehmensbereichs Kraftfahrzeugtechnik. Vorsicht herrscht auch beim VW-Konzern über die Verbreitung des Stromautos. „Bis Elektroautos einen Marktanteil von zehn Prozent erreichen, „wird es noch 20 bis 25 Jahre dauern“, sagt Jürgen Leohold der Leiter der VW-Konzernforschung.

Solche Zurückhaltung hält die führenden Automanager nicht davon ab, schon mal ordentlich vom Stromauto zu schwärmen. „Die Zukunft gehört dem Elektroauto – mit Strom aus der Steckdose“, behauptet VW-Konzernchef Martin Winterkorn. Im Jahr 2013 will VW einen elektrisch betriebenen Kleinwagen auf den Markt bringen. „Wir werden in der vordersten Reihe derjenigen stehen, die Elektroautos einführen“, erklärt voller Begeisterung Wolfgang Schneider, der als Vice President bei Ford in Europa für alle

Umweltfragen zuständig ist. Renault-Nissan will schon 2010 ein reines Elektroauto auf dem Markt haben. Etwa 100 000 Stück sollen von dem neuen Gefährt verkauft werden, das einen Preis haben soll ähnlich wie ein konventionelles Fahrzeug. Dann will auch Daimler-Chef Dieter Zetsche den ersten in Serie gebauten Elektro-Smart 2010 ausliefern. Opel kündigt ein Elektroauto mit Namen Ampera für 2011 an. BMW ist etwas vorsichtiger. Das Unternehmen hat zunächst 500 elektrisch getriebene Minis in Feldversuchen in Amerika und Berlin auf die Straßen geschickt und verspricht ein serienreifes Fahrzeug „in ein paar Jahren".

Die Unternehmensberatung Roland Berger sagt in einer optimistischen Analyse für das Jahr 2020 dem Elektroauto bereits einen Marktanteil von zehn Prozent voraus. Der rührige Autoprofessor Ferdinand Dudenhöffer von der Universität Duisburg-Essen behauptet sogar, dass „im Jahr 2025 alle Neuwagen in Europa vollständig oder wenigstens teilweise elektrisch fahren".

PR-Wahnwitz

Noch ist es nicht so weit und wer ein Gefühl für die Zukunft des Elektroautos entwickeln will, dem sei ein Blick unter das Blech des Tesla Roadster empfohlen. Dort wird deutlich, was noch zu tun ist, um das Stromauto zur sinnvollen Alternative im Alltag zu machen. Der Tesla Roadster ist mit 7 000 kleinen Akkus so vollgepackt, dass im Auto kein Platz mehr für Gepäck bleibt. Diese Akkusammlung erlaubt eine Reichweite von theoretisch maximal 350 Kilometern, im echten Leben sind es deutlich weniger. Vorne, wo bei anderen Autos der Motor steckt, sitzt im Tesla Roadster eine gewaltige Kühlapparatur, die nichts anderes zu tun hat, als die vielen Akkus im Heck zu kühlen. Die heute für die Elektroautos zur Verfügung stehenden Lithium-Ionen-Akkus entwickeln starke Wärme. Es besteht Brandgefahr. Die Akkus sind noch viel zu gefährlich für eine Großserienfertigung. Nächster Nachteil: Es dauert 18 Stunden, bis die leer gefahrenen Akkus des Autos an einer normalen Steckdose wieder aufgeladen sind, und teuer sind die Batterien auch noch. Das Batteriepaket des Tesla Roadster kostet etwa 35 000 Euro. Ein Drittel des Fahrzeugpreises entfällt nur auf den Stromspeicher. Das ist zu viel, um ein Auto für breite Kundenschichten interessant zu machen. Selbst die heute im elektrisch betriebenen Smart eingesetzten Akkus kosten knapp 10 000 Euro. Sie machen den E-Smart damit doppelt so teuer wie ein herkömmliches Modell. Trotzdem hat der Kleinwagen mit dieser Ausstattung nur eine Reichweite von 160 Kilometern.

Das Elektroauto wird für längere Zeit nur ein Angebot für solvente Käufer sein, denen das emissionsfreie Fahren viel Geld wert ist und die das Auto nicht ständig brauchen. Der Schwachpunkt sind die Akkus: Die sind noch lange nicht so ausgereift und sicher, dass sie in dicken Paketen zusammengebunden für die Großserienfertigung taugen. Das sieht auch die Beratungsgesellschaft Boston Consulting Group so. Rein elektrisch betriebene Autos, so glaubt die zweitgrößte Beratungsgesellschaft der Welt, könnten zunächst nur im City-Verkehr eingesetzt werden. „Wir erwarten, dass bis 2020 ungefähr 18 Prozent der Stadtautos in Westeuropa, Nordamerika, Japan und China einen rein elektrischen Antrieb haben." Vorsichtige Vorhersagen wie diese sind ein Dämpfer für die verbreitete Strombegeisterung beim Autofahren. In großen Limousinen, so die Boston-Consulting-Experten, werde der Elektroantrieb auch auf lange Sicht nur geringe Anteile haben. In solchen Fahrzeugen kämen eher Hybrid-Antriebe zum Einsatz, also eine Mischung aus Elektromotor und Verbrennungsmaschine. Anders seien vernünftige Reichweiten nicht zu schaffen.

Die Autobauer haben sich mit diesem PR-Wahnwitz, der von der baldigen Zukunft des Stromautos kündet, sogar inzwischen ins eigene Fleisch geschnitten. Die ersten Kunden kommen in die Läden und wollen Stromfahrzeuge kaufen. Doch es gibt keine. Andere sind von dem Medienrummel um die Elektrofahrzeuge so beeindruckt und beglückt, dass sie den Kauf eines neuen Autos verschieben, um bei nächster

Gelegenheit gleich auf ein Elektroauto umzusatteln. „Die Erwartung der Kunden macht uns Sorgen“, räumt Jürgen Leohold von Volkswagen ein. Auch Glenn Schmidt von BMW winkt ab, wenn er gefragt wird, ob die Elektroautos bereits serienreif sind. „Das ist nicht der Fall.“

Vor allem bei den Akkus ist noch viel Forschungs- und Entwicklungsarbeit zu leisten. Heute verwenden die Testautos und Prototypen der Hersteller noch Akkus, die in der Handy- und Computerbranche eingesetzt werden. Das mag für Versuchsfahrten genügen. Aber Autos stellen an eine Batterie wesentlich höhere Anforderungen. Sie müssen nicht nur eine große Reichweite haben, sie müssen klein sein. Sie müssen bei großer Hitze wie bei sibirischer Kälte zuverlässig arbeiten. Und sie müssen schnell aufladbar sein, Millionen von Ladezyklen aushalten und sie dürfen für die Insassen beim Fahren oder bei Unfällen keine Gefahrenquelle sein. Da ist noch viel Forschungsarbeit zu leisten. Bosch-Technikchef Bernd Bohr bremst die Begeisterung über das bald kommende Elektroauto. „Wir müssen aber realistisch bleiben“, sagt der Ingenieur, „der Weg dorthin wird so schwer wie der Ausweg aus der derzeitigen Krise und vor allem wird er länger dauern.“

Die Forscher sind weltweit am Werk, die Reichweite der Akkus zu verbessern, Gewicht und Ladezeiten zu verringern und die Preise für die neuen Energiespeicher zu senken. Auf dem Weg dorthin haben die Elektrochemiker noch viel zu tun. Bei der Senkung des Gewichts sind die Fachleute noch einigermaßen optimistisch. Nicht aber bei den Kosten. Die Experten von Bosch erwarten, dass sich die Kosten für die Akkus bis zum Jahr 2015 etwa um ein Drittel senken ließen. Aber dann kostet die Batterie für ein normales Auto mit 200 Kilometer Reichweite wahrscheinlich immer noch etwa 12 000 Euro. Das ist der Preis für einen Kleinwagen. „Das Thema ist sehr anspruchsvoll“, räumt der VW-Konzernchef Martin Winterkorn ein.

Gar nicht so perfekt

100 Jahre von Autos mit lärmenden Motoren und stinkenden Abgasen reichen offenbar aus, um einen Traum zu beflügeln und den Blick für die Realität zu verlieren. Seit die Autoindustrie das Elektroauto als Alternative zum Benzinmotor anpreist, vermittelt sie zugleich den falschen Eindruck, der Stromer sei auch umweltfreundlich. Aber möglicherweise verführt schon die Geräuschlosigkeit dieses Antriebs zu dem leichtfertigen Glauben, es gebe ein emissionsfreies Autofahren. Die Autohersteller verbreiten dieses Märchen und leider tragen auch die Medien zu dem Glauben bei, das Stromauto sei umweltfreundlich, nur weil es keinen Auspuff hat und keine giftigen Gase ausstößt. Das Elektroauto ist keineswegs so perfekt, wie es dargestellt wird. Es schneidet bei den Emissionen manchmal sogar schlechter ab als ein konventionelles Auto mit Diesel- oder Benzinmotor. Das Stromauto darf allerdings als „lokal emissionsfrei" gelten. Das Vehikel selbst stößt beim Fahren keine Abgase aus. Allerdings tritt Kohlendioxid aus, wo der Strom für das Auto mit Kohle- oder Gaskraftwerken erzeugt wird.

Der herkömmliche Verbrennungsmotor ist eine energietechnische Katastrophe, auch wenn er supermodern zu sein scheint und die Aggregate den Eindruck von anspruchsvollster Hochtechnologie vermitteln. Aber der Normalverbraucher macht sich meist nicht klar, dass nur 20 Prozent der Energie, die der Fahrer in den Tank fließen lässt, auch in Bewegung umgesetzt werden. Das hat eine Untersuchung der Technischen Hochschule in München ergeben. Drei Viertel der Energie verschwinden als sogenannter Umwandlungsverlust irgendwo im Motor und müssen mittels eines Kühlers regelrecht vernichtet werden. Die übrigen fünf Prozent gehen für Licht, Servolenkung oder Wasserpumpe drauf. Sinnloser kann eine Maschine mit Energie kaum umgehen.

Das Elektroauto ist energietechnisch viel besser als der Verbrennungsmotor, aber ebenfalls nicht die perfekte Lösung. Der Wirkungsgrad des Elektromotors ist weit besser als beim konventionellen Aggregat. Er setzt 90 Prozent der eingesetzten Energie in Vortrieb um, wie das die Physiker ausdrücken. Dieser Vorteil wird erkauft mit großen Energieverlusten im Kraftwerke. Das CO_2 tritt bei der Stromerzeugung auf. Solange der Strom für die Autos nicht mit regenerativer Energie gewonnen wird, kann daher von emissionsfreiem Fahren nicht die Rede sein. Dennoch ergaben Untersuchungen, dass der durch ein Elektroauto bedingte Ausstoß des Klimagiftes im Kraftwerk etwa um die Hälfte niedriger ist als bei einem modernen Dieselmotor. Das Elektroauto könnte seinen umweltpolitischen Vorteil aber erst richtig ausspielen, wenn es gelänge, seinen Strom ohne Einsatz von Kohle, Erdöl oder Erdgas zu erzeugen. Am besten würde der Strom zum Autofahren aus regenerativen Quellen wie Sonne, Wind oder Wasserkraft gedeckt. Das ist aber für die nächste Zukunft eine utopische Vorstellung. Deshalb drängen Autoindustrie und Energiekonzerne darauf, den Anteil des Atomstroms an der Elektrizitätserzeugung zu erhöhen, der ebenfalls kein Kohlendioxid erzeugt. Da kann es kaum wundern, dass sich die Umweltschutzorganisation Greenpeace auf das Elektroauto stürzt. Die jetzigen Elektro-Feldversuche der Autoindustrie seien „lediglich Pseudo-Klimaschutzprogramme“, kritisiert Marc Specovius, Verkehrsexperte der Umweltorganisation. Wer ernsthaften Klimaschutz betreiben wolle, dürfe nicht mit den großen Energiekonzernen in Deutschland kooperieren, die hohe Anteile von fossilen Brennstoffen in ihren Kraftwerken haben und von denen Specovius sagt, dass sie sich „dem Klimaschutz konsequent verweigern und weiterhin schädliche Kohlekraftwerke bauen“. Greenpeace rechnet auch vor, dass der Betrieb von Elektroautos, deren Strom aus konventionellen Kraftwerken komme, eine schlechtere CO_2-Bilanz hätte als Dieselmotoren.

Ungeklärt ist auch, wie die Autos mit Strom versorgt werden, wo der Fahrzeugbesitzer die Steckdosen findet, an denen er die Autoakkus wieder aufladen könnte. Bisher gibt es keine Ansätze für ein Autostromnetz.

Die Aufgabe wäre einfach, wenn Autos nur in der heimischen Garage aufgeladen werden müssten. Jeder Nutzer könnte die eigene Steckdose nutzen. Aber was ist, wenn er auf der Straße parkt, in einem Parkhaus oder in einem anderen Land? In der Realität verlangt das Elektroauto besonders intelligente Stromnetze. Wie wird die Abrechnung gemacht? Mit welchen Steckern werden die Autos betankt? Sind die Steckverbindungen genormt und in allen Ländern gleich? Darauf gibt es bisher keine Antworten. Doch ohne ein Stromnetz wird das Elektroauto keine Zukunft haben. „Das ist eine Riesenaufgabe", stellt Thomas Weber, der Forschungschef von Daimler fest. Die kann nur gelingen, wenn Autohersteller, Energieversorger und die Regierungen eng kooperieren.

Doch daran fehlt es noch.

Israelischer Pionier

Die Lage ist verzwickt, deswegen hat sich einer angeboten, das schwierige Problem von Henne und Ei zu lösen: Shai Agassi, ein 1968 geborener Israeli, der schon ein paar Firmen erfolgreich gründete und der zeitweilig Vorstandsmitglied beim deutschen Softwarekonzern SAP war, will sich nicht damit abfinden, dass das Elektroauto scheitert, weil es keine Versorgung der Autos mit Strom gibt. Bisher hat sich niemand gefunden, der auf den großen Märkten ein Netz von Stationen aufzieht, an denen die Stromautos aufgetankt werden können. Wer macht den Anfang und stoppt den Stillstand?

Agassi will diesen ersten Schritt machen – mit einer simplen Idee.

Er will die teuren Batterien für die Autos nicht verkaufen, sondern ausleihen. „Das macht die Autos billiger als herkömmliche Fahrzeuge", so der Prediger der schönen neuen Autowelt. So kann er gleich noch das zweite Problem lösen, das der Elektromobilisierung noch im Wege steht: die langen Ladezeiten. Agassi stellt sich vor, dass der Autofahrer an

Relaisstationen am Straßenrand eine leer gefahrene Batterie einfach abgibt und sich in wenigen Minuten einen vollen Akkusatz wieder einsetzen lässt. Wie an einer Tankstelle. „Das geht“, sagt er. „Wir brauchen ja auch bei der Formel 1 nur ein paar Sekunden zum Tanken und für den Radwechsel.“ Ein animierter Werbefilm des Unternehmens zeigt, wie es funktionieren soll. Das Auto fährt in eine kleine Halle, die aussieht wie eine Waschanlage. Von unten holt ein Roboter den Batteriesatz aus dem Fahrzeugboden und setzt mit wenigen Griffen einen neuen ein. Das Auto kann die Halle wieder verlassen.

Die Philosophie des Amerikaners aus Israel ist einleuchtend. „Niemand wird ein Elektroauto kaufen, wenn es keine Möglichkeit gibt, es aufzuladen.“ Sein Plan geht noch weiter: Er will das gesamte Fahrzeug an den Kunden verleihen und ihm mittels einer Software nur noch die Kosten für die gefahrenen Kilometer abverlangen. Ihm schwebt ein Geschäftsmodell vor, wie es die Mobilfunkbetreiber haben. Sie verschenken die Telefone und verdienen über Gesprächsgebühren.

Der Unternehmer hat mit Israel auch schon einen Staat gefunden, der ihn in seinem ambitionierten Projekt unterstützt. Der smarte junge Mann mit dem blendenden Auftreten und der begeisternden Rhetorik tourt derzeit um die Welt und sucht Unterstützer für seine Firma Better Place, die er 2007 gründete. Den Namen verdankt seine Firma, so erzählt Agassi freimütig, dem Gründer des Davoser Wirtschaftsforums, Klaus Schwab. Der habe 2005 beim Treffen der Wirtschaftsführer und Politiker der Welt in dem Engadiner Wintersportort die Forderung erhoben: „How to make the world a better place“, übersetzt etwa: Wie wir die Welt verbessern können. Agassi wollte etwas beitragen. In kurzer Zeit sammelte er für seine Firma in der ganzen Welt 200 Millionen Dollar Startkapital ein. Die Hälfte davon stammt vom Staat Israel, der sich von der Ölabhängigkeit befreien will.

Allerdings fand Agassi nur einen Autokonzern, der ihn unterstützt: Renault-Nissan. Der rührige Konzernchef Carlos

Ghosn ist unter den Autochefs in Europa eine Ausnahmeerscheinung, weil auch er viele scheinbar unmögliche Aufgaben zu lösen verstand. Zum Beispiel gelang es ihm, als ausländischer Nissan-Chef die Unterstützung seiner japanischen Mitarbeiter zu gewinnen, und er schaffte die Zusammenführung der beiden völlig unterschiedlichen Firmenkulturen. Vielleicht griff Ghosn die Idee von Agassi auf, weil auch er kein klassischer Automanager ist. Der in Brasilien geborene Libanese Ghosn verbrachte die ersten 18 Jahre seines Berufslebens beim Reifenhersteller Michelin. Agassi baut gerade in Israel ein Netz von Service- und Versorgungsstationen aus. Dänemark, Australien, die US-Bundesstaaten Kalifornien und Hawaii sowie das kanadische Ontario haben sich ebenfalls der Agassi-Bewegung angeschlossen. Auch Frankreichs Staatspräsident Nicolas Sarkozy ist von Agassi begeistert. Der Preis für das Better-Place-Auto soll bei 20 000 Dollar liegen. Das US-Nachrichtenmagazin *Time* wählte Agassi im Jahr 2009 zu den 100 einflussreichsten Persönlichkeiten der Welt.

Aber es gibt auch Kritiker und Skeptiker. „Das funktioniert nie“, sagt der frühere BMW-Manager Burkhard Göschel, der heute Cheftechniker beim österreichisch-kanadischen Autozulieferer Magna ist. Alain Uyttenhoven, Chef von Toyota in Deutschland, macht sich über das Agassi-Projekt lustig. Er fühle sich „an den Pferdewechsel in der Postkutschenzeit erinnert“. Das technische Problem sei einfach zu groß. Für die Automanager, die seit 100 Jahren gewohnt sind, ihre Autos zu verkaufen, ist es offenbar nicht denkbar, Autos zu verschenken. Sie sehen darin einen Angriff auf ihr Kerngeschäft. Ob sie einen Fehler machen, ist noch offen. Agassi wirft ihnen „fehlende Führung“ vor. Die hätten keine Visionen und im Grunde hätten sie nichts verstanden.

Noch seien die deutschen Autounternehmen in der Welt führend, sagt der Mann, der sich für seinen Mercedes begeistert. Aber dieser Vorsprung, so sagt er, könne schnell verloren gehen. „Wer die Technologiewende verpasst, der wird bedeutungslos.“

Chinesische Traumfabrik

Was immer Deutsche, Europäer oder Amerikaner tun, ob sie auf der Bremse stehen oder ob sie das Projekt fördern: Das Elektroauto wird kommen, im Zweifelsfall kommt es aus China. Dort mischt sich gerade ein Unternehmen ganz langsam, aber mit bemerkenswerter Strebsamkeit, in den Automarkt ein. Die Firma hat einen merkwürdigen Namen: Build Your Dreams, das klingt nach einer Tochtergesellschaft des Disney-Konzerns, dessen Tagesgeschäft es ist, Träume zu verkaufen. Noch ist BYD im Westen kaum bekannt. Wenn sich aber der bekannte US-Investor Warren Buffett an diesem Unternehmen beteiligt, wie im September 2008 geschehen, dann ist Aufmerksamkeit angebracht. Der aufstrebende Konzern könnte sich zum Albtraum der westlichen Autokonzerne entwickeln. Der Chinesenkonzern haut ordentlich aufs Blech. Er will schon bald der Weltmarktführer bei Elektroautos sein.

Build Your Dreams wurde erst 1995 von dem jungen Unternehmer Wang Chuanfu in der Stadt Shenzhen gegründet, die in der südchinesischen Provinz Guangdong liegt. Wang, Jahrgang 1966, ist wahrscheinlich einer der weltweit ungewöhnlichsten Unternehmer der Gegenwart. Er stammt aus einfachen Verhältnissen. Seine Eltern waren Bauern. Nach der Schule studierte er Chemie, und nachdem er ein paar Jahre als Wissenschaftler im Dienste der Regierung stand, gründete er eine Firma, die wiederaufladbare Batterien herstellt, die nicht nur in China, sondern weltweit in Massen gebraucht werden. Er lieh sich das nötige Kapital von 300 000 Dollar in der Verwandtschaft und mietete eine Halle von 2 000 Quadratmetern. Wang hatte sich vorgenommen, sich den japanischen Giganten Sony und Sanyo entgegenzustellen, die den Markt für wiederaufladbare Stromspeicher in China beherrschten. Er schaffte es. Über seine Mittel und Wege gibt es allerdings Streit. Wang räumt ein, dass er die Patente der beiden großen japanischen Konkurrenten „genau studiert“ hat, er habe auch die Batterien der

Großen sorgfältig auseinandergenommen. Er bestreitet aber, die Patentrechte der Japaner verletzt zu haben, die mit ihm schon lange in einem erbitterten Rechtsstreit über Patentverletzungen liegen.

Der mittelgroße Mann mit der randlosen Brille und dem dunklen Haar ist ein so stürmischer Unternehmer, dass er sogar Warren Buffett überraschte, der nur schwer zu beeindrucken ist. Der pflegte lange das Prinzip, nur in Geschäfte zu investieren, die er versteht. Wangs Geschäft jedoch war dem Amerikaner zu hoch. Er investierte trotzdem bei BYD. Wegen Wang. Der ist mit seinem Unternehmen so erfolgreich, dass er mit einem Vermögen von 5,1 Milliarden Dollar im Jahr 2009 zum reichsten Chinesen wurde.

Schon im Jahr 2000, also erst sechs Jahre nach der Gründung seiner Firma, war BYD einer der größten Hersteller von Handy-Batterien der Welt. Einer der Tricks des Aufsteigers: Er baut seine Batterien statt mit teuren Maschinen und Robotern lieber mit billigen Wanderarbeitern. Wang ging schnell einen Schritt weiter und entwickelte auch Mobiltelefone und Bauteile, die er für die Großen des Mobilfunkgeschäfts wie Motorola, Nokia, Sony Ericsson und Samsung fertigt.

Im Jahr 2003 zündete Wang die nächste Stufe und setzte ein Signal. Er kaufte den staatlichen chinesischen Autohersteller Tsinchuan Automobile Company, der so gut wie pleite war. Für den Unternehmer war dieser abenteuerlich anmutende Schritt nur konsequent. Mit der Neuerwerbung machte er den Schritt in die Fahrzeugbranche, von der er nichts verstand, in der er aber große Pläne hat. Er lernte schnell, wie es zugeht im Fahrzeugbau, und es dauerte nicht lange, da hatte Wang mit der neuen Limousine F3, die ihre Designelemente offenbar gnadenlos von westlichen und asiatischen Konkurrenten bezieht, auf dem Heimatmarkt einen Verkaufsschlager geschaffen. Es ist kein technisches Glanzstück, aber günstig. Es konkurriert allein über den Preis mit den Wettbewerbern und es hängte in China bereits die ausländischen Anbieter VW Jetta oder Toyota Corolla locker ab. BYD bietet inzwischen schon ein Hybrid-Auto an, das für 22 000 Dollar verkauft wird. Das ist weit weniger, als ein

Toyota Prius kostet und alle bisher angekündigten Elektroautos kosten werden.

Heute beschäftigt BYD nach eigenen Angaben mehr als 130 000 Menschen in elf Fabriken, von denen neun in China stehen und zwei in Europa. Er hat eine Fabrik in Ungarn, wo er Handy-Teile fertigt, und eine in Rumänien, die neben Festnetztelefonen auch Radio- und Fernsehsendetechnik liefert. Schon 2011 will der selbstbewusste Wang die ersten elektrischen Autos und Hybrid-Fahrzeuge in die USA liefern und 2025 will er der größter Elektroautoanbieter der Welt sein.

BYD ist das einzige Unternehmen, das etwas von Autos wie auch von Batterien versteht. Eine solche Kombination gibt es bisher nirgends in der Welt. Das müssen andere erst einmal aufholen. Auch VW hat die Bedeutung von BYD inzwischen erkannt und kooperiert mit dem chinesischen Unternehmen, in der Hoffnung, verlorenes Terrain auf dem Gebiet der Batterieforschung wieder zurückerobern zu können. Und während andere in Deutschland noch rätseln, ob sie sich den Namen BYD merken sollen, ist der Siemens-Konzern schon sicher, dass dieses chinesische Unternehmen noch von sich reden machen wird. BYD werde sich zum ernsten Konkurrenten für die europäischen Auto- und Batteriehersteller entwickeln. „Die sind ernst zu nehmende Wettbewerber", sagt dazu der Forschungschef der Elektromobilität bei Siemens, Gernot Spiegelberg. „Quereinsteiger aus China und Indien können sich ganz unbeschwert auf das Thema stürzen", meint der Manager. Und wenn es nicht BYD ist, dann wird sich aus der Fülle der chinesischen Neugründungen eines Tages ein anderer Konkurrent für die westlichen Autobauer herausschälen. Die haben gute Gründe, ihre chinesischen Wettbewerber im Auge zu behalten.

KAPITEL 9

Der Staat belohnt die Fehler

Es ist fast halb drei morgens. Eine kühle Mai-Nacht geht zu Ende und die Politiker, die zu diesem Zeitpunkt im Bundeskanzleramt in Berlin vor die Kameras treten, sehen so aus, als könnten sie eine Mütze voll Schlaf gebrauchen. Wie qualvoll die Verhandlungen waren, ist in den grauen Gesichtern der Männer zu sehen. Die Kanzlerin hat sich erst gar nicht blicken lassen. Nach zwölf Stunden Verhandlung mit General Motors treten der damalige Bundesfinanzminister Peer Steinbrück (SPD) und Hessens Ministerpräsident Roland Koch (CDU) ins Scheinwerferlicht vor der drängenden Journalistenmeute. „Ich darf Ihnen sagen, dass eine Lösung gefunden worden ist", erklärt Steinbrück. Opel habe wieder eine Zukunft. Die Drähte der Nachrichtenagenturen laufen sofort heiß. Das Unternehmen findet einen neuen Eigentümer und die Bundesregierung verspricht Milliardenhilfen. Nur einer ist an diesem frühen Morgen nicht zufrieden. Wirtschaftsminister Karl-Theodor zu Guttenberg (CSU) steht missmutig neben Steinbrück und dem vor Zufriedenheit strotzenden hessischen Ministerpräsidenten Roland Koch, die ihre Siegesnachricht verkünden. Dann tritt der junge Minister an die Mikrofone. Alle, so sagt er etwas gestelzt, könnten das Ergebnis „in der Gesamtschau gemeinsam tragen". Das war eine kleine politische Sensation. Guttenberg hat seine Meinung geändert. Noch am Tag zuvor hatte er gegen die Rettung von Opel durch den Staat gewettert. Die Firma solle in die Insolvenz gehen, war sein Vorschlag. Doch in dieser Nacht hat die Kanzlerin den Neuen im Wirtschaftsministerium eingefangen und in die Pflicht genommen. Alle sollten das stolze Ergebnis nach draußen tragen: Die Regierung hat Opel gerettet.

Es kam anders. Ein paar Monate später entpuppten sich die vermeintliche Rettung von Opel und die angeblich große Leistung der Bundesregierung als eine der peinlichsten Pannen der Kanzlerin. Im Oktober teilten die General-Motors-Manager überraschend mit, sie hätten es sich überlegt. Sie wollten Opel nicht mehr verkaufen, sondern behalten. Der Konzernchef Fritz Henderson ließ sich in den deutschen Abendnachrichten noch ein „Es tut uns leid" abringen. Das klang wie eine Floskel, die Berliner Politiker standen allein mit ihrer Wut. Und mancher in der Regierungszentrale mag begriffen haben, dass die eilig versprochene Stütze für Opel ein Fehler war. Größer hätte der Affront nicht sein können: Die Politiker hatten sich danach gedrängt, Opel zu retten und dem Unternehmen auch noch Geld hinterherzuwerfen. Und was macht General Motors? Die amerikanischen Manager, die offenbar von der Großzügigkeit der Bundesregierung überrascht worden waren, haben einfach gewartet, bis die Regierung im Pokerspiel die Nerven verlor und Hilfen für Opel versprach.

Da war es kein weiter Weg mehr bis zu ihrer nächsten Idee. Wenn der Interessent Magna vom Steuerzahler unterstützt werde, müsste das doch auch für GM gelten. Die Amerikaner konnten damit rechnen, Geld aus Berlin zu bekommen, auch wenn sie Opel behielten. Dann hätten sie beides: Opel und ein paar Milliarden aus Berlin. Sie hatten richtig kalkuliert. Kaum hatte GM die Berliner Politiker einmalig bloßgestellt, sagten einzelne Ministerpräsidenten GM schon neue Unterstützung zu.

Die Bundesregierung hätte sich viel Ärger ersparen können, wenn sie ein wenig auf die Experten gehört hätte. Der von Berlin ins Auge gefasst Plan, Opel an Magna und russische Partner zu verkaufen, war an Kompliziertheit nicht zu übertreffen. Es hätte kaum funktioniert. Opel ist nirgends besser aufgehoben als bei GM. Die Marke ist praktisch die Europa-Abteilung des weltweit agierenden Konzerns und in acht Jahrzehnten mit GM verwachsen. Warum sollte General Motors mit Opel den gesamten europäischen Markt aufgeben, der einer der größten der Welt ist? Aber die Bundesregierung hatte sich von der Belegschaft und dem rührigen Gesamtbetriebsratsvorsitzenden Klaus Franz beeinflussen lassen. Die Mitarbeiter wollten nur weg von der ungeliebten Mutter, die Krise von GM war ihre letzte Chance und die Politiker durchschauten das Spiel nicht.

Diese Ernüchterung sollte bei den Bundes- und Landespolitikern zum Nachdenken und zu der Erkenntnis führen, dass solche Art von Hilfe für ein Unternehmen nichts bringt und keinen Arbeitsplatz sicherer macht. Das Risiko, erpresst und hintergangen zu werden, steigt sogar. Wenn das keine Lektion ist? Aber man darf wetten, dass Bund und Länder den gleichen Fehler wieder machen werden, wenn wieder einmal ein Autounternehmen um Hilfe ruft. Die Reflexe der Politiker, gerade diese Industrie zu unterstützen, sind zu ausgeprägt. Dazu ist sie zu auffällig. Probleme von Chemieunternehmen oder im Maschinenbau entgehen der Aufmerksamkeit der meisten Menschen. Sie liegen unter der allgemeinen Wahrnehmungsschwelle. Bei der Autoindustrie ist es anders. Selbst wenn ein kleiner Zulieferer wie Karmann in Osnabrück pleitegeht, ein Unternehmen mit weniger als zwei Milliarden Euro Umsatz, macht der Zusammenbruch Schlagzeilen. Dazu sind die Produkte aus Osnabrück wie der alte Karmann Ghia aus den 60er-Jahren oder das Golf Cabrio zu populär geworden. Es kommt hinzu, dass Karmann im Wahlkreis des niedersächsischen Ministerpräsidenten Christian Wulff (CDU) beheimatet ist. Das bestätigt die These, dass Autounternehmen in der deutschen Wirtschaft anders behandelt werden als andere Firmen.

Was würde geschehen, wenn der VW-Konzern in Schwierigkeiten geriete und um Hilfe beim Staat nachsuchte. Sämtliche Bundesländer, in denen VW seine Fabriken betreibt, würden ohne lange nachzudenken in die Steuerkasse greifen. Schon heute ist das Bundesland Niedersachsen an dem Unternehmen beteiligt und der Ministerpräsident sitzt im Aufsichtsrat. Auch wenn Daimler oder BMW in Not gerieten, stünde der Staat hilfreich zur Seite. Wahrscheinlich würde ein nationaler Rettungsplan entworfen, der die Nation und

Daimler als den Erfinder des Automobils vor einem unvorstellbaren Übel bewahren würde.

Die Rettung von Autounternehmen durch Regierungen ist der politische Normalfall geworden, obwohl in jedem Lehrbuch der Ökonomie steht, dass dieses Verhalten ein Fehler ist. Vor einigen Jahrzehnten war das noch anders. In Deutschland sind in den 60er-Jahren die Autobauer Glas (Goggomobil) oder Borgward (Isabella) pleitegegangen und für immer vom Markt verschwunden. Keine Regierung wäre auf die Idee gekommen, diese Firmen mit massiven Zuschüssen zu retten. Als 1959 BMW vor dem Ende stand, sprang keine Münchner Staatsregierung und keine Bonner Bundesregierung ein, um die Arbeitsplätze zu retten oder eine Traditionsmarke am Leben zu erhalten. Die Rettung des Unternehmens wurde nach langem Kampf damals privat gestemmt. Der Unternehmer Herbert Quandt stieg mit seinem eigenen Geld bei BMW ein und leitete einen Aufstieg der weiß-blauen Marke ein, den keine Regierung der Welt so erfolgreich bewerkstelligt hätte.

Das ist inzwischen anders. In der heutigen Zeit bieten die Regierungen weltweit ein verlässliches Fangnetz an, das Firmen vor dem Absturz bewahrt. Damit sind die Manager in dieser Industrie in einer komfortablen Lage. Treffen sie die richtigen Entscheidungen, führen sie ihr Unternehmen erfolgreich und machen hohe Gewinne, gelten sie als erfolgreich. Doch machen sie Fehler, die das Unternehmen gefährden, ist ihr Risiko begrenzt. Sie können sicher sein, dass der Staat hilft. Die Formel „Too Big to Fail" ist eine der Errungenschaften der Weltfinanzkrise. Sie gilt für Banken, die zu groß geworden sind, um sie einfach in die Pleite zu entlassen. Diese Formel gilt auch für die Autoindustrie. Faktisch belohnt der Staat die Fehler der Manager. Weltweit sind die Unternehmen gegen falsche Entscheidungen ihrer Führungskräfte sozusagen versichert.

Der schlimmste Sündenfall

Den schlimmsten Sündenfall leistete sich die amerikanische Regierung, als sie 2009 die beiden angeschlagenen Detroiter Autokonzerne General Motors und Chrysler mit Summen rettete, die zuvor undenkbar waren. Beide Unternehmen steckten schon lange in Schwierigkeiten. Chrysler hatte bereits Ende der 70er-Jahre Kredithilfe aus Washington in Anspruch genommen. Bei GM war der Niedergang schon seit mehr als zwei Jahrzehnten in vollem Gange. Auch ohne die massive Finanz- und Wirtschaftskrise wäre das Unternehmen in Schwierigkeiten geraten. Fachleute konnten nur anhand der schmelzenden Finanzreserven des Konzerns vorhersagen, dass gegen Ende des ersten Jahrzehnts im neuen Jahrhundert das Unternehmen am Ende wäre.

Aber der neue Präsident Barack Obama hatte schon vor seinem Amtsantritt klargemacht, dass er Detroit nicht alleinlassen würde. „Ein völliger Zusammenbruch der Autoindustrie wäre in dieser Art von Umfeld ein Desaster", sagte Obama auch nach seiner Wahl, als das ganze Ausmaß der Wirtschaftskrise erstmals spürbar wurde. „Deshalb glaube ich, dass wir Unterstützung leisten müssen." Kaum war er im Amt, ging er so systematisch vor, wie man es von Regierungen in Wirtschaftsfragen kaum kennt. Er setzte aus politisch Vertrauten eine Eingreiftruppe zusammen, die zur Aufgabe bekam, Detroit auf möglichst kluge Weise zu retten, also ohne katastrophale volkswirtschaftliche Nebenwirkungen und ohne die Marken unnötig zu beschädigen. Das gelang sogar. Am Ende bekamen alle drei Unternehmen, General Motors, Ford und Chrysler, Hilfe aus Washington. GM und Chrysler wurden vom Staat geschickt dirigiert und extrem schnell durch das Insolvenzverfahren geführt, das die beiden Unternehmen von ihren Schulden befreite.

Neu war, dass die US-Regierung bei GM nach der Insolvenz die Aktienmehrheit von 61 Prozent übernahm und den Konzern mit unfassbaren Summen regelrecht zuschüttete. Insgesamt bezog der Konzern allein von Washington etwa 50 Milliarden Dollar. Dass die Regierung der erzkapitalistischen Vereinigten Staaten bei GM zum Mittel der Verstaatlichung griff, war dabei eine interessante Note. General Motors galt bis in die 60er-Jahre als der Konzern, der entscheidend zum Aufstieg der USA zur ökonomischen Weltmacht beitrug. Was gut war für GM, galt jahrzehntelang als Segen für die größte Wirtschaftsmacht der Welt. GM war das Symbol des amerikanischen Kapitalismus, das erst in den 80ern vom Elektrokonzern General Electric abgelöst wurde, der als Musterbeispiel für den Segen des Shareholder-Value galt. Bei Chrysler machte das Weiße Haus den Einstieg des europäischen Konzerns Fiat zur Voraussetzung von massiven staatlichen Hilfen. Auch an Chrysler beteiligte sich die Regierung, allerdings nur zu zehn Prozent. Ford überlebte allein, obwohl der Konzern in den USA mit seinen Modellen seit 1999 die Hälfte seines Geschäfts verloren hatte. Der zweitgrößte Autohersteller der USA bekam aber immerhin massive Kredite.

Dabei muss man Obama zugute halten, dass er dem Druck der Autolobby nur zum Teil nachgab. Während Regierungen in anderen Ländern ihre Zuwendungen an Unternehmen mit der Bedingung verknüpften, die Arbeitsplätze zu erhalten und keine Fabriken zu schließen, verlangte der neue Präsident auch Opfer. Das Weiße Haus vergab das Staatsgeld für GM und Chrysler mit der Vorgabe, wenigstens einige Fabriken zu schließen. Aber etliche Werke, die im Grunde keine Existenzberechtigung mehr haben, werden überleben. Die Arbeiter bei Chrysler und GM können froh sein, dass 2008 nicht die Republikaner die Präsidentenwahl gewonnen haben, sondern der Demokrat Obama. Die Republikaner im Repräsentantenhaus wie im Senat haben noch in den letzten Tagen des Präsidenten George W. Bush betont, wie sie mit Pleitekandidaten umgehen würden, auch wenn es sich um Ikonen der Wirtschaft handele: Sie wollten GM zugrunde gehen lassen. Dieser Weg war dem neuen Präsidenten verbaut. Die mächtige Gewerkschaft United Auto Workers (UAW) hatte den Krisenfall gut vorbereitet und Obama im Wahlkampf mit großzügigen Spenden unterstützt. Der Neue im Weißen

Haus hatte keine Wahl. Er konnte sich nicht verweigern. Ohne zu wissen, was durch das Handeln der Regierung geschehen würde, erklärte Obama einfach, nach der Hilfsaktion des Steuerzahlers würden GM und Chrysler besser dastehen als vorher. Sie würden nachher „auf eigenen Beinen stehen und nicht als Abteilung des Staates". Durch das staatlich gesteuerte Insolvenzverfahren sollten die Firmen kleiner und beweglicher werden. Der amerikanische Staat hat für die Rettung der amerikanischen Autoindustrie einen Betrag zwischen 70 und 100 Milliarden Dollar aufgebracht. Nie zuvor hatte eine Krisenbranche solche Unterstützung bekommen und nie zuvor hat die Führungsnation der kapitalistischen Welt so leicht zum Mittel der Verstaatlichung gegriffen.

Überall das Gleiche

Die US-Regierung befindet sich mit ihrer Rettungsaktion für die großen drei in bester Gesellschaft. Auf der ganzen Welt sind Regierungen aktiv geworden, nachdem Mitte 2008 das ganze Ausmaß des wirtschaftlichen Absturzes klar geworden war. In fast allen Industrieländern intervenierten die Regierungen zugunsten der Autobauer. Eine Welle von Staatseingriffen ging um die Welt. In Deutschland erfand die Bundesregierung die Umweltprämie, im Volksmund Abwrackprämie genannt. Sie subventionierte das Verschrotten eines mindestens neun Jahre alten Autos beim Kauf eines Neuwagens mit 2 500 Euro. Fünf Milliarden Euro verschenkte Berlin, um die lahmende Nachfrage nach Autos zu beleben. In den USA gibt es 4 500 Dollar pro Auto vom Staat. Frankreich spendiert bis zu 5 000 Euro für ein Fahrzeug mit niedrigen Abgaswerten, England zahlt 3 260 Euro, egal welches Auto der Käufer wählt. Auch Italien, Frankreich oder Österreich subventionierten den Autokauf. Insgesamt haben mehr als 20 Länder in der Welt zum Mittel der staatlichen Unterstützung der Käufer gegriffen.

Und es gab Bares: Frankreich unterstützte seine beiden Autokonzerne Peugeot Citroën und Renault mit sechs Milliarden Euro. Russland half den drei maroden einheimischen Autoherstellern mit Staatsgeld. Kanada, Brasilien und Südkorea halfen mit Überweisungen. In Japan verhinderte die Regierung den Absturz von Mitsubishi. Auch China hatte eine Menge zu tun. Die Regierung in Peking ist traditionell entweder der Eigentümer der Unternehmen oder sie unterstützt die eigenständigen Autohersteller.

Geradezu mit System arbeiten die Regierungen weltweit scheinbar im Sinne der Autoindustrie. Doch in Wahrheit fügen sie der Industrie damit in den meisten Fällen massiven Schaden zu. Wo Politiker in den Markt eingreifen, mal die Schließung einer Fabrik verhindern, ein anderes Mal den Bau eines Werkes bezuschussen, wo sie mit Steuergeld die schwache Nachfrage beleben oder sich gleich an einem Autobauer beteiligen, erreichen sie das Gegenteil von dem, was sie wollen. Ihr Ziel ist es, die Industrie zu stärken, die Arbeitsplätze sicherer zu machen und die Vernichtung von Volksvermögen zu verhindern. Doch sie bewirken das Gegenteil. Kein Arbeitsplatz wird sicherer und Steuergelder werden verschleudert, sobald der Staat in die Märkte eingreift, die Nachfrage nach Autos vergrößert oder die Firmen stützt. Was der Industrie helfen soll, fügt ihr so massiven Schaden zu.

Die Branche leidet weltweit an massiven Überkapazitäten. Sie könnte mehr als 80 Millionen Autos bauen, manche Quellen sprechen sogar von 90 Millionen und mehr. Sie verkauft derzeit aber nur 50 Millionen Autos und auch in den nächsten Jahren wird der Absatz nicht viel höher liegen als bei 60 Millionen Stück. Die Krise ist die Reaktion des Marktes auf dieses Überangebot. Der normale Marktmechanismus nimmt im Normalfall durch das Ausscheiden oder die Pleite von schwachen Anbietern einige Kapazitäten aus dem Markt. Doch diese Steuerung ist gestört, wenn die Regierungen in die Märkte hineinfunken. Nicht ein Autounternehmen auf der Welt hat sich in jüngerer Zeit aus dem Markt verabschiedet. „Autounternehmen sterben selten", stellt ausgerechnet Fritz Henderson fest, der Chef des von Präsident Obama geretteten Pleitekonzerns GM. „Wir haben noch immer die gleiche Anzahl von Firmen." Eine Bereinigung des Marktes fand nicht statt, weil die Regierungen es nicht wollten.

Dabei müsste die schwerste Krise der Wirtschaft seit dem Zweiten Weltkrieg auch die größte Bereinigung des Marktes bringen. Sie findet aber nicht statt. Zwei Jahre nach dem Beginn des katastrophalen Rückganges in der Autoindustrie läuft noch immer die gleiche Zahl von Anbietern einer Kundschaft hinterher, die ein Viertel weniger Autos kauft als zuvor. Hätten die Regierungen die Märkte ihrem Schicksal überlassen, wären GM und Chrysler heute nicht mehr da, sie wären in die Pleite geschlittert. Wahrscheinlich hätte auch Opel keine Überlebenschance gehabt.

Mithilfe der Regierungen fand der nötige Abbau der Kapazitäten jedoch nicht statt. In Amerika mussten die vom Staat unterstützten Firmen immerhin klare Zusagen machen. GM stellt vier Marken ein, macht bis 2012 planmäßig 14 Fabriken zu und reduziert die Mannschaft um 50 000 Mitarbeiter. Chrysler wurde vom Präsidenten zur Fusion mit Fiat gezwungen. Mithilfe der Europäer sollen ein paar amerikanische Fabriken wegrationalisiert werden.

Aber in Europa ändert sich nichts. Seit Beginn der Krise wurde nicht eine Fabrik geschlossen. Selbst bei der Krisenfirma Opel ist kein schneller Abbau von Fabrikkapazitäten zu erwarten. Das verhindern die Regierungen in Europa, die aber dem Unternehmen nur helfen wollen, wenn es in ihren Ländern die Fabriken in Betrieb lässt. So wurde der italienische Interessent Fiat, der sich an Opel beteiligen wollte, von der Bundesregierung als ungeeigneter Partner verjagt. Die Italiener hatten die Frechheit besessen, um Staatshilfe zu bitten, obwohl sie das Opel-Motorenwerk in Kaiserslautern schließen und Arbeitsplätze abbauen wollten. Das sei doch wohl eine Frechheit, meinte die Bundesregierung, Jobs abzubauen und dafür auch noch Staatsgeld zu verlangen. So sehen das Politiker.

Chance vergeben

Die größte Wirtschaftskrise seit 80 Jahren wäre eine Riesenchance gewesen, die Probleme der Autoindustrie zu lösen. Wenigstens zum Teil. Sie wurde vergeben, weil die Regierungen Angst hatten vor steigenden Arbeitslosenzahlen.

„Wegen der Einmischung der Regierungen wird es nicht die Rationalisierung geben, die die reinen Marktkräfte herbeigeführt hätten", sagt Paul McCarthy von der Wirtschaftsprüfungs- und Beratungsgesellschaft PwC zum Handeln der Staaten. „Dafür werden wir langfristig bezahlen müssen." Nüchtern betrachtet ist die Autoindustrie weltweit ein Hebel der Politiker zur Erzeugung oder Rettung von Arbeitsplätzen. Sie ist zum internationalen Vehikel der Arbeitsmarktpolitik geworden. Schade, dass diese vermeintlich gute Politik auf Dauer mehr Arbeitsplätze gefährdet, als sie rettet.

Es ist ein einfaches Denkmodell. Mit jedem Arbeitsplatz, den die Bundesregierung bei Opel mit Steuergeld sichert, wird ein anderer Job bei der Konkurrenz gefährdet. Die Subventionierung der Autoindustrie ist nichts anderes als eine Verzerrung des Wettbewerbs. Ein Unternehmen wird zulasten eines anderen gefördert. Auch die Zahlung einer Abwrackprämie ist ordnungspolitisch fragwürdig. Wo die Bundesregierung den Kauf eines Autos mit Steuergeld finanziert, stellen sich zwei Effekte ein, die beide das Mittel infrage stellen: Zum einen werden mithilfe der Abwrackprämie die notwendigen Autokäufe der Zukunft nur vorgezogen. Eine ohnehin geplante Anschaffung findet früher statt, weil die Transfersumme vom Staat an Fristen gebunden ist. Die Subventionierung sorgt nicht unbedingt zu Erzeugung neuer Nachfrage, und wenn die Frist verstrichen ist, fällt die Branche in ein umso tieferes Loch. Der zweite Effekt: Das Staatsgeld, das die Autoindustrie beflügelt, fehlt anderen Branchen. Im Jahr 2009 haben sich viel Konsumgüterunternehmen über rückläufige Nachfrage beschwert und die Ursache in der Subvention für die Autoindustrie ausgemacht. Große Teile des Konsumeinkommens wurden mit staatlicher Hilfe nur von einer Branche in eine andere umgelenkt. Der Arbeitsmarkteffekt ist null.

Staatliche Interventionen sind deshalb immer umstritten. Verfechter der Marktprinzipien stehen den Maßnahmen stets ablehnend gegenüber.

„Ich bin prinzipiell gegen Staatshilfen für einzelne Unternehmen, ganz gleich, wer diese nun konkret erhält", sagt dazu der Vorsitzende der Monopolkommission Justus Haucap. Staatliche Hilfen für Firmen im Niedergang seien meist schlecht investiert. Wenn, wie etwa bei Opel, alle Standorte erhalten bleiben sollen und betriebsbedingte Kündigungen ausgeschlossen würden, sähe er keine überzeugende Lösung. „Diese wird dann ja geradezu verhindert." Auch Daimler-Chef Dieter Zetsche hat einiges an staatlichen Hilfen für Unternehmen zu kritisieren. „Das stellt einerseits eine massive Wettbewerbsverzerrung dar und steht andererseits in einer Vielzahl von Fällen einer sinnvollen und notwendigen Strukturanpassung im Weg." So lehnt der Münchner Wirtschaftsprofessor Hans-Werner Sinn staatliche Hilfen für Unternehmen wie Opel ab. „Das geht die Politik nichts, aber auch gar nichts an", sagte der Präsident des ifo Instituts München, der einer der lautesten Streiter für das freie Marktgeschehen in Deutschland ist. Das Geld würde an anderer Stelle fehlen. „Die Devise kann doch nicht sein, dass derjenige, der politisch am besten vernetzt ist und am lautesten schreit, gerettet wird", sagte Sinn.

Falsche Signale

Es mag naheliegen, einem Unternehmen zu helfen, das um Hilfe ruft. Im Grunde ist es ein verständlicher menschlicher Reflex, einzugreifen, wenn jemand in Not geraten ist. In der Wirtschaft aber sind viele Dinge anders, als sie erscheinen. Die naheliegende Hilfe für ein Unternehmen hat so viele Nebenwirkungen, dass sie sich meist nicht als sinnvolle Lösung erweist. So tritt ein Schaden ein, wo ein Segen gewünscht war. Dieser negative Effekt auf dem Markt stellt sich aber meist erst sehr viel später ein. Bei Wettbewerbsverzerrungen durch staatliche Interventionen wird die nachteilige Wirkung – zum Beispiel Pleiten von Konkurrenten – möglicherweise erst nach Jahren erkennbar. Doch die positive Wirkung einer staatlichen Spritze ist sofort sichtbar. Ein Unternehmen, das wegen Hilfen vom Staat vor der Pleite bewahrt werden kann, stürzt keine Menschen in die Arbeitslosigkeit und sorgt für die Aufmerksamkeit der Medien. Es ist daher für Politiker verlockend, den Reflexen nachzugeben und schlingernden Unternehmen zu helfen. Sie hoffen dabei auf ein paar Pluspunkte bei der nächsten Wahl.

Aber oft funktioniert nicht einmal dieses Kalkül, weil die Wähler klüger sind, als die Politiker denken. Als 2009 Opel auf der Kippe und die Berliner Politiker der Großen Koalition ihre Hilfe aufdrängten, war die Mehrheit der Bevölkerung gegen die Unterstützung für den Autohersteller. Ihnen war klar, dass ein geretteter Job bei Opel einen bei VW oder Ford gefährden würde. Der heimliche Sieger der Bundestagwahl von 2009 war aus diesem Grunde der CSU-Politiker Karl-Theodor zu Guttenberg, der sich als Bundeswirtschaftsminister in der entscheidenden Opel-Nacht im Mai gegen öffentliche Hilfen für Opel ausgesprochen hatte. Er wurde zwar von der Kanzlerin zum Schweigen gebracht und hat seine radikale Meinung kaum noch wiederholt. Am Ende wurde der junge Minister für seine Haltung belohnt. Er erzielte mit 68,1 Prozent das beste Erststimmenergebnis eines Bundestagsabgeordneten. Aber dass die Politiker aus dieser Erfahrung den richtigen Schluss ziehen und sich künftig mit Staatshilfen stärker zurückhalten, ist nicht zu erwarten.

Sinnvolle Politik

Es könnte auch anders gehen. Politiker könnten auch richtige Dinge tun, um Unternehmen oder Branchen zu helfen. In der Autoindustrie räumen viele Manager sogar ein, dass der Staat ihre Branche manchmal sogar scheinbar überfordern muss, wenn er die gewünschten Ergebnisse erreichen will.

Das mag verrückt klingen. Aber die Autoindustrie braucht für ihr Geschäft klare gesetzliche Vorgaben und beinharte Regeln. Umgekehrt tut der Staat der Autoindustrie in der Regel keinen Gefallen, wenn er sich vor den Karren ihrer Lobby spannen lässt. Wo die Gesetze anspruchsvolle Forderungen stellen, sind die Autos in der Regel technisch am besten. Wo stets die Lobby gewinnt, bleibt die Innovationskraft auf der Strecke. Die Wettbewerbsfähigkeit kann verloren gehen.

Politiker sind im Dilemma, man könnte sagen, sie sind in der Wahrnehmungsfalle der Politik gefangen. Wer durch spektakuläre Nachtsitzungen Arbeitsplätze kurzfristig rettet, sorgt für Fernsehbilder und Aufmerksamkeit. Das macht solche Rettungsaktionen für Politiker so attraktiv. Das Fatale daran ist: Die schönsten Fernsehbilder lassen sich auf dem Weg machen, der in die falsche Richtung führt. Die sinnvollen Entscheidungen eignen sich kaum für aufregende Fernsehbilder. Keine TV-Anstalt würde live berichten, wenn die Bundeskanzlerin eine Vorschrift verkündete mit dem ermüdenden Titel: „Nationale Maßnahmen zur Anpassung des Ausstoßes von Kohlenwasserstoffemissionen an die Projektionen der Europäischen Union". Niemand würde zuhören, wenn die Bundesregierung das „Gesetz zur Förderung der Grundlagenforschung in der Elektrochemie" bekannt gäbe oder wenn in Berlin die „Gesetzesinitiative zur Standardisierung der öffentlich zugänglichen Schnittstellen im Verteilungsnetz der EVUs" verkündet würde. Das Publikum würde sich gelangweilt abwenden und die Beschlüsse als die Produkte weltfremder Bürokraten abtun.

Allerdings wäre der Nation und ihrer Autoindustrie damit mehr gedient als mit Subventionen für Opel oder andere. Die Übernahme einer verschärften Brüsseler Umweltregelung in nationales Recht kann der Autoindustrie helfen, auch wenn die Manager zuvor dagegen Sturm gelaufen sind. Und wer weiß schon, dass die Elektrochemie die Grundlagen liefert für Autobatterien der Zukunft. Wem ist klar, dass ein einheitliches Steckdosen- und Abrechnungssystem weltweit notwendig ist, um dem Elektroauto zum Durchbruch zu verhelfen. Doch die Erfolge solcher Entscheidungen wären für die Menschen nicht konkret greifbar. Sie zeigen sich frühestens in einem Jahrzehnt oder gar noch später. Dann aber will Angela Merkel wahrscheinlich keine Wahlen mehr gewinnen, sondern ihr Nachfolger oder sogar der Nachnachfolger. Doch gute Ergebnisse, die erst in mehr als zehn Jahren erkennbar werden, sind für amtierende Politiker kein Anreiz. Die Demokratie bietet den Politikern ähnlich wie die Marktwirtschaft den Managern keinen ausreichenden Anreiz für langfristiges Handeln. Was bei den Firmenchefs das Schielen auf Vierteljahresergebnisse ist, hat im politischen System seine Entsprechung im Blick auf die Wahlen, die alle vier bis fünf Jahre stattfinden, die in Deutschland mit seinen 16 Bundesländern aber den Effekt haben, dass praktisch in jedem Jahr irgendwo mindestens eine Landtagswahl stattfindet.

Trotzdem geht es nicht ohne den Staat – und schon gar nicht in dieser komplizierten Branche. Er kann eine Menge tun, wenn er es richtig macht. Statt Fehler der Industrie im Nachhinein zu korrigieren, ist es viel sinnvoller, nach vorne gerichtet zu handeln. Die Regierung kann zum Beispiel neue Technologien fördern, mit denen die Autos von morgen unterwegs sein werden und die zu entwickeln für die Hersteller zu riskant ist. Das kann sie über die Förderung der Hochschulen erreichen oder durch die Vergabe von Forschungsaufträgen. In der Autoindustrie kann sie Innovationen auf ganz andere Weise fördern. Sie muss die Unternehmen zu Innovationen bringen, indem sie die Kunden quält und sie veranlasst, ihr Verhalten zu ändern.

In Europa ist traditionell der Anteil der Steuern am Benzinpreis extrem hoch. Europäer zahlen doppelt so viel für einen Liter Benzin oder Diesel wie die Amerikaner. Der traditionell hohe europäische Spritpreis und der vergleichsweise billige Sprit in den USA haben zur Folge, dass die Autos diesseits des Atlantiks viel besser und sparsamer sind als die amerikanischen Fahrzeuge. Sie sind deshalb auch umweltfreundlicher. Auf die Spitze getrieben könnte man argumentieren, dass die traditionell niedrige Besteuerung des Treibstoffs in den USA dazu beitrug, dass die Motorentechnik von GM, Ford oder Chrysler schlechter ist als die der ausländischen Konkurrenten. Demnach haben die US-Politiker, die stets der Lobby von Mineralöl- und Autoindustrie nachgaben und die Benzinsteuer niedrig hielten, einen gehörigen Anteil daran, dass die US-Konzerne ihre Konkurrenzfähigkeit verloren.

Der Benzinpreis ist in allen Gesellschaften stark politisch beeinflusst. In wohl keinem Land entspricht der Preis für einen Liter Benzin an der Zapfsäule den Kosten der Erzeugung plus einem angemessenen Gewinnaufschlag für den Hersteller. Der Treibstoffpreis ist politisch reguliert und in den meisten Ländern ein Politikum wie zu früheren Zeiten der Brotpreis. Während die Regierung des Öllandes Venezuela es für eine gute Idee hält, das Benzin praktisch zu verschenken und pro Liter nur drei Euro-Cent zu verlangen, wird anderswo der Sprit durch Steuern künstlich verteuert. In Deutschland lasten auf dem Treibstoff die Mineralölsteuer und die sogenannte Ökosteuer. Sie machen derzeit 65,5 Cent pro Liter aus. Dazu kommt die Mehrwertsteuer. In der Bundesrepublik liegt der Steueranteil am Spritpreis bei etwa 60 Prozent.

Der gesunde Menschenverstand hält einen so hohen Steueranteil auf Treibstoff für reine Geldschneiderei des Staates. In den USA dagegen ist eine Mineralölsteuer von umgerechnet 15 Cent pro Liter noch immer ein Extremfall nach oben. In den meisten Bundesstaaten liegt der Steuersatz darunter. Trotzdem ist es für amerikanische Politiker extrem schwer, diesen für europäische Verhältnisse günstigen Steuersatz zu erhöhen. Versuche, die Gas Tax zu steigern, sind in den Vereinigten Staaten schnell zum Scheitern verurteilt. Billigen Sprit verstehen die Amerikaner als ihr Grundrecht, sie werden es jedem Präsidenten schwer machen, das zu ändern.

Aber es muss geändert werden. Nicht nur der Umwelt wegen. Die US-Autoindustrie ist international nicht konkurrenzfähig, weil die Regierung in Washington in diesem Punkt traditionell versagt und sie sich von der Macht der Autoindustrie beeindrucken lässt, die alles attackiert, was

Autofahren verteuern könnte. Europäer oder Japaner wurden nicht nur durch ihre fähigen Ingenieure zur Entwicklung sparsamer Autos gebracht, sondern durch die hohen Benzinsteuern, die den Käufern einen Anreiz gaben, auf sparsamere Autos umzusteigen. Einer der wenigen Vertreter der US-Autoindustrie, der verstanden hat, dass der Kampf der Autolobby gegen höhere Treibstoffsteuern ein Fehler war, ist Bill Ford, der Urenkel des Ford-Firmengründers. Bill Ford ist heute der Aufsichtsratsvorsitzende des Detroiter Autokonzerns und er ist der Meinung, dass Amerika eine höhere Mineralölsteuer braucht. Die Steuern auf Benzin müssten um 70 Prozent erhöht werden, so seine Forderung. Das würde das Verhalten der Kunden ändern und bei der Industrie den Einsatz zur Entwicklung moderner Autos fördern. „Wir brauchen entweder eine Benzinsteuer oder eine verbindliche Beschränkung für den Kohlendioxid-Ausstoß", sagt der Ford-Erbe. „Wir brauchen das, weil bei einem Benzinpreis von zwei Dollar je Gallone (umgerechnet 50 Euro-Cent pro Liter) das Verhalten der Kunden sich nicht so ändert, wie es die Regierung gerne hätte." Man darf aber annehmen, dass die US-Autofahrer auf die Barrikaden gingen, sollte eine Regierung auf die Idee kommen, den Spritpreis nur um zehn oder 20 Prozent zu erhöhen.

Die USA hatten schon einmal gute Ansätze, um den Verbrauch der Autos aus Detroit zu verringern. Das war unmittelbar nach dem ersten Ölembargo von 1973. Zwei Jahre später versuchte Washington eine Reduzierung des Spritverbrauchs zu erreichen und erfand den sogenannten CAFE-Standard. Das hat nichts mit Koffeingenuss zu tun. Die Abkürzung steht für Corporate Average Fuel Economy und sollte den durchschnittlichen Verbrauch der Autos eines Herstellers senken. Die Maßnahme brachte am Anfang einige Vorteile, der Durchschnittsverbrauch der US-Autos ging zurück. Aber nachdem der Spritpreis 1982 wieder fiel und dauerhaft günstig blieb, hatten die Amerikaner ihren Wunsch zu sparen schnell wieder vergessen. Sie kauften verstärkt die großen Geländewagen, für die es weniger strenge Vorgaben gab, und unterliefen damit die Bemühungen der

Regierung. Seitdem sind die CAFE-Anstrengungen eingeschlafen.

Gesetze machen Technologie

Wer sich mit Managern der Autoindustrie privat unterhält, wird schnell hören, dass es sinnvoll ist, technische Vorschriften für die Autos zu machen. Das sagen die Manager nicht in der Öffentlichkeit. Aber sie wissen natürlich, dass strenge Vorschriften ihre Ingenieure zu Höchstleistungen anspornen. Umgekehrt sind lasche Abgas- oder Verbrauchsnormen eine Einladung an die Hersteller, die Entwicklungsanstrengungen einzustellen. Sobald ein Autokonzern feststellt, dass er mit seiner alten und wenig effizienten Technik noch Geld machen kann, wird er es tun. Verbrauchsbeschränkungen oder strikte Umweltregeln sind wesentliche Technologietreiber, solange sie verbindlich sind.

Vor allem aber sind Manager beeindruckt, wenn Staaten wie Kalifornien oder große Städte wie London oder Tokio die Nutzung von Autos mit Verbrennungsmotoren verbieten oder einschränken. Die beinharten Emissionsvorgaben von Kalifornien haben in der internationalen Autoindustrie wahrscheinlich mehr bewegt als alle Umweltschutzgesetze des Weißen Hauses in Washington, die vor allem in den zurückliegenden Jahrzehnten eher zurückhaltend waren.

Dass sich BMW neuerdings mit Vehemenz auf das Elektroauto stürzt, hat einen wesentlichen Grund darin, dass Kalifornien von Autoherstellern einer bestimmten Größe auch die Lieferung von emissionsfreien Fahrzeugen verlangt. Wer die nicht hat, darf in dem Sonnenstaat gar kein Auto mehr verkaufen. Wo der Zwang groß ist und das Risiko droht, einen attraktiven Markt zu verlieren, mobilisiert die Autoindustrie schnell ihre Innovationskräfte.

Dafür ist auch der Streit um den Katalysator in den 80er-Jahren ein Beleg. Dieses Einbauteil reinigt die Auspuffgase von Stickoxiden und Kohlenmonoxid. Kurz gesagt, es dient der Umwelt. Dennoch gab es Streit, als die Bundesregierung die im Auspuff eingebauten Geräte in den 80er-Jahren vorschrieb. Die Autoindustrie drohte mit Abwanderung und dem Verlust von Arbeitsplätzen. Die neue Technik sei zu teuer. Es gebe keinen bleifreien Sprit, ohne den der Katalysator nicht funktioniert. Viele Argumente wurden bemüht. Die deutschen Autokonzerne attackierten die Regierung, obwohl der Abgasreiniger in den USA schon in den 70er-Jahren eingeführt worden war. Auch im Autoland Nummer eins hatte es massiven Widerstand gegen den „Kat“ gegeben. Doch der war bald zu Ende. Als die nationale Umweltbehörde in Washington und der Bundesstaat Kalifornien harte Abgasvorgaben machten, die nur mit dem Katalysator zu erreichen waren, gab die Industrie nach. Seitdem ist der Katalysator selbstverständlich. So war es auch in Deutschland. Die Manager gaben ihren aussichtslosen Kampf zum Vorteil der Umwelt auf und die Autoindustrie konnte in den Jahren danach ihr Image in der Gesellschaft erheblich verbessern. Das Auto galt bald nicht mehr als der Umweltkiller Nummer eins, sondern als ein Hightech-Produkt.

KAPITEL 10

Knappes Öl, gefährliches Kohlendioxid

Der Automanager wirkt nachdenklich. Er hat den Vorstand eines großen deutschen Autokonzerns schon vor einigen Jahren verlassen und sieht manche Entwicklung der Branche heute mit anderen Augen als zu seinen Vorstandszeiten. Man merkt ihm an, dass er nach ein paar Jahren außerhalb der Konzernzwänge vieles kritischer sieht, als er es früher gesagt hätte. „Das Problem der Kohlendioxid-Emissionen hat die Industrie nicht ernst genommen", sagt der Manager offen, der nicht mit Namen zitiert werden will. Die Herren in den Führungsetagen der Autokonzerne hatten offenbar zu lange geglaubt, sie könnten mit ihrem mächtigen Lobby-Einfluss die Politiker davon abhalten, die Abgasvorschriften so zu verschärfen, dass es den Autoherstellern wehtun könnte. In Amerika konnten die Automanager bisher noch jede Regierung von scharfen Umweltauflagen abhalten. In Europa war es der Autolobby zuletzt 2008 gelungen, Wünsche der Europäischen Kommission zur Begrenzung der Kohlendioxid-Emission zu verwässern. Die Branche muss aber einsehen, dass dieses ritualisierte Spiel von Macht und Gegenmacht nicht mehr funktioniert. „Die Klimadebatte ist weit schärfer verlaufen, als wir erwartet hatten", sagt der Automanager. Damit hatten sie nicht gerechnet. Was die Brüsseler Kommission von der Autoindustrie erwartet, verlangt ihnen erhebliche Anstrengungen ab und sehr viel Geld wird es auch kosten. Sie sind offenbar beeindruckt, wie die breite gesellschaftliche Debatte über den Kohlendioxid-Ausstoß verlaufen ist. Die Konzernvorstände nehmen mit Erstaunen zur Kenntnis, dass die Bürger weit mehr Verständnis haben für schärfere Umweltmaßnahmen, für die Eindämmung der Kohlendioxid-Emission als sie selbst und jetzt der Druck der ganzen Gesellschaft auf den Konzernen lagert. „Das hat die Aufmerksamkeit in den Unternehmen erhöht."

Die Autoindustrie ist eine mächtige Branche. Sie ist gut organisiert und sie konnte ihre Interessen in der Regel bei der Regierung durchsetzen. Das galt nicht nur für Bonn und Berlin, so ist es auch in Brüssel. Wenn diese Industrie Bedenken anmeldet gegen Gesetzespläne, ist die Bereitschaft groß, der wichtigsten Branche Zugeständnisse zu machen. Wer will sich schon den Vorwurf machen lassen, Arbeitsplätze in einer Exportindustrie leichtsinnig zu gefährden. Besonders einfach hatten es die deutschen Autobauer in den 90er-Jahren. Nachdem sie zuvor als Branche der Umweltverpester in Verruf gekommen waren, die für sauren Regen und Waldsterben verantwortlich gemacht wurden, waren die Jahre um die Jahrtausendwende ihre wohl besten. Im deutschen Bundeskanzleramt saß von 1998 bis 2005 mit Gerhard Schröder ein Politiker, der als Autokanzler gerühmt wurde. Der SPD-Mann hatte schon als Ministerpräsident von Niedersachsen im Aufsichtsrat von VW gesessen und während der Chef-Jahre von Ferdinand Piëch extremes Verständnis für die PS-Branche entwickelt. Das verstanden die Manager zu nutzen. Sobald ihnen ein Gesetzesvorstoß in Berlin oder Brüssel zu weit ging, machte sich Schröder zu ihrem Anwalt. Manchmal soll ein Telefonanruf von VW-Chef Piëch im Kanzleramt genügt haben, um unangenehme Vorschriften zu verhindern. Zu Zeiten Schröders war die Autoindustrie eine Art Wunderindustrie. Sie galt als technologische Speerspitze der deutschen Exportwirtschaft, und als Jobmaschine war sie ohnehin geschätzt. Die früheren Debatten über den Umweltkiller Auto waren zu dieser Zeit wie weggeblasen. Die Autowirtschaft galt als Zukunftsbranche.

Doch diese Zeiten sind vorbei. Die Manager haben sich zu früh gefreut, sie haben aus ihrem Image-Desaster der 80er-Jahre nichts gelernt, in denen sie schon einmal als die wichtigsten Verantwortlichen für Umweltverpestung galten. Doch kaum war die Welle der Antipathie verebbt, glaubten die Manager an eine Zeit des langen Friedens mit der Öffentlichkeit. Heute registrieren die Chefs mit wachsendem Unbehagen, dass die Bürger härtere Maßnahmen zum Schutz des Klimas durchaus schätzen und akzeptieren. Mit Staunen nehmen sie zur Kenntnis, dass die Deutschen verstärkt kleine Autos kaufen und sie sich zudem auf neue Zeiten vorbereiten: Nach den Benzinpreiseskapaden von 2008 ahnen sie, dass der Treibstoff auf die Dauer sehr viel teurer wird. Sie spüren auch, dass sie ihre Gewohnheiten ändern müssen und die spritfressenden Geländewagen und PS-Protze der Vergangenheit zunehmend unter politischen Druck geraten. Die Bürger begreifen, dass beides zusammengehört: Je höher der Spritverbrauch, desto höher der Kohlendioxid-Ausstoß. Die Menschen beginnen, aus Überzeugung das individuelle Sparen mit dem allgemeinen Klimaschutz zu verbinden.

Im Jahr 2007 setzte in Deutschland eine Debatte ein, die es so zuvor nicht gegeben hatte. Die Belastung des Weltklimas durch das Kohlendioxid wurde zum dominierenden Thema in der Energiedebatte. Die Menschen lernten eine neue Einheit für sparsames Autofahren kennen. Nicht mehr nur der Verbrauch der Autos, der früher ein Thema war, stand nun im Vordergrund. Jetzt war es der CO_2-Ausstoß pro Kilometer. Inzwischen hatte eine breite internationale Debatte über den Klimaschutz eingesetzt. Vor allem waren inzwischen die Skeptiker und Zweifler verstummt, die einen Zusammenhang zwischen Energieverbrauch und Klimawandel bestritten. Die gefährliche Veränderung des Weltklimas durch den extensiven Verbrauch von Erdöl im Straßenverkehr wie in Industrie, Handel und privatem Haushalt war unter Wissenschaftlern kein Streitthema mehr.

Jetzt mussten es nur ein paar wichtige Politiker einsehen. Zum Beispiel die Regierung der USA. Die hatte unter der Führung von Präsident Bill Clinton 1997 das globale Abkommen über die Reduzierung des Kohlendioxids von Kyoto nicht ratifiziert. Die Vereinigten Staaten galten mit dieser Haltung über mehr als ein Jahrzehnt weltweit als klimapolitisches Risiko Nummer eins und als schlechtes Beispiel für andere Zögerer. Auch Clintons Nachfolger George W. Bush hat in schlechtester amerikanischer Interessenvertretertradition alles unternommen, um internationale Abkommen zur Senkung der CO_2-Emission zu unterlaufen.

Im Oktober 2006 sorgte eine von der britischen Regierung geförderte Untersuchung für weltweites Aufsehen. Der vormalige Chefökonom der Weltbank, Nicholas Stern, hatte in einem aufsehenerregenden Bericht die Folgen des globalen Klimawandels ermittelt. Sein Hauptaugenmerk galt den Kosten der heraufziehenden Katastrophe. „Die wissenschaftlichen Beweise sind jetzt überwältigend", schrieb Stern. „Der Klimawandel ist eine ernsthafte Bedrohung und verlangt eine dringende globale Antwort." Die Aufheizung der Atmosphäre beeinflusse das Leben der Menschen in der ganzen Welt. „Hunderte Millionen Menschen könnten Hunger, Wasserknappheit und Küstenüberflutungen erleiden." Das wirtschaftliche und soziale Leben könnte in den nächsten Jahrzehnten in einem Ausmaß gestört werden ähnlich dem der Weltkriege und der Weltwirtschaftskrise in der ersten Hälfte des 20. Jahrhunderts. Wenn nichts geschehe, würden sich die Gesamtkosten für die Bewältigung dieser Entwicklung pro Jahr und für immer auf mindestens fünf Prozent des Weltsozialprodukts belaufen. Die Kosten könnten sogar bis auf 20 Prozent anwachsen. Die sofortige Bekämpfung der globalen Erwärmung, so die Studie, wäre dagegen mit einem Prozent des Weltsozialprodukts zu machen.

Die Stimmung in der Bevölkerung dreht sich. Der Druck auf die Autoindustrie wächst jetzt international. Etwa 70 Prozent Emissionen des Verkehrs in der EU stammen vom Autoverkehr und wiederum davon zwei Drittel kommen aus den Auspuffrohren der Personenwagen. Da kann die Autoindustrie nicht mehr erwarten, als Großarbeitgeber unter politischen Artenschutz gestellt zu werden. Die nächsten internationalen Klimakonferenzen stehen an. Die EU hat sich vorgenommen, künftig eine Vorreiterrolle beim Klimaschutz zu spielen und ihre Emissionen bis 2020 um 30 Prozent der Menge von 1990 zu reduzieren. Inzwischen ist in der EU schon davon die Rede, die Abgaswerte von 2020 sogar auf die Hälfte von 1990 anzusetzen. Auch die Entwicklungs-

und Schwellenländer geraten unter Druck, einen Beitrag zum Klimaschutz zu leisten. Das gilt besonders für China, das mittlerweile zu einem der größten Energieverbraucher der Welt aufgestiegen ist.

Sogar Amerika zeigt Einsicht

Manchem in der Autoindustrie wird angesichts dieses politischen Drucks inzwischen angst und bange. Die Pläne der EU zur Abgassenkung werden in der Autoindustrie äußerst kritisch gesehen. Die Macht der Lobby konnte 2008 die Emissionsvorschriften bis 2012 noch einmal abschwächen. Aber die Brüsseler Kommission reagiert inzwischen zunehmend gereizt auf die ewigen Sonderwünsche der Branche. Die hatte ihr 2005 gegebenes Versprechen, bis 2008 die CO_2-Emissionen freiwillig auf durchschnittlich 140 Gramm pro Kilometer zu senken, nicht eingehalten und damit einen Teil ihrer Glaubwürdigkeit verspielt. Im Jahr 2015 darf die Flotte eines Autoherstellers den Durchschnittswert von 120 Gramm pro Kilometer nicht mehr überschreiten, das entspricht einem mittleren Verbrauch von etwa 4,8 Litern bezogen auf alle Modelle.

Selbst der Energiegroßverbraucher Amerika, der sich jahrzehntelang jeder internationalen Anstrengung zur Reduzierung des Ölverbrauchs und Kohlendioxid-Ausstoßes widersetzte, hat verstanden, dass er sich an der Rettung des Weltklimas beteiligen muss. Präsident Barack Obama hat bereits einen Kurswechsel angekündigt, auch wenn es noch lange dauern wird, bis die Vereinigten Staaten an der Spitze der internationalen Klimaschutzbewegung stehen werden. Ein weltweites Klimaabkommen, in dem sich die USA auf konkrete und schmerzhafte Sparziele festlegen, wird so schnell nicht möglich sein. Amerikas Regierung kann nach Jahrzehnten der umweltpolitischen Ignoranz offenbar nicht von heute auf morgen einen kompletten Kurswechsel schaffen. Das hat die Kopenhagener Klimakonferenz von Dezember 2008 gezeigt, auf der sich Amerika auf keine Zusage einlassen wollte, nach der die USA den Energieverbrauch schmerzhaft verringern müssten. Dazu ist in den Vereinigten Staaten die Energie- und Öllobby noch zu mächtig. Wer die Senkung der Emission des Klimagiftes Kohlendioxid verspricht, muss nicht einfach in der Industrie oder bei den Autos ein paar Filter zur Vorschrift machen. Die Verringerung des Ausstoßes von Kohlendioxid funktioniert nur über das Einsparen von Energie. Zwar ist das Wirtschaftswachstum in den Industrieländern inzwischen so weit vom Energieverbrauch entkoppelt, dass ein Zuwachs an Wirtschaftsleistung auch ohne Mehrverbrauch an Energie möglich ist. Aber wenn Industrienationen wie die USA Versprechungen zum Klimaschutz machen, könnten sie das Wachstum der eigenen Wirtschaft aufs Spiel setzen. Wer Wachstum und Energieeinsparungen zur gleichen Zeit will, muss zuvor hohe Investitionen in die Energieeffizienz der eigenen Industrie bezahlen, aber auch den Verbrauch der Autos senken und die Isolierung der Häuser verbessern. Gerade in den USA sind diese Kosten aufgrund der beklagenswerten Versäumnisse der Vergangenheit hoch.

In Zukunft wird es daher darauf ankommen, wie sich die beiden Großproduzenten von Kohlendioxid, China und die USA, die gemeinsam 40 Prozent des Klimagases erzeugen, verhalten werden. Wenn die USA keine Opfer bringen, wird das stürmisch wachsende China erst recht keine Zugeständnisse machen. Von China aber, das sich bei allem Wachstumsdrang aber auch internationales Ansehen erarbeiten will, sind umgekehrt Konzessionen möglich, wenn es vom Rest der Welt nicht als größter Klimazerstörer angeprangert wird. Die Energie im eigenen Land besser zu nutzen ist schon lange auch ein Ziel der politischen Führung in Peking. Man kann sich leicht vorstellen, dass sich die chinesische Führung ein Entgegenkommen in der Klimafrage von den Industrienationen mit hohen Summen bezahlen lässt. Die industrialisierten Staaten sollten auch um den Preis hoher Milliardenüberweisungen an Peking mit den Chinesen im Gespräch bleiben. Sie haben keine Wahl. Mit gutem Beispiel vorangehen müssen sie in jedem Fall.

Wann ist Schluss mit dem Öl?

Im November 2009 meldete sich die Internationale Energieagentur (IEA) in Paris mit einer Brandmeldung zu Wort. Ohne ein Klimaabkommen, so sagte die Mitteilung aus Paris, werde der weltweite Energieverbrauch in den kommenden Jahren wieder drastisch zunehmen. Das brächte nicht nur höhere Kosten zur Eindämmung des Klimawandels mit sich, es würde auch den Preis für die Energie in die Höhe treiben. Die Ausgaben für Energie könnten sich in den kommenden 20 Jahren verdoppeln, mahnt die Agentur, die ein Teil der OECD ist und 28 Industriestaaten der Welt in Energiefragen berät. Die Fachleute rechnen vor, dass bei dem zu erwartenden Wirtschaftswachstum die Energienachfrage bis 2015 jedes Jahr um 2,5 Prozent zunimmt. Bis zum Jahr 2030 werde sich allein der Ölverbrauch von heute etwa 85 Millionen Barrel am Tag auf 105 Millionen Barrel ausweiten. Das sind Zahlen, die selbst innerhalb der Energieagentur zur Kontroversen führen. Denn manche Experten in der Organisation sagen, dass diese vorhergesagte Ölnachfrage nicht wird befriedigt werden können. Experten der IEA erklären, dass bis 2030 nicht einmal 95 Millionen Barrel Öl am Tag gefördert werden können.

Die Frage, wie lange das Erdöl noch reicht, gehört zu den zentralen Streitkomplexen von Wirtschaft wie Politik. Sie liegt auf der Hand. Die Weltwirtschaft lebt vom Öl, wir fahren Auto mit Benzin und Diesel, heizen unsere Wohnungen mit Erdöl und weltweit funktioniert die Industrie nur, weil der schwarze Rohstoff bisher in jeder notwendigen Menge herangeschafft werden konnte. Da muss die Frage gestellt werden: Was passiert, wenn dieser Rohstoff verbraucht ist? Schon beginnt der Streit. Ob das Erdöl noch eine Zukunft hat, ob die Vorräte im Boden für weitere Jahrzehnte reichen oder gar Jahrhunderte, oder ob sie bald zu Ende gehen und die Weltwirtschaft, die praktisch komplett auf das Erdöl ausgerichtet ist, einer schweren Zeit entgegengeht, in der die Menschen frieren und nicht mehr Auto fahren können.

Ausgerechnet in dieser zentralen Frage der Weltwirtschaft, die Milliarden von Menschen betrifft und den Wohlstand des gesamten Planeten, sind die Antworten erstaunlich vage. Öffentlich nach der Reichweite des fossilen Energieträgers Erdöl zu fragen hat scheinbar etwas Unbotmäßiges, als berühre die Frage ein Tabu. Der Grund für diese Zurückhaltung ist offenbar ein kollektives Gespür für die Brisanz des Themas. Es ist ja richtig, dass das Öl zu Ende geht und damit die globale wirtschaftliche Entwicklung in Gefahr ist. Es steht viel auf dem Spiel.

Seit 1972, als der Club of Rome in seinem Bericht *Die Grenzen des Wachstums* vor dem Ende des Ölzeitalters warnte, gab es schon viele Kassandrarufe, die vom Ende des Ölzeitalters sprachen. Sie waren alle falsch oder wurden belächelt. Wir fahren auch 35 Jahre nach den ersten Sonntagsfahrverboten vom November 1973 immer noch Auto und wir werden es wahrscheinlich noch lange tun. Die Marktbefürworter, die dem freien Spiel der Kräfte allmächtige Qualitäten zutrauen, sagen, es werde den Ingenieuren schon etwas einfallen, wenn das Öl zu Ende gehe. Dann müssen wir auf solare Energie zurückgreifen, auf Biosprit oder auf Wasserstoff. Bisher ist den Ingenieuren immer etwas eingefallen, so ist die Hoffnung.

An dieser – man möchte das Wort Argumentation gar nicht zulassen – Behauptung ist vor allem die Begründung interessant: Wenn das Öl nur ausreichend teuer werde, lohne sich die Ausbeutung von Vorkommen, die bislang noch gar nicht wirtschaftlich erschließbar sind. Danach könne es fröhlich weitergehen mit dem Ölverbrauch wie bisher. Diese Behauptung ist besonders beliebt bei den Managern von Ölkonzernen, die es eigentlich besser wissen müssten. In der Industrie herrscht ein seltsamer Glaube in die offenbar beliebige Ausdehnbarkeit der Ölreserven. Scheinbar zu Recht. Ist der Ölpreise nicht zuletzt wieder stark gefallen? Mitte 2008 lag er bei 150 Dollar je Fass. Das werteten viel Experten als Alarmzeichen. Dann aber fiel mit der Finanz- und Wirtschaftskrise der Preis für ein Barrel regelrecht in sich zusammen. Anfang 2009 lag er wieder unter 40 Dollar. Wo sollte da das Problem der Knappheit sein?

Fossile Energie wird knapp

Die alte Plage wird bald zurückkommen, sie wird sich nicht abschütteln lassen. Sobald die Weltwirtschaft, die in der großen Krise stark an Dynamik verlor, wieder Fahrt aufnimmt, wird auch die Nachfrage nach Energie wieder zunehmen. Der Ölpreis folgt der Konjunktur, er steigt stärker, als die allgemeine Wirtschaft zulegt, und im umgekehrten Fall stürzt er schneller wieder ab. Eine von der IEA im Sommer 2009 veröffentlichte Studie nannte ein wesentliches Risiko für den Aufschwung, der nach dem drastischen Abfall erst ganz langsam eingesetzt hatte und der Welt die Hoffnung zurückgab, dass es kein Ende der Krise geben wird: Die Energie wird knapp, die Preise explodieren. Das ist harter Tobak für eine Organisation, die es in der Vergangenheit für ihre Aufgabe hielt, die Knappheit der Ölreserven zu bestreiten. Fatih Birol, der Chefökonom der Energiebehörde, warnt davor, dass die Preise für Erdöl und -gas schon bald wieder dramatisch steigen werden, wenn sich die Weltkonjunktur von der globalen Krise erhole. Der Aufschwung werde dadurch schon etwa 2012/13 durch hohe Ölpreise wieder abgewürgt.

Ein Grund für das Anziehen der Ölpreise sei, dass die Förderung des Energieträgers seit einiger Zeit fällt. Nach den Berechnungen der Internationalen Energieagentur geht die Ölförderung bis 2015 um 19 Millionen Barrel am Tag zurück und bis zum Jahr 2030 sogar um 43 Millionen Barrel. Das wäre ein drastischer Rückgang um etwa die Hälfte. Die heutige Tagesförderung beträgt etwa 84 Millionen Barrel am Tag.

Um die Ölförderung konstant zu halten, müssten die Ölkonzerne in den kommenden 20 Jahren neue Ölmengen aus dem Boden holen, die der Fördermenge von Saudi-Arabien entspricht, des größten Öllieferanten der Welt. Eine solche Menge kann nicht beliebig irgendwo neu erschlossen werden. Wenn aber, was die Fachleute erwarten, im Jahr 2010 das weltwirtschaftliche Wachstum wieder beginnen wird, stoßen zwei Entwicklungen aufeinander. Steigende Ölnachfrage stößt auf sinkende Förderung. Die Folge wird sein, dass die Ölpreise extrem steigen werden. Manche Schätzungen sprechen schon von einem Ölpreis von 300 Dollar je Barrel im Jahr 2020. Das wäre doppelt so viel wie vor dem Beginn der Weltwirtschaftskrise, als Mitte des Jahres 2008 ein Barrel etwa 150 Euro kostete. Vor allem Wachstumsregionen wie China, der gesamte Nahe Osten, Indien, Südostasien, Lateinamerika und Osteuropa werden in den kommenden 20 Jahren die Ölnachfrage in die Höhe treiben. Dagegen fällt auf den heutigen Ölfeldern die Förderung bereits um durchschnittlich 6,7 Prozent im Jahr, sagt die Energiebehörde. Der IEA-Ökonom Birol sagt daher schonungslos: „Eines Tages werden wir kein Öl mehr haben." Das werde nicht heute sein oder morgen. Aber der Tag werde kommen. „Wir müssen uns vom Öl lösen, bevor sich das Öl von uns löst."

Die Reserven

Manchmal kann man sich des Eindrucks nicht erwehren, die Menschheit tanze bestens gelaunt auf einem Vulkan. Jeder weiß, der Berg wird bald Feuer spucken und Opfer fordern. Da man aber nicht vorhersagen kann, wann es geschieht, geht das normale Leben einfach weiter. Ähnlich ist es beim Umgang mit dem Erdöl. Es ist bekannt, dass die Ölreserven schrumpfen. Die weitverbreitete Erwartung, es werde noch lange Zeit genügende Mengen des fossilen Treibstoffes geben, beruht allein auf der Hoffnung, dass die Geologen doch noch unbekannte Vorkommen ausfindig machen. Was der größte Ölkonzern der Welt verspricht, klingt ja auch zu schön, um wahr zu sein. Der amerikanische Ölriese Exxon behauptete in seiner Energieprognose 2000 sogar: „Die weltweiten Ölressourcen sind immens. Sie reichen noch für Jahrhunderte."

Allerdings wissen wir heute mehr über die Energiereserven als noch in den 70er-Jahren und das Wunschdenken weicht zunehmend einer realistischen Sicht der Dinge. Es zeichnet sich ab, dass schon bald große Mengen an Öl und

Gas durch Alternativen ersetzt werden müssen. Diese anderen Energieträger sind bisher aber nur verschwommen zu erkennen und es ist unklar, ob sie ausreichend zur Verfügung stehen. Die heute eingesetzten Ölmengen sind so gewaltig, dass es keinen Energieträger gibt, der diese Mengen auch nur ansatzweise ersetzen könnte. Die Autoindustrie behauptet zwar in ihren Ankündigungen, sie werde bei stark steigenden Spritpreisen oder beim Ausfall des fossilen Sprits als Treibstoff auf das Elektroauto umsteigen und schon sei das Problem der Mobilität gelöst. Doch die Industrie hat in absehbarer Zeit weder Elektroautos in ausreichender Stückzahl zur Verfügung, noch kann sie die Fahrzeuge zu bezahlbaren Preisen anbieten. Wo der Strom für die Autos herkommen soll, ist auch noch ungeklärt.

Wenn fast die Hälfte des Erdöls ausfällt und die andere Hälfte unbezahlbar teuer wird, steht die Menschheit vor einem Problem. Wohl deshalb wird mit solcher Leidenschaft über die Reserven gestritten. Je nach Interessenlage werden die Zahlen der noch im Boden liegenden Ölmengen fast nach Belieben interpretiert. Vertreter von Ölkonzernen neigen dazu, ihre Reserven wesentlich optimistischer einzuschätzen als Nichtbranchenvertreter. Die Angaben der Ölkonzerne müssen mit großer Vorsicht bewertet werden. Sie veröffentlichen die Zahlen über ihre noch im Boden liegenden Schätze regelmäßig in ihren Quartals- oder Jahresberichten. Das ist so von den Börsenaufsichtsbehörden vorgeschrieben. Die Aktionäre sollen doch korrekt darüber informiert werden, welche Zukunftschance die Unternehmen noch haben, wo ihre Reserven für die Geschäfte von morgen liegen.

Doch die Konzerne nehmen es mit den Angaben nicht immer sehr genau und sie nutzen Angaben über ihre noch im Boden befindlichen Reserven gerne zur Manipulation ihrer Bilanzen. Das fällt gelegentlich auf. Anfang 2004 musste der Ölkonzern Royal Dutch Shell seine geschätzten eigenen Ölreserven auf Druck von Behörden und Gerichten um 20 Prozent nach unten korrigieren. Der Chef des Konzerns Philip Watts musste zurücktreten und der Konzern wurde von Investoren auf Schadensersatz verklagt. Der Kurs der Aktie war nach der Korrektur sofort um sieben Prozent gefallen.

Um den Machenschaften der Ölkonzerne bei der Bewertung ihrer Reserven auf die Spur zu kommen, haben sich die beiden Münchner Energiewissenschaftler Werner Zittel und Jörg Schindler von der Beratungsgesellschaft Ludwig-Bölkow-Systemtechnik ein Beispiel genau angesehen. Es handelt sich um das norwegische Gasfeld Ormen Lange, von dem sie sagen, dass die hier untersuchte Praxis auch auf Ölfelder übertragbar sei. Das Feld wird von einem Konsortium aus sechs Firmen ausgebeutet. Die Explorateure schätzten das Feld ursprünglich auf eine Gasmenge von 2,5 Giga-Barrel Öläquivalent (eine technische Maßeinheit für den Inhalt des Energieträgers). Doch alle sechs Firmen setzten die Reserven dieses Feldes mit höheren Werten in ihre Quartals- und Geschäftsberichte. Die Abweichungen betrugen bis zu 100 Prozent, ein Unternehmen stufte die Reserven doppelt so hoch ein wie ein anderes. Die Aktionäre lasen es mit Freude. In diesem Fall aber schöpfte die US-Börsenaufsicht Securities and Exchange Commission (SEC) Verdacht. Die gefürchteten Kontrolleure der SEC monierten bei Royal Dutch Shell die eigenwillige Bewertungspraxis. Das Unternehmen reagierte sofort und korrigierte die angeblichen Reserven nach unten. Sofort folgten andere und berichtigten ebenfalls ihre Prognosen für Ormen Lange.

Offenbar gibt es in der Welt der Ölschätzungen viel Raum für Fantasie. Auch die Förderländer übertreiben gerne bei den Angaben über ihre noch im Boden befindlichen Schätze. Die Fachleute sprechen dann von „politischen Reserven“, die vor allen einen Sinn haben: Sie sollen die Verhandlungsposition einzelner Ölnationen im internationalen Preispoker verbessern. Fast alle OPEC-Länder haben seit dem Ende der 80er-Jahre ihre Reserven um das Dreifache noch oben korrigiert. Das taten sie aber nicht, weil sie neue Quellen oder Reserven entdeckt hätten. Sie hatten nur den Bewertungsmaßstab für vorhandene Reserven geändert. Die Trickserei der Ölkonzerne gehen oft so weit, dass sie die geförderten Mengen an Öl oder Gas aus ihren Reserven oft nicht herausrechnen. Durch diesen Kniff werden die Reserven niemals kleiner. Die OPEC-Länder haben zwei Jahrzehnte lang ihre Reserven offiziell nicht korrigiert. Aber bedingt durch die laufende Produktion hätten die verbleibenden Mengen längst um 20 bis 30 Prozent herabgesetzt werden müssen.

Das Fördermaximum ist erreicht

Die Welt rast mit großer Geschwindigkeit auf einen Engpass bei der Versorgung mit Erdöl zu, aber nur wenige Institutionen warnen davor. Eine ist die Braunschweiger Bundesanstalt für Geowissenschaften, die dem Bundeswirtschaftsministerium untersteht. Diese Behörde sagt voraus, dass das Öl noch etwa 40 Jahre weit reicht. Aber dieser Rohstoff werde „in absehbarer Zeit nicht mehr im bisherigen Maße zur Verfügung stehen". Die Förderung sei nur noch bis 2020 zu steigern, dann gehe sie zurück. Die weitverbreitete Hoffnung auf den Teersand in Kanada, der angeblich noch für weitere Reserven sorgen könne, zerstören die Berechnungen der Bundesanstalt ebenfalls. Ja, der Teersand könne einen Beitrag zur Ölversorgung leisten. Aber: „Das erwartete Fördermaximum kann dadurch jedoch kaum verzögert werden."

Es gibt auch ein paar Ölmanager, die ihre Augen vor der Wirklichkeit nicht verschließen. Peter Sutherland, der Verwaltungsratsvorsitzende von BP, der früher auch mal Chef der Welthandelsorganisation war, sieht die Sache kritischer als viele Ölmanager. Der Ire hat seine Kollegen schon bei der Weltenergiekonferenz in Buenos Aires 2001 mächtig geärgert, indem er erklärte: „Die Welt hat noch Ölreserven für 40 Jahre und Gasvorräte für 60 Jahre. Es ist die Aufgabe, sie klug zu nutzen." Das war vor fast zehn Jahren und seitdem hat sich die Lage verschärft, weil die Nachfrage nach Öl vor allem aus Ländern wie China explosionsartig zugenommen hat, die Reserven aber nicht nennenswert zunahmen. Die meisten Schätzungen in der Energiewirtschaft kündigen das Ende der Ölquellen irgendwann in den nächsten 20 bis 50 Jahren an.

Die größten Pessimisten in der Branche hingegen, die vom nahen Ende des Ölzeitalters sprechen, berufen sich auf den in der Ölindustrie hoch angesehenen Geologen Colin Campbell. Der 1931 geborene Wissenschaftler stand nach seiner Ausbildung in den Diensten großer Konzerne wie Shell oder BP und hat schon vor Jahren aufgrund seiner Erfahrung bei der Erkundung neuer Vorkommen den Schluss gezogen, dass die Weltölproduktion in der ersten Dekade des 21. Jahrhunderts, also etwa zum heutigen Zeitpunkt, ihren Höhepunkt erreichen wird. Danach werde es mit der Förderung stetig bergab gehen. Die damit einhergehende allmähliche Verknappung des Öls werde dafür sorgen, dass die Treibstoffpreise drastisch steigen werden.

Campbell machte eine einfache Rechnung auf, um die Optimisten in seiner Branche zu bekehren. Ursprünglich hätte es auf der ganzen Welt ein Förderpotenzial von 1 800 Milliarden Barrel Öl gegeben. Davon seien im Jahr 2004 bereits 950 Milliarden Barrel verbraucht gewesen, also etwas mehr als die Hälfte. Die Wahrscheinlichkeit, dass die Restmenge noch einmal deutlich erhöht werden könne, sei aus seiner Sicht gering. Neue Vorkommen seien in jüngerer Zeit nur noch wenige gefunden worden. Dieses Signal ist dramatisch. Schon seit den 80er-Jahren wird in der Welt weit weniger Öl gefunden als konsumiert.

Campbell greift bei seiner Theorie auf die Erkenntnisse des Geologen Marion King Hubbert zurück. Der hatte herausgefunden, dass die Ölförderung im zeitlichen Ablauf einer Glockenkurve folgt. Erst steigt sie langsam, dann immer schneller, um bald einen Höhepunkt zu erreichen, von dem an es nur noch bergab geht. Dieses Fördermaximum, in der Branche Peak Oil genannt, ist erreicht, wenn die Hälfte der Vorräte verbraucht ist. Das Muster, so Campbell, lasse sich für einzelne Ölquellen belegen, es gelte aber auch für die Ölförderung ganzer Länder oder der Welt insgesamt.

Da kann es nicht wundern, dass dieser Campbell von seinen Kollegen angefeindet wurde. Denn seine Theorie erhebt den Anspruch eines unumstößlichen Naturgesetzes. Vor allem die Vertreter der Mineralölindustrie liefen Sturm gegen diese strenge Sicht. Viele Kritiker sagen, die hubbertsche Glockenkurve sei ein viel zu einfaches Modell, um die Komplexität des Erdinnern und ihre Folgen für die Ölgewinnung zu erklären. Die große Stunde der Campbell-Kritiker war gekommen, als der Oberpessimist seine Prognosen korrigieren musste. Ursprünglich hatte Campbell die Spitze der Ölförderung für 1989 vorhergesagt. Das war nicht eingetreten, und die Ölindustrie konnte das Vergnügen über diese Fehleinschätzung nicht genug auskosten. Der lästige Kritiker war offenbar als falscher Prophet entlarvt.

Dennoch können die Diskussionen über die Reichweite der Ölreserven oder über die Form der Verteilungskurve nicht davon ablenken, dass die Ölquellen endlich sind. Etwa 90 Prozent der heutigen Weltölproduktion stammen aus Feldern, die seit mehr als 20 Jahren bekannt sind, und 70 Prozent aus Feldern, deren Existenz seit 30 Jahren erwiesen ist. Die größten Ölfelder sind sogar schon vor 50 Jahren entdeckt worden. Nur ein paar Prozent der Weltölproduktion kommen aus Gebieten, die erst in den 90ern erschlossen wurden. So festigt sich bei Fachleuten die Sicherheit, dass die Ölförderung schon bald zurückgehen wird, aber auf keinen Fall gesteigert werden kann. Damit droht das Ende der langen Überflusswirtschaft – mit gravierenden Folgen.

Leben auf Kosten anderer

Vor allem nach dem Zweiten Weltkrieg hat sich die industrielle Welt an das schöne Leben mit dem Öl gewöhnt und ihr gesamtes Handeln auf den billigen Rohstoff eingestellt. Die vorherrschende Kohle, die in ihrer Zusammensetzung dem Öl verwandt ist, aber schmutziger ist und mühsamer zu handhaben, wurde verdrängt. Die Öfen wurden aus den Häusern entfernt. Wer will noch Kohlen die Treppen hinaufschleppen, wenn im Keller eine Heizung arbeiten kann? Die ist mit einem großen Tank ausgestattet, der Vorrat für ein ganzes Jahr liefert. Die Industrie stellte sich auf das Öl ein und der Verkehr ist ohne Öl ohnehin nicht denkbar. Das Öl ist leichter zu fördern und obendrein ist es sensationell billig. Auch wenn wir es angesichts der Debatten und Klagen über rasant steigende Ölpreise nicht glauben mögen. Die verhältnismäßig einfache Gewinnung und der günstige Preis sorgten für ein rasantes Wachstum der Ölnutzung. Damit allerdings leben die heutigen Menschen auf Kosten anderer Generationen. Wir heutigen Menschen holen in etwas mehr als einem Jahrhundert die Menge an Öl aus dem Boden, die durch Verwitterung von Pflanzen und Wäldern über Millionen von Jahren in Erdinneren entstanden ist. Das im Erdöl geronnene Sonnenlicht alter Zeiten wird von uns in großem Stil in Wärme, Kraft oder Strom umgewandelt und sorgt für einen gewaltigen Wohlstand. Der schädliche Nebeneffekt ist das heutige Kohlendioxid-Problem: Das Klima ist bedroht, weil in Jahrmillionen in den Pflanzen gebundenes Kohlendioxid in vergleichsweise kurzer Zeit in die Atmosphäre zurückkehrt.

Wie günstig selbst beim Barrelpreis von 80 oder 100 Dollar der Energieträger Erdöl ist, zeigt die Entwicklungsgeschichte der Menschheit. Nie zuvor in der Geschichte mussten die Menschen für ihre Versorgung mit Licht, Wärme und Kraft so wenig arbeiten wie die Menschen der Gegenwart. Ohne die extrem energiereichen fossilen Rohstoffe Kohle, Erdöl und Erdgas, die wir heute in gewaltigen Mengen fördern können, würden wir wahrscheinlich noch auf dem Niveau des beginnenden 19. Jahrhunderts agieren.

Es gäbe möglicherweise das Auto nicht, vom Flugzeug ganz zu schweigen. Die Welt hätte keinen Kunststoff, der aus Erdöl gewonnen wird. Auch die medizinische Versorgung sähe anders aus. Viele moderne Arzneimittel sind ohne Kohle und Öl kaum denkbar.

Wenn die breite industrielle Entwicklung der Welt im 19. Jahrhundert mit der Kohle einsetzte und Länder wie England, später auch Deutschland zu Industrieländern wurden, so bekam diese Entwicklung noch einen weiteren Schub, als nach dem Zweiten Weltkrieg das Erdöl in großem

Maße verfügbar war und zum entscheidenden Treibstoff der weltwirtschaftlichen Entwicklung wurde. Die Landwirtschaft wurde in vorher nie gekanntem Maße mechanisiert. Mit dem Auto wurde eine vorher nicht gekannte Mobilität möglich, die den Transport der industriell gefertigten Güter auf weit entfernte Märkte erlaubte.

Die Industrie hatte einen bequem zu nutzenden Energieträger, mit dem sie ihre Maschinen befeuern und Produktivkräfte erzeugen konnte, die zuvor nicht erreichbar waren. Durch das billig zur Verfügung stehende Öl wurden die USA zur wirtschaftlichen Führungsmacht der westlichen Welt, auch Westeuropa erlebte einen vorher unbekannten Wirtschaftsaufschwung mit einem beispiellosen Zuwachs an Wohlstand. Bald schloss sich Japan dieser Entwicklung an. Mit dem Entstehen der Ölwirtschaft konnten 700 bis 800 Millionen Menschen in Nordamerika, Westeuropa und Japan ihren heutigen Lebensstandard entwickeln. In nur wenigen Jahrzehnten wurden Autofahren und billiger Transport zur Normalität. Im Jahr 1960 musste ein Arbeiter in Deutschland für einen Liter Benzin im Durchschnitt 13 Minuten arbeiten. Heute sind es nur noch etwa vier Minuten.

Günstiger Treibstoff bringt dem Konsumenten einen Gewinn an Lebensqualität. Wo Transport billig ist, lassen sich Rohstoffe, aber auch Lebensmittel um den halben Globus transportieren. Kalifornischer Wein steht in europäischen Supermärkten, neuseeländische Früchte werden in Amerika verkauft. In den Industrieländern wurde es zum Normalfall, praktisch jeden Meter zum Arbeitsplatz oder zum Einkauf im Auto zurückzulegen. In der Nachkriegszeit blühte der weltweite Tourismus auf, weil günstiger Treibstoff für bezahlbare Reisekosten sorgte und die Mobilität demokratisiert wurde.

In früheren Zeiten war Reisen das Privileg der sehr Wohlhabenden. Unsere Vorfahren waren bis zur Erfindung der Eisenbahn Anfang des 19. Jahrhunderts an ihre Wohn- oder Geburtsorte gebunden, die sie zuvor nur in Ausnahmefällen zu Fuß, zu Pferde oder per Kutsche verlassen konnten.

Transport und Reisen waren in früheren Epochen ein unendlicher Luxus und ein normaler Mensch konnte sich einen Ortswechsel kaum leisten. Wer in der Antike reisen wollte, brauchte ein Segelschiff oder ein Reittier. Aber wer kann ein Schiff mitsamt einer Mannschaft bezahlen? Ein Pferd braucht jede Woche eine ganze Wagenladung Futter. Selbst zu Fuß gehen ist nicht billig. Der Reisende musste die nötigen Lebensmittel für die lange Zeit entweder mitschleppen oder unterwegs kaufen. Dazu reichten die finanziellen Mittel in der Regel nicht. Erst das billige Erdöl in Verbindung mit dem Auto und dem Flugzeug machte die Mobilisierung von Massen möglich. Doch diese Errungenschaft der Wachstumsgesellschaft gerät in Gefahr, wenn steigende Treibstoffpreise die Kosten für die Mobilität verteuern und damit erschweren.

Schwankende Barrelpreise

Seit der Mitte des Jahres 2008 ist der Ölpreis so drastisch gefallen wie nie zuvor. Von etwa 150 Dollar je Barrel stürzte er bis zum Jahresende auf unter 40 Dollar. Es könnte doch sein, dass der scheinbar unaufhaltsame Anstieg des Ölpreises gebrochen ist und auch wieder Phasen sinkender Notizen eintreten können. Dieses Szenario allerdings ist unwahrscheinlich. Nicht einmal der Ölpreisabsturz von etwa 75 Prozent kann Hoffnung darauf machen, dass die Weltwirtschaft noch lange von günstigen Ölpreisen profitieren kann.

In den vergangenen 50 Jahren ist der Ölpreis oft gefallen. Die gelegentliche Abwärtsentwicklung hat die Optimisten in der Meinung bestärkt, es gebe noch ausreichende Reserven, von Knappheit könne keine Rede sein. Wahrscheinlich hat diese Entwicklung auch die kollektive Leichtfertigkeit im Umgang mit dem edlen Rohstoff Erdöl gefördert. Dass nach den beiden Ölkrisen von 1973 und 1979/80 die Notierungen für Rohöl nur eine vergleichsweise kurze Zeit stiegen, dann aber wieder abstürzten, führte zu dem falschen Eindruck, die Furcht vor der drohenden Knappheit des Öls sei maßlos übertrieben. Man müsse nur genügend in die Erforschung der Reserven und in die Ausbeutung der Lager investieren, und schon sei die Sache wieder in Ordnung. Der schöne Schein hielt mehr als zwei Jahrzehnte an. Erst 2004 ging der Ölpreis wieder über die Rekordnotiz von 1981 hinaus. Doch seitdem geht es rasant bergauf, es herrscht weltweite Ernüchterung und die Preise erreichten zwischenzeitlich ein Niveau, das die Welt veränderte. Erstmals wurde der Ölpreis als Bedrohung wahrgenommen. Er würgte die Weltkonjunktur und das drohende Ende des Ölzeitalters rückte in den Blick einer breiten Bevölkerung.

Dennoch kann die Entwicklung des Ölpreises keine Auskunft darüber geben, wie weit die Ölvorräte noch reichen. Der Barrelpreis ist nur zum Teil Ausdruck der knappen Reserven im Boden, er spiegelt im täglichen Handel nur den Unterschied zwischen Angebot und Nachfrage an einem bestimmten Tag wider. Da kann es erhebliche Abweichungen geben, wenn aus irgendwelchen Gründen der Bedarf zurückgeht. Die Nachfrage nach Öl kann zurückgehen, wenn in einer Wirtschaftsflaute der Bedarf geringer wird. Sie kann auch fallen, weil eine Spekulationswelle um die Welt geht und die Märkte für die nächste Zukunft fallende Preise erwarten. Nicht immer folgt die Nachfrage nach Öl exakt dem Bedarf eines bestimmten Tages. Die Ölpreise können auch fallen, obwohl das Ende des Ölzeitalters droht.

Die jetzige Wirtschaftskrise hat diesen Zusammenhang deutlich gemacht. Die Nachfrage nach Öl ging drastisch zurück, weil das globale Wachstum plötzlich erheblich nachgelassen hatte. Aber daran gemessen, wie die Ölpreise zusammenfielen, war der Nachfragerückgang nur gering. In den klassischen Industrieländern ging das Sozialprodukt um ein paar Prozentpunkte zurück, in Ländern wie China wurde nur das Wachstum verringert. Aber die Nachfrage nach Öl ist deutlich zurückgegangen. Über das ganze Jahr 2008 sank der weltweite Ölverbrauch um 0,6 Prozent. Das ist der erste Einbruch seit 1993 gewesen und der stärkste Rückgang seit 27 Jahren. Aber verglichen mit dem Rückgang des weltwirtschaftlichen Wachstums war dieses Nachfrageminus gering. Doch der Preiseffekt war um ein Vielfaches größer.

Der Ölpreis unterliegt auch Spekulationen. Erwarten die Ölbörsen eine starke Zunahme der Nachfrage, wird der Preis steigen, sind die Auguren zurückhaltend, werden die Barrelpreise zurückgehen. Mitte 2009 wurde ein besonders extremer Fall von Spekulation bekannt. Ein Ölbroker in London stand im Verdacht, durch Spekulationen mit Terminkontrakten ganz allein den Preis auf den Weltölmärkten um zwei Dollar nach oben getrieben zu haben. Sein Arbeitgeber, eine Ölhandelsfirma, hat die Sache sofort nach ihrem Auffliegen gestoppt. Trotzdem ist nicht auszuschließen, dass schon morgen ein anderer Betrüger den Ölpreis in die Höhe jagt.

Aber solche Spielchen sorgen stets für nur kurzfristige Unruhe auf den Märkten und für eine Unterbrechung des Auf- oder Abwärtstrends. Sie kann auch durch einen Wirbelsturm ausgelöst werden, der irgendwo auf der Welt eine Ölbohrinsel umwirft und deren Produktion für einige Wochen ausfallen lässt, oder durch einen Tanker, der auf ein Riff läuft. Danach werden sofort Meldungen um die Welt gehen, die vom kurzfristigen Ausfall von Ölmengen sprechen. Solche Einzelnachrichten dürfen den Blick darüber nicht versperren, dass nach der Wirtschaftskrise der Ölpreis wieder über die 100-Dollar-Marke steigen wird und auch der Literpreis für Benzin oder Diesel wieder nur eine Richtung kennen wird: nach oben. Die Öl- und Treibstoffpreise werden sogar schon bald Höhen erreichen, die es noch nicht gab.

KAPITEL 11

Wende oder Absturz?

Die Autoindustrie beginnt nachzudenken. Es ist zwar spät, aber entscheidend ist, dass die Branche sich verstärkt Gedanken über ihre Zukunft macht. Denn für Nachdenklichkeit waren die Fahrzeugbauer bisher nicht bekannt. Eher standen sie für Zufriedenheit und Stolz. Die großen Konzerne haben in den vergangenen 15 Jahren seit der letzten Autoflaute vom Anfang der 90er-Jahre vor sich hin gearbeitet, freuten sich über ihre lange Phase des Aufschwungs und nur wenige beklagten ihre Misserfolge und Verluste.

Doch die größte Krise in der Geschichte der Autoindustrie hat die Manager verunsichert wie wohl nie zuvor. Sie wissen noch nicht genau, was sie ändern müssen. Nur eines ist ihnen klar wie nie zuvor. Einfach weitermachen wie bisher ist unmöglich. Am Anfang des 21. Jahrhunderts geht es um alles. Entweder die Unternehmen antworten in ihren Strategien auf Fragen der Zukunft, oder sie haben keine.

Die Aussichten sind ernüchternd. Die Autoindustrie erstickt buchstäblich an ihren eigenen Produkten. Sie sorgte in den ersten gut 100 Jahren ihrer Geschichte dafür, dass die Industrieländer weitgehend motorisiert und etwa 750 bis 800 Millionen Autos auf der Erde unterwegs sind. Mit dieser Zahl der Fahrzeuge brachte sie aber auch das Weltklima an den Rand der Belastbarkeit. Noch mehr Autos mit Verbrennungsmotor wird die Atomsphäre nicht mehr vertragen können. Doch es sieht so aus, als gehe die Fahrt in die falsche Richtung munter weiter. Die Motorisierung der Welt setzt jetzt erst mit vollem Schwung ein. Hat die Zahl der Autos auf der Welt in den zurückliegenden 20 Jahren um etwa 18 Prozent zugenommen, so wird die Dynamik bis 2030 regelrecht stürmisch. Im Jahr 2030 sollen etwa 1,3 Milliarden Autos auf dem Globus unterwegs sein. Manche Prognose spricht sogar von zwei Milliarden Autos. In nur zwei Jahrzehnten könnte sich die Zahl der Autos auf der Welt mehr als verdoppeln. Da die Atmosphäre schon jetzt die Abgasemissionen kaum noch verkraften kann, wäre diese Entwicklung verhängnisvoll. Angesichts knapper werdender Erdölreserven ist nicht einmal sicher, ob für diese vielen Fahrzeuge überhaupt der nötige Treibstoff zur Verfügung stehen wird. Die Autoindustrie hat sich in die Klemme manövriert. Der Schweizer Trendforscher David Bosshart vom Gottlieb Duttweiler Institut in Zürich hält daher das heutige Auto für „das Auslaufmodell des 20. Jahrhunderts".

Das bisherige Statussymbol der Bewohner von Industrieländern birgt zu viele Risiken und Nebenwirkungen, um ein geeignetes Verkehrsmittel der Zukunft zu sein. Eine Million Verkehrstote im Jahr weltweit setzen ein Fragezeichen hinter seine Sicherheit. Sein gewaltiger Platzverbrauch für Straßen und Parkraum macht das Auto gerade in den schnell wachsenden großen Städten zu einem ungeeigneten Verkehrsmittel. Die wachsende Verstopfung der Städte und die Staus auf den Autobahnen stellen den Pkw als verlässliches Transportmittel infrage. Das Auto der Zukunft muss anders aussehen als die heutigen Fahrzeuge. Es hat nur eine Überlebenschance, wenn es Teil eines Mobilitätssystems wird, in dem die Fahrzeuge mit Verkehrsleitsystem oder Radar miteinander kommunizieren, um den Verkehrsfluss in den Städten schneller und sicherer zu machen. Das Auto von morgen muss mit anderen Verkehrsmitteln wie Flugzeug oder Bahn verzahnt werden. Und es muss umweltfreundlich sein, sonst hat es keine Chance.

Auf die Mischung kommt es an

Die Zukunft ist bunt. Erstmals in der Geschichte des Automobils wird es in den kommenden beiden Jahrzehnten nicht mehr nur einen, sondern viele verschiedene Antriebe und Treibstoffe geben. Der Anteil von Diesel und Benzin an den Treibstoffen wird fallen, neue Energieträger gewinnen an Bedeutung. Dazu gehört der nahe Verwandte des Erdöls, das Erdgas. Biosprit, also Treibstoff, der auf dem Acker oder im Wald wächst, wird zusätzliche Bedeutung bekommen. Es wird in näherer Zukunft mit Strom betriebene Autos geben, wenn auch nur in bescheidenem Maße. Auch Autos, die mit wasserstoffgetriebenen Brennstoffzellen laufen, werden auf die Straße kommen. Nur, was notwendig wäre, wird nicht geschehen: Der Benzin- oder Dieselmotor wird nicht in wenigen Jahren vom Strom- oder Wasserstoffauto abgelöst werden. Die Welt sitzt in der Falle.

Der Wandel wird nur langsam vor sich gehen. Vielleicht zu langsam. Doch: Das allmähliche Heranwachsen von Antriebsalternativen wird die Abhängigkeit vom Öl und damit von wenigen Lieferanten verringern. Es wird ein bisschen mehr Vernunft einziehen. Einzelne Länder werden sich verstärkt auf den Treibstoff konzentrieren, der ihnen vergleichsweise günstig zur Verfügung steht. Es gehört zu den Merkwürdigkeiten des fossilen Verschwendungszeitalters, dass in Ländern wie Russland oder Algerien, die selbst über riesige Gasvorkommen verfügen, Autos mit Benzin betrieben werden, das aus Erdöl gemacht werden muss. Der direkte Einsatz von Erdgas in den Autos wäre billiger und umweltfreundlicher.

In Ländern wie Brasilien könnte für eine gewisse Zeit der Biosprit zur Alternative für fossilen Treibstoff werden. In Ländern wie Indien ließe sich verstärkt Sprit aus Biomasse gewinnen. Angesichts steigender Erdölpreise werden die Länder zunehmend den Treibstoff nutzen, über den sie am einfachsten verfügen können. Noch stecken diese Alternativen zum fossilen Öl in den Kinderschuhen. Sie müssen noch ausgebaut werden, sie werden auch nicht ausreichen, um die gewaltige Menge an Erdöl zu ersetzen, die heute im Straßenverkehr verbraucht wird. Aber es wird der Anfang sein von der Abkehr. Der Anteil des Erdöls im Straßenverkehr wird schrumpfen. Das kann nur positiv sein. Wenn es erstmals seit fast 100 Jahren der Autogeschichte einen echten Wettbewerb unterschiedlicher Antriebe und Treibstoffe gibt, wird der Druck auf die Autoindustrie wachsen, sich mit weiteren Alternativen zu befassen.

Neben den Verbrennungsmotor wird der Elektroantrieb treten. Er wird der größte Konkurrent des konventionellen Antriebs. Unklar ist nur, ob der Elektromotor in der Zukunft von Batterien getrieben wird oder ob er seinen Strom von einer eigenen Brennstoffzelle bezieht. Die Wahrscheinlichkeit ist groß, dass beide Technologien genutzt werden. Die Batterie wird die Autos bewegen, die vorzugsweise im Stadtverkehr unterwegs sind und nur kurze Fahrstrecken zu bewältigen haben. Da die Leistungsfähigkeit der Batterien aber noch für lange Zeit der entscheidende Hemmschuh für das Elektroauto sein wird, werden für längere Strecken die Brennstoffzelle zum Einsatz kommen. Die kann die Reichweite eines Elektroautos deutlich erhöhen.

Doch für den Batteriebetrieb wie für das Wasserstoffauto gilt das Gleiche. Für beide gibt es noch keine Infrastruktur. Noch ist unklar, woher der Strom für die Autos kommen soll. Es fehlen Stromtankstellen. Für die Versorgung von Autos mit Elektrizität sind intelligente Stromnetze nötig, die bislang völlig fehlen und die aufzubauen Milliarden kosten wird. Ähnlich ist das Bild beim Wasserstoff. Es gibt keine Zapfsäulen für Wasserstoff, aber es ist auch noch ungeklärt, woher dieser Energieträger kommen soll. Um ökologisch sinnvoll zu sein und die Umwelt zu schonen, müsste der Wasserstoff mithilfe von Solar- oder Windkraftwerken erzeugt werden. Die Produktion von Wasserstoff mithilfe von Energie aus Erdöl, Erdgas oder Kohle wäre widersinnig und verbietet sich. Bis zur Lösung dieser Frage ist der Weg noch weit. Die Anlagen dafür sind nicht einmal ansatzweise in Sicht.

Dieter Zetsche, der Chef von Daimler, beschreibt die unangenehme Lage der Autokonzerne so: „Nach einem Jahrhundert unangefochtener Dominanz des Verbrennungsmotors hat ein Erbfolgekrieg begonnen, bei dem kein Thronfolger abzusehen ist." Zwar würden langfristig Wasserstoff und Strom die heutigen Treibstoffe Diesel und Benzin als Energielieferanten ablösen. „Aber anders als bei einem Regierungswechsel wird diese Umstellung nicht zu einem bestimmten Stichtag erfolgen." Das zwinge die Autobauer zu einer schwierigen Gratwanderung. Sie müssten ihre alten Motoren weiter gut verkaufen, um die Investitionen für alternative Antriebe zu schultern.

Solange die Versorgung nicht sichergestellt werden kann, wird sich weder die eine noch die andere Technik durchsetzen. Autounternehmen und Energiekonzerne werden sich lange gegenseitig die Schuld dafür zuschieben, dass eine Alternative zum fossilen Treibstoff nur langsam oder gar nicht entsteht. Die Autobauer werden beklagen, dass es zu wenig oder keine Tankstellen gibt, um eine Antriebsart für den Kunden interessant zu machen. Die Energiekonzerne werden die geringe Zahl von neuen Autos bei den Kunden beklagen, die es unwirtschaftlich und riskant macht, eine teure Infrastruktur aufzuziehen. Dieser Streit wird den Marsch in die neue Mobilität unnötig verlangsamen.

Wo aber unklar ist, was der Treibstoff von morgen ist, wird die Aufgabe für die Autoindustrie besonders schwierig. Die Branche, die sich bisher nur um den Motor kümmern musste, der mit fossilem Brennstoff läuft, muss sich plötzlich auf eine Vielfalt von Alternativen einstellen. Das ist ungewohnt und es wird teuer. Die Unternehmen, die in der Krise entweder unter Verlusten leiden oder schrumpfende Gewinne beklagen, müssen genau im Moment ihrer größten Not die Entwicklungsetats erheblich ausweiten, wollen sie ihre Zukunft nicht verspielen. „Die müssen das Auto mitten in der Krise zweimal neu erfinden", sagt ein Manager von Linde. Wohl noch nie waren die Manager der Autoindustrie so gefordert wie heute.

Alte Branche braucht neues Denken

Die Autoindustrie muss nicht nur ihre Technik verändern. Sie muss sich auch an ein neues Denken gewöhnen, wenn sie nicht abstürzen will. Das Geschäftsmodell der Autoindustrie wird in der großen Krise komplett umgekrempelt. Es wird in Zukunft nicht mehr reichen, Autos zu entwickeln und die Fahrzeuge einem Kunden zu verkaufen. In Zukunft wird mehr verlangt: Mobilität.

Ein Blick auf die von Autos verstopften Städte und die ständigen Staus auf manchen Autobahnen macht deutlich, dass das Auto in seiner bisherigen Form nicht dazu taugt, die Beweglichkeit der Menschen in Ballungsgebieten der Zukunft zu sichern. Fahrzeuge, die mehr stehen als rollen, sind keine Lösung für die Transport- und Reisebedürfnisse der Menschen. Angesichts wachsender Städte steht die Autoindustrie vor einer kompletten Revolution. Es wird nicht mehr genügen, schöne Autos auf dem Reißbrett zu entwerfen und mit den Mitteln von Werbung und Marktforschung die Kunden zu finden, die solche Produkte kaufen. In Zukunft müssen die Unternehmen mehr beherrschen als die Technik von Motoren und Karosserien. Die Manager und Ingenieure müssen gesellschaftliche Entwicklungen verstehen und begreifen, wie sich in den kommenden Jahrzehnten die Bedürfnisse der Menschen erheblich verändern werden.

Klaus Töpfer, der frühere Bundesumweltminister und heutige Gründungsdirektor des Forschungsinstituts für Klimawandel, Erdsystem und Nachhaltigkeit in Potsdam, hat eine klare Vorstellung von den Autoherstellern der Zukunft. „Ich erwarte, dass jedes Autounternehmen zum Mobilitätsunternehmen wird." Das ist ein Wort, das Automanager zur Verzweiflung treiben wird. Schon seit Jahrzehnten sind sie mit der Forderung von Städteplanern und Umweltschützern konfrontiert, ganzheitlich zu denken, Mobilität zu schaffen, statt Produkte zu erzeugen, die zum Gegenteil führen, nämlich zum Stau und Verkehrskollaps. Aber seit ebenso vielen Jahrzehnten haben die Autobauer diese Forderung überhört und als versponnen abqualifiziert. Verkehrsplanung war die Sache von anderen. Der Schweizer Trendforscher David Bosshart hält den Autobauern daher vor, sie dächten „zu stark nur an ihre Produkte". „Wir müssen vom Automenschen zum Mobilitätsmenschen werden." Seine Forderung heißt: In größerem Zusammenhang denken.

Das haben sie noch nie gemacht. Autohersteller haben bisher Autos verkauft und das würden sie am liebsten auch weiterhin. Stets haben sie es vermieden, ihre Geschäftsgrundlage in Richtung Mobilität zu verbreitern. Ein umfassender Servicegedanke ist in der Autoindustrie noch immer nicht angekommen. Kundendienst heißt für Autohersteller die Wartung der Autos, die in Vertragswerkstätten vorgenommen wird, und wer mit Autowerkstätten zu tun hat, merkt schnell, dass deren hohe Preise nicht immer im angemessenen Verhältnis zur Leistung stehen. Service heißt heute, die Autos in Betrieb zu halten. Mehr nicht. Mobilität gibt es bei den Herstellern allenfalls als Sicherheitspaket, das einen liegen gebliebenen Kunden schnell an der Autobahn aufliest. Wie der Kunde im Normalfall am besten sein Ziel erreicht, interessiert die Autohersteller nicht. „Darüber müssen wir uns als Autohersteller aber Gedanken machen", sagt ein Zukunftsforscher von Daimler.

Das Verhältnis der Autobauer zu ihren Abnehmern wird sich verändern. Den Autokonzernen kommen die Kunden zunehmend abhanden. Das althergebrachte Geschäftsmodell, dem Kunden alle paar Jahre ein Auto zu verkaufen, wird zunehmend obsolet. Der Anteil der Menschen, die kein Auto mehr besitzen, nimmt stetig zu. Es gibt einen gewaltigen Zuzug in die großen Städte der Welt, in denen die Menschen sich aber besser mit öffentlichen Verkehrsmitteln bewegen als mit dem eigenen Auto. VW-Chef Martin Winterkorn rechnet damit, dass bis 2030 etwa fünf Milliarden Menschen auf der ganzen Welt in Städten leben werden. Das ist weit mehr als die Hälfte der 8,3 Millionen Menschen, die nach UN-Schätzungen bis dahin den Planeten bevölkern. „Das hat weitreichende Auswirkungen auf den Verkehr", sagt der VW-Chef. In den größten Städten der Welt besitzen bereits 30 bis 40 Prozent der Menschen kein eigenes Auto mehr. Die Eigentumsquote bei den Autos nimmt ständig ab. „Darauf muss ein Autohersteller reagieren“, sagen die Zukunftsforscher von Daimler. Das Verkaufen von Autos wird zunehmend schwierig, sagen die Trendforscher. „Das ist eine Bedrohung für die Autoindustrie.“

Die aber hat ihren alten Pfad noch nicht verlassen. Sie hat noch immer fragwürdige Kriterien zum Ziel. Wo Verkaufsmanager danach bezahlt werden, wie viele Autos sie im Jahr abgesetzt haben, ist wenig Platz für innovative Ansätze, für Verleihsysteme oder für neue Eignermodelle, in denen mehrere Menschen ein Auto gemeinsam nutzen. In der Autoindustrie herrscht noch immer das alte Denken, das eine gewisse Ähnlichkeit hat mit dem Denken in den untergegangenen sozialistischen Ländern, das als Tonnenideologie bezeichnet wurde. Wer am meisten produzierte, war im Ostblock der erfolgreichste Anbieter. Der beste Autokonzern weist sich dadurch aus, dass er die meisten Autos verkauft. Und bisher galt, dass Größe auch hohe Rentabilität und maximale Verzinsung des Kapitals bringe. Dass dieses Volumenkriterium aber nicht reicht, um die Leistungsfähigkeit eines Autoherstellers zu belegen, beweist eindrucksvoll der GM-Konzern. Der war jahrzehntelang der größte Anbieter der Welt. Inzwischen gehört er als verstaatlichter Sanierungsfall der amerikanischen Regierung.

Auch dass der VW-Konzern inzwischen vom Virus des Volumendenkens befallen ist und der Vorstandsvorsitzende Martin Winterkorn davon schwärmt, der Wolfsburger Konzern werde den japanischen Wettbewerber Toyota bis 2018 überholt haben, ist gefährlich. Das ist eine falsche Fokussierung und nutzlose Verschwendung von Managementenergie. Es ist richtig, dass ein Unternehmen zur Konkurrenzfähigkeit eine bestimmte Größe braucht. Aber der Wunsch, der größte Branchenvertreter zu sein, belegt nur das Verharren im Denken des vergangenen Jahrhunderts. Erfolgreich wird in der Zukunft nur der Autohersteller sein, der am weitesten über sein klassisches Betätigungsfeld, die Produktion von Autos, hinausgeht.

Neue Konkurrenten

Die Autoindustrie, die sich als die Technikbranche schlechthin versteht, ist bedroht – von neuer Technik. Bisher holten die beherrschenden Autokonzerne der Welt ihre Reputation aus ihrer Ingenieurleistung. Die steckte im Wesentlichen in den Motoren, im Fahrwerk und im Design der Autos. Diese Kompetenz aber ist bedroht. Schon bald werden die klassischen Autohersteller auf ihrem Kerngebiet angegriffen. Der Antrieb der Fahrzeuge wird elektrisch. Damit gewinnt eine Technik an Bedeutung, von der die heutigen Autokonzerne noch wenig oder nichts verstehen. Dafür laufen sich in Asien bereits neue Konkurrenten warm, die sich stark genau auf diese Technologie konzentrieren. Es wird ungemütlich für Detroit, Toyota-City oder Wolfsburg.

In der Volksrepublik China agieren die neuen Wettbewerber unter staatlicher Regie und sind Teil eines chinesischen Gesamtplanes für die Entwicklung der Autoindustrie. Die Regierung in Peking fokussiert sich in ihrer Planung auf die Entwicklung des Elektroautos. Im stromgetriebenen Auto sieht sie die Zukunft. Der Verbrennungsmotor ist für die Chinesen nur noch eine Übergangstechnologie, in die sie kaum noch Energie stecken. Das Riesenreich überspringt gesteuert von der diktatorisch agierenden Regierung gleich eine ganze Generation in der Autoentwicklung und setzt seine gesamte Kraft auf den Elektromotor. „China wird bald eine Lithium-Ionen-Batterie haben", weiß der Daimler-Chefentwickler Thomas Weber. Auch der Bosch-Vizechef Bernd Bohr schaut mit einiger Sorge auf das Riesenreich. „Die wollen auf dem Gebiet erfolgreich sein. Die Chance werden sie nutzen."

Ein Indiz dafür, wie ernst es China mit der Weiterentwicklung der Autoindustrie meint, ist die Arbeit von Wan Gang. Der 57-jährige Ingenieur und Professor aus Schanghai ist Minister für Wissenschaft und Technologie in Peking. Wan Gang hat in Deutschland Technik studiert und war lange Direktor des chinesischen Zentrums für Automobilprojekte. Der Mann, den der hannoversche Ministerpräsident

Christian Wulff mit dem Verdienstorden des Landes Niedersachsen dekorierte und der Ehrendoktor der Technischen Universität in Berlin ist, ist ein ausgewiesener Autoexperte: Er verbrachte neun Jahre in führender Position in der Entwicklung der VW-Tochter Audi.

Westliche Fachleute trauen den Chinesen alles zu. „China treibt mit hohem Aufwand die Entwicklung von Batterien voran", sagt ein führender Manager beim Autozulieferer Magna voller Respekt. „Was die machen, bedroht die etablierte Autoindustrie." Als Grund dafür nennt der Manager, dass die Chinesen schwierige Themen wie dieses mit dem nötigen langen Atem angingen. „Die denken langfristig." Auch die Experten von Roland Berger erwarten von den Chinesen schnelle Fortschritte. Die hätten eine ganz andere Entwicklungsgeschwindigkeit als die etablierten Hersteller „Die werden schnell eine führende Position haben", sagt ein Berger-Mann. Ebenfalls der von BMW frisch angeheuerte Berater Joschka Fischer kann seinen Respekt vor den angriffslustigen Chinesen nicht verbergen. „Da sollten wir sehr aufmerksam sein."

Elektromotor schlägt Benziner

Wenn der Elektromotor als das Herz des Autos in den Vordergrund rückt, müssten die Manager der etablierten Autokonzerne eigentlich schlaflose Nächte haben. Diese Entwicklung könnte sie zu Randfiguren in der Industrie machen. Es positionieren sich neue Konkurrenten, die bislang nur brave Unterlieferanten waren. Wo der Verbrennungsmotor nicht mehr gebraucht wird, rücken plötzlich diejenigen ins Zentrum, die über eine elektrotechnische Kompetenz verfügen und etwas vom Auto verstehen. Die Zulieferer werden zu Konkurrenten der Autohersteller und bald gelten neue Gesetze. Die Umkehrung der alten Machtverhältnisse droht. Ein Zulieferer wie Bosch, der seit einem Jahrhundert mit der Elektrotechnik im Auto befasst ist, kann sehr schnell zur Gefahr für die großen Autohersteller werden. Für die Elektroexperten wäre es leichter, um ihre Motoren herum eine Karosserie zu bauen, als für die konventionellen Autobauer, einen geeigneten Antrieb für ihre Karossen zu bekommen. Da klang es wie eine Drohung, als Bosch im Dezember 2009 beiläufig mitteilte, das Unternehmen wolle seinen Etat für Forschung und Entwicklung deutlich aufstocken. Die Stuttgarter haben 2009 etwa drei Milliarden Euro in die Entwicklung neuer Autotechnik investiert. Das ist mehr als in früheren Jahren und liegt mit mehr als zehn Prozent vom Umsatz deutlich über dem Normalmaß der Autoindustrie. Das klingt ein paar Kilometer weiter bei Daimler ganz anders. Dort heißt es, man sei froh, mitten in der Krise den Entwicklungsetat konstant halten zu können. Die Gewichte beginnen sich zu verschieben.

Auch der Münchner Siemens-Konzern hat den neuen Markt entdeckt. Konzernchef Peter Löscher hat eine neue Chefsache ausfindig gemacht: „Das Elektroauto wird ein Milliardenmarkt", prophezeit der Manager. Andere Elektrokonzerne denken genauso. Warum sollten die Amerikaner nicht eines Tages Autos von General Electric kaufen statt von General Motors? Vielleicht verkauft Bosch eines Tages mehr Autos als BMW? Für die klassische Autoindustrie ist die Lage unsicherer denn je. Schon warnt ein Automanager seine Kollegen bei den großen Herstellern. „Wenn sich die großen Autounternehmen nicht zusammenschließen, übernehmen die Zulieferer das Geschäft." Die Autokonzerne könnten zu Juniorpartnern schrumpfen, die nur noch die Teile zusammensetzen, die ihre Kompetenzpartner ihnen liefern. Die Fertigungstiefe der Autoindustrie, die schon heute bei etwa 30 bis 40 Prozent liegt, würde in dieser Welt auf unter 20 Prozent fallen. Die Vormacht der Autoindustrie ist gefährdet wie nie zuvor.

Gestürzte Champions

Die Historie der internationalen Wirtschaft ist voller Geschichten über die namhaften Opfer von Technologiesprüngen. Viele große Konzerne und Marken, die einst ihren Markt völlig beherrschten und als unverwundbar galten, sind untergegangen, weil die Zeit über sie hinwegging und sie nicht begriffen, dass es inzwischen Besseres gab als das eigene Angebot. Der Name Agfa, in Deutschland einst der Inbegriff für Fotofilme und Kameras, hat sich praktisch in Luft aufgelöst. Heute gibt es nur noch Bruchstücke des Traditionsunternehmens. Kodak, in den USA noch in den 70er-Jahren eine Weltmarke, die so stark und bekannt war wie Coca-Cola, ist nur noch ein Schatten ihrer selbst. An der Börse ist der einstige Weltkonzern keine Milliarde Euro mehr wert. Die Elektronik hat Firmen wie diese überrannt. Kodak kämpft mit Verlusten und wurde wegen seiner schrumpfenden Bedeutung schon im Jahr 2004 aus dem Dow-Jones-Aktienindex herausgeworfen.

Joschka Fischer, der heutige Berater des BMW-Konzerns, warnt seinen Münchner Kunden bereits vor einem ähnlichen Schicksal. „Diese Industrie steht vor einem gewaltigen Umbruch, sie muss aufpassen, dass es ihr nicht ergeht wie der Fotoindustrie." Norbert Reithofer greift den Gedanken sogar auf. Der Chef von BMW kennt noch weitere Beispiele für einen missglückten Übergang zur nächsten Technologiestufe. Als warnendes Beispiel hält er seinen Mitarbeitern die Hersteller der früheren Schreibmaschinen gegenüber. „Von den Herstellern mechanischer Schreibmaschinen existiert heute keiner mehr", sagt Reithofer. „Das macht mich nachdenklich."

Wer wird überleben?

In der massiven Wirtschafts- und Finanzkrise ist es für manchen Autohersteller bereits knapp geworden. GM und Chrysler haben die Katastrophe nur überlebt, weil der amerikanische Staat sie rettete. Auch andere namhafte Unternehmen können noch nicht sicher sein, dass sie das zweite Jahrzehnt im neuen Jahrhundert überstehen. Fiat-Chef Sergio Marchionne hat für seine Industrie schon mal eine mutige Prognose gewagt: „Nur sechs oder gar nur fünf globale Autokonzerne werden überleben", sagte der Manager aus Italien, der seinen Konzern gerade mit dem maroden amerikanischen Unternehmen Chrysler verbunden hat, um besser aus der Krise herauszukommen. Damit sagt der Fiat-Mann praktisch eine Neuordnung der gesamten Industrie voraus. Heute gibt es noch mehr als ein Dutzend unabhängige Autohersteller in der Welt. Ihre Zahl schrumpft beständig. Erst im Dezember 2009 teilten Peugeot und der japanische Konzern Mitsubishi mit, sie dächten über eine engere Zusammenarbeit und über eine Kapitalbeteiligung nach. Weitere Zusammenschlüsse werden folgen. Vielleicht sogar Pleiten.

Wer die Autos von morgen baut, ist auf den ersten Blick einfach. Völlig klar, das sind natürlich Toyota, Volkswagen, Mercedes und all die anderen klangvollen Namen von Renault bis Hyundai, die seit Jahrzehnten auf dem Weltautomarkt erfolgreich sind. Wer sonst sollte Autos bauen, wenn nicht die heute erfolgreichen Branchenvertreter. Allenfalls wird die Zahl der heute vorhandenen Fahrzeugbauer ein wenig schrumpfen.

Die meisten Fachleute erwarten, dass sich in Japan auf die Dauer Toyota und Honda halten werden. Von den US-Herstellern hat Ford eine gute Überlebenschance. Für GM sind die Prognosen unsicher. Auch die Frage, ob Chrysler es schaffen wird, ist wieder offen, seit der Partner Fiat an Bord ist. Allerdings sagen viele Experten, dass es ein Erfolgsrezept ist, wenn sich mit Fiat ein schwacher Konzern mit einem kranken Unternehmen wie Chrysler verbindet. Von den beiden französischen Anbietern Renault und Peugeot Citroën ist die am häufigsten verbreitete Theorie, dass sich eines Tages beide unter einem Dach wiederfinden werden.

Doch die von Marchionne angekündigte Schrumpfkur der Autoindustrie wird allein in den alten Industrieländern stattfinden. Nur dort wird die Zahl der Anbieter kleiner. Am anderen Ende der Welt wird die Zahl der Anbieter wachsen. Es gibt heute in China Dutzende von kleinen Autoschmieden, die noch kaum bekannt sind. Die Regierung ist gerade dabei, viele dieser unbedeutenden Anbieter zusammenzuführen und zu neuen Spielern aufzubauen. Im Fernen Osten werden demnächst Namen von Autofirmen auftauchen, die für die westlichen Ohren so neu sind, wie es zuvor die Marken Brilliance oder Build Your Dreams waren. Der Duisburger Professor Ferdinand Dudenhöffer hat bereits einen Blick in die Zukunft gewagt. In einigen Jahren, so der Professor, würden die Chinesen ihren eigenen Markt, also den größten Markt der Welt beherrschen und ihre Fühler auch weltweit ausstrecken. Das asiatische Großreich werde dann den Trend setzen und auch in der Qualität der Fahrzeuge mit westlichen Herstellern absolut vergleichbar sein. „Chinesische Firmen werden in wenigen Jahren die IAA in Frankfurt dominieren. Dann wird nicht nur die Bundeskanzlerin oder der Kanzler über die Schau laufen, sondern auch der Regierungschef aus Peking."

VW nur mittelmäßig vorbereitet

Von den drei großen deutschen Autoherstellern VW, Daimler und BMW hat Volkswagen die besten Voraussetzungen, im Automarkt der Zukunft eine Rolle zu spielen. Das Wolfsburger Unternehmen ist groß wie finanzstark und es hat in der Motor- und Fahrwerkstechnik wie im Karosseriedesign einiges zu bieten. VW besitzt weltweit anerkannte Marken wie Volkswagen oder Audi und selbst die Tochter Škoda hat sich in den letzten zehn Jahren zu einer Stütze des Unternehmens entwickelt. Volkswagen ist der weltweit am breitesten aufgestellte europäische Autokonzern. Neben Europa gibt es Werke in Lateinamerika, Südafrika, in China und demnächst auch in den Vereinigten Staaten. Der Konzern gehörte zu den ersten, die sich den Zugang nach China sicherten, und hat auf dem größten Zukunftsmarkt der Welt eine gute Position. Was am wichtigsten ist: VW präsentiert sich finanziell relativ stabil.

Aber die Wirtschafts- und Finanzkrise hat auch den Wolfsburgern erheblich zugesetzt. VW hat 2009 bei Umsatz und Gewinn herbe Rückschläge hinnehmen müssen und wurde ordentlich durchgeschüttelt. Das Management hatte vor der Krise noch einen Gewinn von sechs bis sieben Milliarden Euro für 2009 eingeplant. Doch daraus wurde nichts. Das Ergebnis stürzte bis nahe an die Nulllinie ab. Für 2010 erwartet Unternehmenschef Martin Winterkorn in Deutschland einen „schmerzhaften Einbruch". Zudem strapaziert die Übernahme von Porsche die Finanzen des Konzerns und macht die Spielräume für technische Entwicklungen kleiner. Martin Winterkorn legt daher eher zurückhaltende Töne an den Tag. „Ich warne ausdrücklich vor zu großem Optimismus."

Ein großes Risiko für den VW-Konzern allerdings ist seine derzeitige Führungsstruktur. Der größte Autokonzern Europas ist fast vollständig auf die Person des Aufsichtsratsvorsitzenden zugeschnitten. Das ist ungewöhnlich. Nur Familienunternehmen sind typischerweise komplett vom Eigentümer und seinen Entscheidungen abhängig. Bei einer Aktiengesellschaft, erst recht bei einem Unternehmen dieser Größe, ist die Abhängigkeit von nur einer Person nicht gut. Wenn Piëch, Jahrgang 1937, etwas zustoßen sollte, ist der VW-Konzern in Gefahr. Normalerweise gibt es in großen Unternehmen viele Manager, auf denen die Strategie des Unternehmens beruht. Die sitzen in Vorstand und Aufsichtsrat und auf den Ebenen darunter. Wenn der Konzernchef gefeuert wird oder selbst geht, läuft das Geschäft weiter. Bei VW aber regiert nur einer, der den großen Konzern nach der Aussage vieler Konzernkennern nur mithilfe des Vorstandsvorsitzenden Martin Winterkorn und des Betriebsratsvorsitzenden Bernd Osterloh steuert. Die geben die Vorstellungen des Alten ins Unternehmen weiter und sind nicht dafür bekannt, dass sie Piëch widersprechen. Diese Struktur ist gefährlich, weil ein Mann naturgemäß nie alles richtig macht und auch einmal irren kann. Das ist besonders gefährlich, weil VW unter der Regie von Piëch einen neuen Weltkonzern aufbauen will, der mit einem Dutzend Marken auf den globalen Märkten vertreten ist. Eine solche Strategie haben schon manche in der Autoindustrie versucht. Funktioniert hat sie selten.

Daimler hart getroffen

Der Stuttgarter Konzern Daimler hat ganz besonders turbulente Jahre hinter sich. Die jüngere Vergangenheit des Unternehmens, das einst das Auto erfand und zur bedeutenden Industrieadresse in Deutschland heranwuchs, ist regelrecht verunglückt. Dadurch ist der Lieferant von Edelautos der Weltmarke Mercedes erheblich beschädigt. Ausgerechnet in der Zeit, in der Daimler das Auto nach den Worten des Unternehmenschefs Dieter Zetsche „neu erfinden" muss, steckt die Sternmarke in einer akuten Krise. Bei Daimler regiert der Rotstift, die Produktion wird ins Ausland verlagert, Kosten werden zusammengestrichen. Ob diese Traditionsmarke den Anschluss an die Zukunft der Autoindustrie ohne fremde Hilfe schaffen kann, ist fraglich geworden. „Es geht um unsere Existenz", sagt Betriebsrat Erich Klemm. „Wir wurden von der Krise am härtesten getroffen", räumt ein Vorstandsmitglied im kleinen Kreis ein. Bei Daimler ist der Umsatz mit Personenwagen im Jahr 2009 zeitweilig um zwölf Prozent zurückgegangen. Bei den Lastwagen, einer wichtigen Sparte der Stuttgarter, kam es noch schlimmer. Das Umsatzminus bei den großen Brummern betrug sogar schmerzhafte 40 Prozent. Allein in den ersten drei Quartalen von 2009 machten die Stuttgarter einen Verlust von rund zwei Milliarden Euro. „Wird Daimler zum zweiten Fall Opel?", fragte schon keck der *Spiegel*.

Der Daimler-Konzern ist ein Jahrzehnt nach dem spektakulären Versuch, mit Chrysler zur Welt AG aufzusteigen, und zwei Jahre nach der Trennung von dem maroden US-Partner kaum noch wiederzuerkennen. Gerade noch rechtzeitig hatte Zetsche 2007 die Trennung Daimlers vom amerikanischen Dauerkrisenpartner Chrysler geschafft und einen Abnehmer gefunden. Nur ein Jahr später hätte die Finanz- und Wirtschaftskrise den Ausstieg in Amerika verhindert. Dann wäre der Daimler-Konzern in die Pleite von Chrysler mit hineingezogen worden. Ein Gedanke, der in Stuttgart manchem einen kalten Schauer über den Rücken jagt.

Daimler braucht einen Partner. Mit einer Zahl von knapp 1,3 Millionen Pkw im Jahr 2008 ist Mercedes nicht groß genug für den harten Weltmarkt. Eine Stückzahl von drei Millionen Einheiten gilt in der Autowirtschaft heute als Mindestgröße für ein Unternehmen. Schon oft wurden die Stuttgarter mit dem Münchner Konkurrenten BMW zusammenspekuliert. Beide Unternehmen bedienten das gleiche Kundensegment, sie könnten einander gut ergänzen, so ist die Logik. Aber das ist offenbar weit schwieriger als gedacht. Mögen die Konzernchefs, Dieter Zetsche von Daimler und Norbert Reithofer von BMW, ohne Vorbehalte über ein Zusammengehen reden. Sie haben sich häufig getroffen. Doch es heißt, die BMW-Großaktionärsfamilie Quandt sei gegen eine Annäherung an Stuttgart. Auch die Mannschaften in beiden Unternehmen sind für solche Gedankenspiele nicht zu haben. Sie wurden in der Vergangenheit darauf gedrillt, im jeweils anderen den Inbegriff des Konkurrenten zu sehen. BMW und Daimler werden kaum zusammenkommen. „Das funktioniert nie“, sagt ein früherer Automanager über einen Zusammenschluss der beiden Intimfeinde.

Den Vorteil haben Konkurrenten wie Porsche, Audi und Lexus. Die können in aller Ruhe Kostenvorteile genießen, die Daimler und BMW verwehrt sind. Porsche und Audi können sich günstig mit Technik von Volkswagen bedienen lassen, und damit Kosten sparen. Lexus greift in das Regal der Muttergesellschaft Toyota und profitiert von deren Skaleneffekten. Lange wird die Alleinstellung von BMW und Mercedes nicht mehr zu halten sein.

Wenn Konzernchef Dieter Zetsche nicht bald einen Partner findet, der dem Unternehmen sein größtes Problem nimmt, könnte es schwierig werden für den Erfinder des Automobils. Aber dass Daimler sang- und klanglos vom Markt verschwinden wird, ist nicht zu erwarten. Dazu ist die Marke mit dem Stern immer noch zu stark. Eines Tages wird sich ein Interessent finden, der zum Einstieg bereit ist. Nur etwa 15 Prozent der Daimler-Aktien liegen in Händen von Großaktionären. Der Rest ist breit gestreut. Es wäre ein Kinderspiel für einen chinesischen Staatsfonds oder einen Autohersteller unter der Regie der Regierung von Peking, die Mehrheit an Daimler zu erwerben. Jeder Tag, an dem der Daimler-Konzern keinen Partner findet und nur das Risiko erhöht, dass eines Tages fernöstliche Übernehmer die Nutznießer sind.

BMW in der Kernkompetenz bedroht

Auch die Zukunft von BMW ist unsicher, das langfristige Überleben der weiß-blauen Marke ist keineswegs garantiert. Mit weniger als 1,5 Millionen verkauften Autos im Jahr gilt BMW in Fachkreisen als dauerhaft nicht konkurrenzfähig. Zudem geraten die Münchner unter zunehmenden wirtschaftlichen Druck, weil sie gezwungen sind, kleinere Autos zu bauen. Doch wenn der Anteil der kleineren Fahrzeuge zunimmt, geht der Gewinn zurück. Die Münchner spüren den Druck bereits. „Der Preiskampf ist noch nicht zu Ende", stöhnt der BMW-Finanzchef Friedrich Eichiner.

Manche Experten sagen sogar, BMW stecke tiefer in der Klemme als der Stuttgarter Wettbewerber. Die Münchner haben bei den neuen Antrieben bisher relativ wenig zu bieten, außer einem Verbrennungsmotor, der Wasserstoff braucht. Sie haben die Entwicklung der Zukunftstechnik wesentlich vorsichtiger angefasst als Mercedes und haben erheblichen Nachholbedarf. Vor allem sind sie von einem

„weichen Faktor“ stärker bedroht als Mercedes. BMW gilt als der Hersteller mit Motorkompetenz und sportlichem Image. Wenn der Elektromotor kommt, so sagen Fachleute, wäre BMW besonders betroffen. „Das ist für BMW ein Risiko“, sagt ein Industrieexperte. Wenn in der Zukunft die entscheidende Technik im Elektromotor oder der Batterie liege, sei die Kernkompetenz von BMW bedroht. „Da müssen die aufpassen.“

So gehen die Spekulationen über die möglichen Partner weiter, mit denen BMW zusammenarbeiten oder gar fusionieren könnte. Da eine Hochzeit mit Daimler wegen der extrem unterschiedlichen Firmenkulturen unwahrscheinlich ist, müsste sich BMW einen Partner im Ausland suchen. Experten glauben, dass der französische Konzern PSA Peugeot Citroën, der zweitgrößte europäische Autobauer, eine sinnvolle Lösung sein könnte. Der lieferte 2008 etwa 3,3 Millionen Autos seiner beiden Marken aus. Gemeinsam mit BMW käme die Gruppe in die Nähe von fünf Millionen Stück. Das wäre vielversprechend. Da sowohl hinter PSA als auch hinter BMW jeweils eine Familie als Großaktionär steht, könnten die Gesellschafter einen Zusammenschluss oder wenigstens eine Zusammenarbeit bewirken. Die Reaktion in München auf diese Idee ist nicht einmal abweisend. „Peugeot könnte für uns ein interessanter Partner sein“, sagt ein maßgeblicher Manager in München. Schon jetzt arbeiten beide Unternehmen bei Motoren für den Mini zusammen und es gibt bereits Überlegungen, ganze Plattformen gemeinsam zu nutzen. Doch erst Anfang Dezember hat Peugeot mitgeteilt, die Annäherung an die japanische Marke Mitsubishi zu suchen. Der Spielraum für BMW wird kleiner.

Mehr Steve Jobs

Man mag es kaum glauben, aber unter der Oberfläche dieser Industrie, die sich stets so schön lackiert präsentiert und die mit ihrer glitzernden Oberfläche leicht den Eindruck erweckt, bei ihr sei alles in bester Ordnung, gibt es doch ein paar kritische Gedanken. Sie werden nicht öffentlich gesagt. Das ist den Managern zu gefährlich. Zu groß ist das Risiko, in der PS-Branche als Spinner oder Verräter ausgegrenzt zu werden, den Job zu verlieren und das in vielen Jahren oder Jahrzehnten erarbeitete Ansehen aufs Spiel zu setzen. Der Mann ist seit 30 Jahren in führender Funktion in der Autoindustrie. Eine Zeit lang war er bei BMW in einer führenden Rolle. Heute dient er einem anderen Unternehmen der Branche. Ein typischer Entwicklungsmann, der mit Begeisterung Formel-1-Autos entworfen hat sowie schnelle Personenwagen und der eindeutig zu der Gruppe von Managern gehört, denen Benzin im Blut nachgesagt wird.

Er könnte sich einen Ausweg vorstellen, sagt er im Gespräch über die Autokrise, die er mit Sorge sieht. Diese Industrie müsste ihr Geschäft viel stärker von der Serviceseite sehen und viel mehr Dienstleistungen anbieten. Der Zuhörer stutzt. So etwas hört man in einer Industrie selten. Für Autohersteller gilt schon als herausragender Dienst am Kunden, den Verkauf eines Autos mithilfe der eigenen Bank zu finanzieren. Der Mann wird im Gespräch immer nachdenklicher. Dem heutigen Auto fehlt etwas, sagt er. Was denn? „Faszination“, sagt er. „Wer mehr Faszination ins Produkt bringt, der gewinnt“, sagt er so leise, dass er kaum zu verstehen ist. Es klingt, als wolle er nicht, dass ihn jemand hört, wenn er seine Thesen ausbreitet, die ihm von Kollegen leicht als Ketzerei ausgelegt werden könnten. Bislang galt in dieser Industrie als der Normalfall, dass ein Auto den Käufer durch seine Technik begeistert, das Design, den Komfort, die Kraft, die neuesten Spielereien im Armaturenbrett.

Doch diese Magie funktioniert nicht mehr. „Vorsprung durch Technik“ oder „Freude am Fahren“, wie zwei gängige

Werbeslogans aussagen, reichen nicht mehr. Man müsste es so machen wie die Handy-Industrie, sagt jetzt der Automanager und er schaut dabei so verträumt, als glaube er gerade selber nicht, was er sagt. Die Handy-Industrie als Land der Träume von Automanagern?

Tatsächlich gibt es in der Mobilfunkindustrie ein Wunder. Der Markt für Mobiltelefone ist hoffnungslos verstopft. Weltweit telefonieren schon mehr als vier Milliarden Menschen mit dem mobilen Gerät. In Deutschland gibt es mehr Handys als Einwohner und 2008 kam für die Branche die Ernüchterung. Das Wachstum ließ nach. Inzwischen haben namhafte Anbieter wie Motorola oder Nokia massive Probleme. Sie müssen sparen, sie verlieren Marktanteile.

Aber mitten in diesem Krisenszenario gibt es einen, der in dem stagnierenden Markt an Bedeutung gewinnt: Apple. Diesem Unternehmen aus dem Silicon Valley, das mit Steve Jobs an der Spitze den Mobilfunkmarkt aufmischt, ist es gelungen, in diesem Markt Furore zu machen. Er schafft es, vermeintlich langweilige Telefone mit Features und Anwendungen auszustatten, dass die Käufer weltweit ihre 08/15-Handys von Nokia oder Sony Ericsson links liegen lassen und zum iPhone aus dem Silicon Valley greifen.

„Wir müssten mal den Steve Jobs in die Autoindustrie holen", sagt der nachdenkliche Automanager. Vielleicht könnte dieser vermeintliche Magier, der schon in den 80er-Jahren mit einem genial einfachen Bedienungsprinzip zeigte, wie leicht ein Tischcomputer bedient werden könnte, der leidenden Autoindustrie wieder auf die Beine helfen. Er habe mal mit Steve Jobs gesprochen, sagt der Ingenieur. Der habe sich über die Autoindustrie abfällig geäußert. „Der hält uns nicht für sehr fantasievoll", sagt er und fügt mit einem resignierten Lächeln an: „Damit hat er ja auch recht." Der Blick des PS-Mannes schweift zur Decke, man müsste die Kunden wieder ganz neu vom Auto begeistern. „Dazu brauchen wir Verrückte." Wie bitte? Ja, sagt er, wir brauchen Menschen, die anders an die Sache herangehen, die neue Wege gehen. „Aber leider duldet diese Branche keine Querdenker."

Starke Worte der Kanzlerin

Die Politiker sind für ihr opportunistisches Handeln in der Autokrise arg kritisiert worden. Meist zu Recht. Die in vielen Ländern beschlossenen Subventionen zur Ankurbelung der zusammengebrochenen Autonachfrage sind eine sinnlose Verschwendung von Steuergeld. Die staatliche Hilfe sorgt bestenfalls dafür, dass Käufer, die die Anschaffung eines Autos ohnehin planten, ihre Entscheidung vorziehen und den angenehmen Zuschuss vom Staat gerne nutzen. Ein echter Nachfrageeffekt entsteht nicht, wenn eine Regierung die Nachfrage anzukurbeln versucht, stattdessen verzerren solche Abwrackprämien den Wettbewerb. Es besteht sogar das Risiko, dass der Absturz der Nachfrage umso massiver wird, sobald die staatlichen Hilfsaktionen auslaufen. Das ist auch der Grund dafür, warum in manchen Ländern die Maßnahmen immer wieder verlängert werden. Ebenso sinnlos ist es, wenn sich die deutsche Bundesregierung, wie im Falle Opel geschehen, regelrecht aufdrängt, um das Unternehmen für den Erhalt von Arbeitsplätzen mit Krediten zu belohnen, die das Unternehmen bei den Banken wegen mangelnder ökonomischer Grundlage nicht bekommen hätte. Staatliche Hilfe ist in der Regel ein Fehler. Meist vergrößert sie Probleme, statt sie zu lindern.

Die Autoindustrie böte den Politikern gerade in der jetzigen Krise allerdings eine Chance, das Richtige zu tun und Entscheidungen zu treffen, die der Branche langfristig guttäten. Gerade die Bundesregierung hätte gute Gründe, einer heimischen Schlüsselindustrie sinnvoll unter die Arme zu greifen. Im Gegensatz zu Subventionen oder Konjunkturspritzen, die in der Regel Arbeitsplätze nur für kurze Zeit retten können, könnte diese Hilfe Jobs für Generationen sichern. Es gibt vieles zu tun, das nur der Staat aussichtsreich schaffen kann. Er muss die Forschung an den Hochschulen fördern, die der Entwicklung neuer Antriebe im Autoland Deutschland dienen könnte. Und er muss helfen, das tückische Henne-Ei-Problem zu lösen, das auch in diesem Fall den

Fortschritt aufzuhalten droht. So muss die Regierung dazu beitragen, die flächendeckende Versorgung mit Wasserstoff- und Stromnetzen zu schaffen. Mit diesen Fragen sind die Unternehmen allein überfordert.

Es war ein großes Wort. Aber die Kanzlerin hat das Elektroauto zur „nationalen Aufgabe“ erklärt. Die Bundesregierung wolle die Autoindustrie künftig bei der Entwicklung von Zukunftstechnologie unterstützen, erklärte sie bei der Eröffnung der IAA im September 2009. Es gehe darum, das Potenzial Deutschlands „als Automobilnation des 21. Jahrhunderts so weit wie möglich auszuschöpfen“. Die promovierte Physikerin im Kanzleramt hat offenbar verstanden, was auf dem Spiel steht und dass die deutsche Autoindustrie den Anschluss an die globalen Konkurrenten verpassen könnte. Manchmal wird man den Eindruck nicht los, die Chefin im Berliner Kanzleramt hätte die Brisanz der Lage besser verstanden als mancher Manager.

Und sie malt sogleich den Teufel an die Wand: „Wenn asiatische Märkte die Führungsrolle übernehmen“, so die Kanzlerin, dann bestünde die Gefahr, dass „uns auch die Märkte verloren gehen“. Die Industrie könne auf die Regierung zählen. Die hat deshalb in einem „Nationalen Entwicklungsplan Elektromobilität“ das Ziel gesteckt, bis zum Jahr 2020 eine Million Elektroautos auf die deutschen Straßen zu bringen und das Vorhaben mit einer halben Milliarde Euro finanziell zu unterstützen. Die Unternehmenschefs sollten die Kanzlerin in die Pflicht nehmen. Ohne die schnelle Unterstützung der Regierung hat die deutsche Industrie kaum eine Chance, den Anschluss zu halten. Dazu treten die Unternehmen viel zu wenig koordiniert auf. Sie benehmen sich wie eifersüchtige Konkurrenten und laufen damit Gefahr, gemeinsam unterzugehen.

Andere Länder sind technologisch schon ein paar Jahre weiter. Vor allem Chinesen, Japaner und Koreaner haben die Nase vorne und sie werden auch die Ersten sein, die serienmäßig Elektroautos auf die Straßen bringen werden. Die Bedeutung des Entwicklungsprogramms Elektromobilität geht aber über das Auto hinaus. Sollte die deutsche Industrie in ihrem Kernbereich Autoherstellung den internationalen Anschluss verlieren, kann schnell der gesamte Industriestandort leiden.

Das Elektroauto dient den Regierungen weltweit als Ansatzpunkt für eine weitreichende Industriepolitik. Der Grund ist, dass vor diesem Projekt die Marktkräfte versagen. Die Entwicklung der Technologie ist extrem teuer und es ist nicht einmal sicher, in welcher Form sie sich durchsetzt. Längst haben sich Regierungen in der ganzen Welt darangemacht, diese Technologie mit Steuergeld zu unterstützen. Das gilt vor allem für die Volksrepublik China, für die das Elektroauto ein Entwicklungsschwerpunkt ist. China hat ein doppeltes Interesse am Stromantrieb für Autos. Er könnte auf die Dauer dem Klima dienen. Der aufstrebenden Wirtschaft des Landes aber wird es auf jeden Fall helfen. Im ganzen Land bereiten sich kleine Autohersteller darauf vor, eines Tages eine große Rolle in der nationalen Wirtschaft zu spielen. Die Volksrepublik China hat einen Topf mit einer Milliarde Euro geschaffen, um neue Antriebstechnologien für Autos voranzubringen.

Auch Japan hilft seiner Autoindustrie. Die Regierung hat ein fünfjähriges Förderprogramm aufgelegt, das die Entwicklung von Batterien mit 200 Millionen Dollar unterstützen soll. Die USA unterstützen die Entwicklung von Akkus für Elektroautos mit zwei Milliarden Dollar.

„Wir brauchen in Deutschland und Europa eine noch gezieltere Förderung von Zukunftstechnologien", sagt VW-Chef Martin Winterkorn. Die Entwicklung von modernen Batterien für das Elektroauto setzt nach der Ansicht des Managers ganz neue Anstrengungen an den Hochschulen voraus. Dort müsste die Elektrochemie gefördert werden, die entscheidende Grundlagen liefert für die Entwicklung der Batterien. Diese Entwicklung sei in Deutschland eingeschlafen, beklagt der VW-Chef. Es gibt erheblichen Nachholbedarf bei der Batterietechnologie. Auch wie die Stromnetze aussehen müssten, an denen die Autofahrer Fahrzeuge wieder aufladen können, ist noch lange nicht geklärt. Die Frage, woher der Wasserstoff für die Brennstoffzellenautos kommen soll, ist ebenfalls noch nicht zu Ende gedacht.

Auch Bernd Bohr, Chef der Autotechnik von Bosch, des größten Autozulieferers der Welt, hält eine gezielte Förderung von Technologie für notwendig. Anders sei den strategisch vorgehenden Regierungen in Peking wie in Tokio kaum noch zu begegnen. „Die Bundesregierung vergibt Geld, damit kann sie steuernd eingreifen“, so der Bosch-Mann. So böte sich für die deutsche Industrie die Möglichkeit, „ein gemeinsames Bild abzugeben“, sagt der Manager. „Das wäre hilfreich.“ Für den stellvertretenden Bosch-Konzernchef agieren die deutschen Unternehmen in dieser Zukunftsfrage noch immer viel zu isoliert. Die Zusammenarbeit hält er für mangelhaft. „Wenn wir nicht verstärkt zusammenarbeiten, um Kostenvorteile zu erreichen, werden wir einen Nachteil gegenüber Regionen haben, die sich besser aufstellen“, sagt Bohr. Es sei sinnlos, dass in Deutschland praktisch jeder Autohersteller seine eigene Batterie entwickele. „Das wird nicht zum Erfolg führen“, kritisiert der Manager.

Wie notwendig es ist, die deutsche Forschung und Entwicklung in der Autoindustrie zu fördern, begründet auch Christoph Stiller, Professor am Karlsruher Institut für Technologie, das sich mit der Zukunft des Autos und moderner Verkehrssteuerung befasst. Stiller erklärt, dass Grundlagenforschung an den Hochschulen notwendig ist und ausgebaut werden müsste, weil die Autoindustrie mit ihren Anstrengungen nicht weit genug gehen könne. „Die haben nur im Auge, was in den nächsten Jahren einen Markt hat.“ Der Blick der Unternehmen reiche in manchen Fällen nur fünf Jahre weit. Es müsse deshalb verstärkte „Transferforschung“ geben, meint der Professor, also eine wissenschaftliche Arbeit, die dort einsetzt, wo die privaten Firmen ihre Forschungsarbeit einstellen.

Aber es reicht nicht, auf nationaler Ebene ein paar Initiativen zu gründen und Zuschüsse für Lehrstühle zu vergeben. Die Ablösung des Verbrennungsmotors durch eine neue Technik verlangt ein koordiniertes Vorgehen in der gesamten EU. Elektroautos wie Brennstoffzellenfahrzeuge brauchen überall Stationen, wo sie Energie aufnehmen können. Fehlen diese Tankstationen, werden sich die Autos nicht verkaufen lassen. Die Schaffung einer solchen Infrastruktur ist aber eine gewaltige Aufgabe, die riesige Geldsummen verbraucht, und sie muss zumindest in allen europäischen Ländern nach einheitlichen Standards erfolgen. Vor allem verlangt sie die Zusammenarbeit von Unternehmen verschiedener Branchen, die bisher kaum miteinander zu tun hatten. Autohersteller müssen mit Strom- und Wasserstofferzeugern und Elektrokonzernen zusammenwirken. Zusammen mit der Industrie müssen Hochschulen und Regierungen europaweit die Netze entwerfen, die einheitlichen Normen zum Beispiel für Anschlüsse, Batterien und Stecker festlegen, ohne die es eine Verbreitung neuer Antriebstechniken kaum geben wird. Keine leichte Aufgabe bei 27 Mitgliedsländern der EU, sechs großen Autokonzernen in der Gemeinschaft, einer ungezählten Schar von Zulieferern und vielen Energieversorgern. Alle haben ihre eigenen Interessen in diesem Poker. Doch allen Beteiligten muss klar sein, dass in Asien mit China eine Großmacht am Werk ist, die ihre Industrie trotz marktwirtschaftlicher Strukturen extrem autoritär und zentral steuert. Auch in Japan findet eine zentrale Lenkung der Wirtschaft statt. „Wir beobachten dort eine ordnende Hand im Hintergrund", sagt der Bosch-Mann Bohr. Die viel gerühmte unsichtbare Hand des Marktes wird dem Elektroauto in Europa nicht helfen.

Die deutsche Autoindustrie sollte ihre langjährigen guten Kontakte zur Bundesregierung erstmals nicht dazu nutzen, ihre traditionellen Interessen zu schützen und strenge Umweltauflagen zu verhindern. Sie könnte im eigenen Interesse etwas Neues schaffen: ein System für nachhaltige individuelle Mobilität. Die Branche steht vor den größten Problemen ihrer Geschichte und sie ist darauf denkbar schlecht vorbereitet, obwohl die globale Erwärmung und knapp werdende Ölvorräte keine Neuigkeiten sind. Zu lange hat sie auf herkömmliche Technik und Werte wie Leistung, Komfort und Größe gesetzt. Die Finanz- und Wirtschaftskrise hat seit Mitte 2008 in der Industrie tiefe Spuren hinterlassen. Doch noch ist es nicht zu spät. Fahrzeugbauer, Zulieferer, Regierung, Wissenschaft, Stromkonzerne, Anlagenbauer und Elektroindustrie haben die Chance, gemeinsam in einem koordinierten Kraftakt das moderne Zeitalter der Mobilität einzuläuten. Sie dürfen sie nicht verpassen.

Dank

Dieses Buch wurde nur möglich, weil ich viele hochrangige Gesprächspartner in der Autoindustrie hatte, die mir für lange Gespräche zur Verfügung standen. Ihre Bereitschaft, so ausführlich über die Entwicklungen und Fehlentwicklungen der Branche zu reden, hat mich überrascht. Bedauerlich ist, dass kein prominenter Gesprächspartner bereit war, sich für dieses Buch zitieren zu lassen. Offenbar gilt es in der Autoindustrie noch immer als ungehörig, offen über Dinge zu reden, die sehr schnell zur Sprache kommen, sobald das Mikrophon abgeschaltet ist. Allen Gesprächspartnern sei an dieser Stelle gedankt. Dank gilt meinem Freund und Kollegen Wieland Schmitz, der das Manuskript mit Geduld und Sachkunde gelesen hat und mir wertvolle Hinweise gab. Alle Fehler gehen selbstverständlich zu meinen Lasten. Besonders dankbar bin ich meiner Angelika, die mich immer wieder zum Weitermachen ermutigte und die mit stoischer Ruhe ertrug, dass ich viele Monate wenig Zeit für sie hatte.

Karl-Heinz Büschemann

Literaturverzeichnis

Becker, Helmut: *Auf Crashkurs. Automobilindustrie im globalen Wettbewerb*, Berlin 2005

Becker Helmut: *Ausgebremst. Wie die Autoindustrie Deutschland in die Krise fährt*, Berlin 2007

Berger, Roland/Servatius, Hans-Gerd: *Die Zukunft des Autos hat erst begonnen. Ökologisches Umsteuern als Chance*, München 1994

Büschemann, Karl-Heinz: *Der Rauswurf aus dem Paradies. Wohlstandskiller Energie*, Hamburg 2007

Global Challenges Network (Hrsg.): *Ölwechsel! Das Ende des Erdölzeitalters und die Weichenstellung für die Zukunft*, 2. Auflage, München 2003

Goeudevert, Daniel: *Wie ein Vogel im Aquarium. Aus dem Leben eines Managers*, Berlin 1996

Grässlin, Jürgen: *Das Daimler-Desaster*, München 2005

Grässlin, Jürgen: *Ferdinand Piëch. Techniker der Macht*, München 2000

Keller, Maryann: *Collision. GM, Toyota, Volkswagen and the Race to Own the 21. Century*, New York 1993

König, Johann-Günther: *Die Autokrise*, Springe 2009

Lutz, Robert A.: *Guts. The Seven Laws of Business that Made Chrysler the World's Hottest Car Company*, New York 1998

Meadows, Dennis et al.: *Die Grenzen des Wachstums. Bericht des Club of Rome zur Lage der Menschheit*, Hamburg 1973

Piëch, Ferdinand: *Auto.Biographie*, München 2002

Rifkin, Jeremy: *Die H_2-Revolution. Mit neuer Energie für eine gerechte Weltwirtschaft*, Frankfurt 2002

Selenz, Hans-Joachim: *Schwarzbuch VW: Wie Manager, Politiker und Gewerkschaften den Konzern ausplündern*, Frankfurt 2005

Vester, Frederic: *Ausfahrt Zukunft. Strategien für den Verkehr von morgen. Eine Systemuntersuchung*, München 1990

Wiedeking, Wendelin: *Anders ist besser*, München 2006

Womack, James P./Jones, Daniel T./Roos, Daniel: *Die zweite Revolution in der Autoindustrie. Konsequenzen aus der weltweiten Studie des Massachusetts Institute of Technology*, Frankfurt 1991

Register